图书在版编目(CIP)数据

明朝就是如此有趣 / 丁振宇著. --北京:台海
出版社,2012.9(2023.4 重印)

(微历史)

ISBN 978-7-5168-0019-5

Ⅰ.①明… Ⅱ.①丁… Ⅲ.①中国历史–明代–通俗
读物 Ⅳ.①K248.09

中国版本图书馆 CIP 数据核字(2012)第 211171号

明朝就是如此有趣

著　　者:丁振宇

责任编辑:王　品

装帧设计:青华视觉　　　　　版式设计:通联图文

责任校对:唐　霁　　　　　　出版人:蔡　旭

出版发行:台海出版社

地　址:北京市景山东街 20 号，邮政编码：100009

电　话:010-64041652(发行,邮购)

传　真:010-84045799(总编室)

网　址:www.taimeng.org.cn/thcbs/default.htm

E-mail:thcbs@126.com

经　销:全国各地新华书店

印　刷:北京一鑫印务有限责任公司

本书如有破损、缺页、装订错误,请与本社联系调换

开　本:640×960　　1/16

字　数:180 千字　　　　　　印　张:16

版　次:2013 年 1 月第 1 版　　印　次:2023 年 4 月第 2 次印刷

书　号:ISBN　978-7-5168-0019-5

定　价:58.00 元

前　言

　　微历史即用"微博体"的形式来记录历史。近年来,微博成为国内最便捷的一种交流方式,具有短小、及时和适于传播等独特优势。对于记录历史来讲,微博同样是一个好工具。

　　当今社会竞争激烈、生活节奏加快,人们没有时间、没有精力、也没有耐心静下心来阅读冗长繁杂的历史巨著来获取知识,因而造成当下人们尤其是年轻一代历史知识欠缺匮乏的窘况。《微历史》的出现,除了"微时代"的推动之外,更是民众自身的一种诉求。因为它将微博体与历史事实进行了有机的结合,在有限的字数里以精当的内容浓缩精华、言简意赅、字字珠玑,为广大读者提供了一种新的解读历史的可能性,我们无需非常集中的阅读时间和持久的专注,无需专门的历史或理论素养,在茶余饭后,公交车上,花费5分钟翻阅一下,就会有良多收获。

　　明朝有十六个皇帝,除了皇帝这个正职外,他们偶尔还会做些兼职,有当和尚的、有斗蟋蟀的、有自封为大将军的、有做木匠的、有做吊死鬼的……真是林子大了,什么鸟儿都有!

　　朱重八是个乞丐皇帝,想要发家相当不易:小的时候差点被饿死,幸亏命够硬,连佛祖都不敢收,这才有了开国建业的机会。朱允炆是个可怜的孩子,皇帝还没当几天就被他四叔——朱棣夺去了皇位。

　　朱高炽有个好儿子,要不然哪会轮到他当皇帝?朱瞻基是个好皇帝,就是爱斗蟋蟀,所以他有一个美誉——蟋蟀皇帝。朱祁镇的一生算是没白过,经历过皇帝——俘虏——太上皇(囚犯)——皇帝这种

1

跌宕人生的人，中国历史上也就他一个。朱祁钰这个皇帝当得很不过瘾，还没尝到甜头就被气死了。现如今都流行姐弟恋，可五百多年前的朱见深更是了不得，他与万贵妃都能算是母子恋了，恋得差点断子绝孙！

接下来轮到大明最能闹的皇帝朱厚照出场了，他在位十六年，玩够了就拍拍屁股走人，没带走一片云彩，也没留下一个儿子。朱厚熜是道家的忠诚信徒，闲着无事就爱搞点封建迷信活动。朱载垕是个好皇帝，可是太好色，最终英年早逝，呜呼哀哉！

朱翊钧是明朝在位时间最长的皇帝，他在位四十八年，正经上班的时间扳着指头都能算过来。朱常洛是个短命鬼，在位时间只有29天。朱由校不爱读书，文盲一个，却是个木匠天才。朱由检是明朝最悲催的皇帝，不是因为他没能力治国，而是他的祖宗们太不厚道，把国家折腾得快玩完了才交到他手里，可怜的他就这样做了亡国君！

明朝的那些人很好玩，明朝的那些事很有趣。

本书在编写上本着既严肃认真，又不失生动活泼的原则，遵循引导广大读者在轻松快意的阅读中获取历史知识的宗旨，在选材上以正史为主、野史为辅，在笔法上力求做到短小精悍、生动幽默、灵活流畅、妙趣横生，以求令阅读者徜徉历史海洋时兴致盎然，回味无穷。

CONTENTS　目录

第一章

太祖开国——我的江山我做主 ················· 1

第二章

叔夺侄权——小侄,那皇位是叔的 ················· 46

第三章

仁宣之治——父子同心,其利断金 ················· 65

第四章

俘虏皇帝——多舛命运 ················· 80

第五章

畸形之恋——爱情是我的一切 ················· 103

第六章

弘治中兴——我爹是我的前车之鉴 ················· 117

第七章

荒唐皇帝——爱玩是我的天性 ················· 124

第八章

世宗修道——哥修的不是道,是寂寞 ················· 139

第九章

隆庆之治——我要做个好皇帝 ················· 178

第十章

悲情父子——就是不让你当太子 ················· 184

第十一章

文盲皇帝——我的副业是木匠 ················· 206

第十二章

大明挽歌——亡国不是我的错 ················· 229

第一章

太祖开国

——我的江山我做主

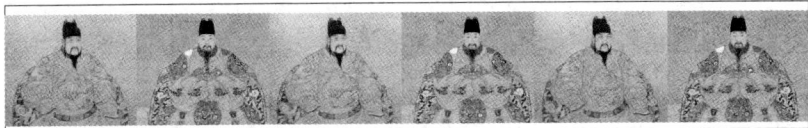

天历元年(1328年),重八出生。

至正十二年(1352年),投奔郭子兴,改名为朱元璋。

至正十六年(1356年),攻取集庆,改名应天府。

至正十七年(1357年),拜访朱升,得九字方针。

至正二十三年(1363年),鄱阳湖大战,陈友谅死。

至正二十四年(1364年),友谅子陈理降,汉亡。元璋自立为吴王。

至正二十六年(1366年),迎小明王,途经瓜步江,将之沉入江中,宋亡。

至正二十七年(1367年),擒张士诚,吴亡。攻方国珍,方降。北伐中原。

洪武元年(1368年),在南京称帝,国号大明,建元洪武,是为明太祖,立朱标为太子,马氏为皇后。八月,攻取元大都,改名北平,元顺帝北逃。

洪武四年(1371年),明玉珍之子明升降,夏亡。

洪武十三年(1380年),"胡狱"爆发,株连达十年之久,杀三万多人。废宰相制度。

洪武十四年(1381年),平云南,元梁王自杀,沐英留守云南。

洪武十五年(1382),马皇后死,再不立后。"空印案"发,株连数万人。设立锦衣卫组织。

洪武十八年(1385年),"郭桓案"发,株连数万人。

洪武二十年(1387年),降纳哈出。

洪武二十五年(1392年),太子朱标死,立朱允炆为储。

洪武二十六年(1393年),"蓝玉案"发,蓝玉夷三族,株连一万五千余人。

洪武十七年至二十九年(1384-1396年),大兴文字狱。

洪武三十一年(1398年)闰五月,朱元璋驾崩,终年71岁。

话说成吉思汗归西后,并没有把自己的优良基因遗传给他的后世子孙,忽必烈建元后也是去也匆匆,没有留下一句治国之道。于是,娃娃们只能自由发挥,而自由发挥的结果是:元朝建立还没百年,就被搞得乌烟瘴气,怨声载道。

元朝的最后一任皇帝叫孛儿只斤·妥懽帖睦尔,简称元顺帝。无论何时我们都不能忽视金钱的重要性,只有充分发挥它的作用你才能吃好睡好,这个过程叫做"理财"。而元顺帝的理财意识简直乱七八糟,他上任没多久就把账户上的钱花光了,接着竟鬼使神差地发行了新钞。此后,金融危机的狂潮刮得老百姓是揭不开锅,也拧不开水龙头。

读书人说,乱象已现;史学家说,这是历史的必然;百姓却说,我们活不下去了。每到朝代更迭,史书上都会用两个字来形容:乱世。每一次动乱,都为华夏民族留下一道深可见骨的创伤,生灵涂炭、死伤枕藉。但这也是华夏民族脱胎换骨的机会,或涅槃重生,或就此沉沦。是时是一个英雄辈出的时代。

方国珍,实际上是第一个反元的农民起义领袖,比韩山童、刘福通还早了两三年。至正八年(1348年)十一月,当一家人正围着桌子就着一点野菜喝稀粥时,某官到方家逼要欠款,方国珍的心火"嗖"地一下窜了上来,把这人给宰了,然后领着家人逃到了海上。很快,海上就聚集了数千被逼迫的老百姓,专门抢劫元朝海运的皇粮。

上帝为你关上一扇门的时候,也会为你留扇窗。元顺帝没有当皇帝的才能,建筑设计师的潜质倒有几分。一次,他画了一张庭院设计图让工匠修建,建成后的庭院气势宏伟,结构独特,由此老百姓戏称他为"鲁班天子"。这人要是放在21世纪,那还不是建筑设计界的一朵奇葩?

据最新研究发现,中国第一部白话章回小说《水浒传》的作者施耐庵,很可能是元顺帝的笔名。这厮喜欢看各民族的史诗传奇,时常琢磨着用汉文写一部史诗,曾派丞相脱脱广罗天下英雄传说。最后梁山宋江传奇被选中,元顺帝亲自组织史官用口语化的汉语编写《宋江》故事。可惜书未完成,国就先灭了。现今的《水浒传》一书就是在此基础上加工的。

脱脱,大义灭亲的好男儿。他的伯父伯颜当时官至大丞相,一人之下万人之上,独断专政。脱脱曾和老爸说:"这货太嚣张了,再这样下去,说不定哪天会获罪连累咱们一家!"其后又经过老师吴直方的思想开化,便向元顺帝请意杀伯颜。元顺帝早就看伯颜不顺眼了自然同意。伯颜死后,脱脱任丞相,实行"脱脱更化",名垂青史。

其实,老百姓是很通情达理的,管你是什么朝,只要能吃饱穿暖一切好说。可如果你连这点小小的基本要求都满足不了,那留着也没用。至正十一年(1351年),在黄河修坝的农民工韩山童领着白莲教,编造"石人一只眼,挑动黄河天下反"的民谣造反了,因其义军头戴红巾,所以被称为"红巾军"。

刘备造反的时候说了:"我是中山靖王刘胜的后代,按辈分是皇帝的叔叔,你们可以叫我皇叔,以后就跟着我这个贵族混吧!"韩山童也说了:"我是宋徽宗的第八代子孙,现在要反元复宋,不帮我的人是孬种！"对此有人不忿就去告官了,结果老韩被杀,他媳妇抱着儿子韩林儿逃跑了。留着青山在,不怕没柴烧!

老韩的哥们加同伙刘福通,武功高强,成功突围后重新把兄弟们聚到一起,哭着说:"这些当官儿的,个个都是杀人不眨眼的大魔头!我们不能让韩教主白白牺牲,一定要为他报仇!"大家听后被感动的眼泪哗哗流,悲愤地说:"好!"于是,大起义正式爆发,红巾军打败了前来镇压的元军,迅速占领现在的安徽、河南一带。

第一个吃螃蟹的人一般所承担的风险较大,而后边的人会稍小些。刘福通之后,至正十一年(1351)八月,芝麻李起义于徐州;徐寿辉、邹普胜起义于蕲州;十二月,王权(布王三)等起兵邓州,称"北琐红军";次年正月,孟海马占领襄阳,称"南琐红军";二月,郭子兴等起义于濠州。一时间,起义的烈火燃遍大江南北,果然,韩山童没白死!

徐寿辉率领红巾军一举攻取了罗田县城。九月,他在圻水县城附近的清泉师太殿上称皇帝即位,建都圻水,国号"天完"("大"上加"一"为"天","元"上加"宀"是"完","天完"表示压倒"大元"),定年号为"治平",设置军政机构,任命邹普胜为太师,倪文俊为领军元帅,陈友谅为元帅簿书椽。铸有铜印,发行钱币。

天完红巾军纪律严明,不淫不杀,每攻下一城,只把归附的人名登记一下,其他的再也没什么,因而深得人心,队伍迅速扩展到百万人,纵横驰骋于长江南北,控制了湖北、湖南、江南、浙江以及福建等广大地区。当时有首民谣说:"满城都是火,官府到处躲;城里无一人,红军府上坐"。

郭子兴本是定远的地主老财,因出身低微常被官吏欺负。此后他集结了孙德崖等四位朋友,率一帮兄弟攻下了濠州,封自己为元帅,其他四人不服,也称元帅,五人权利平等,互不干涉。郭子兴很不乐意:"凭什么!我既出钱又出力,你们打个酱油也能当元帅?!"但明显其他四个人是一伙的,"一比四"的胜算太小,于是郭子兴忍了下来!

自古帝王出生都会有天降异象的传说,朱元璋也不例外。据一些史料记载,朱元璋出生时,朱家的茅草屋上祥云缭绕,红光烛天,皇觉寺的和尚看到了还以为是朱家失火了,第二天去看后才知道是朱元璋出生了。

关于朱元璋的长相,历史学家们到现在还在争论,美丑说法不一。《明史》记载,朱元璋"姿貌雄杰,奇骨贯顶。志意廓然,人莫能测"。综合各个版本,我们大致可以得出朱元璋的长相如下:面貌粗黑,双眼深陷,脸长嘴阔,下巴比上颚长出好几分,虽不好看,但整体匀称,且身材高大,威武沉着,眉宇间英气逼人。小小的脸部轮廓都能复杂成这样,皇帝就是皇帝!

据说朱元璋当皇帝后,曾找来三个有名的画师为自己画像,前两个都尽心尽力,画得惟妙惟肖,连脸上有几个麻子都画上。朱元璋看后两眼一瞪,说:"竟敢把朕画得这么丑,推出去斩了!"第三个画师事前请教过一位智者,知道朱元璋很崇拜李世民与刘邦,于是把三人的面貌特征融合在一起,画了一张"三不像",结果朱元璋龙心大悦,重赏了该画师。

朱元璋小时候很顽皮,他在给地主家放牛时饥饿难忍,就与小伙伴们把一个小牛犊宰吃了,事后怕地主打自己,就把牛尾巴塞进一个石缝里,编瞎话说小牛犊钻进山洞里去了,拉不出来。这个天真的谎言当然瞒不过地主,结果朱元璋被毒打一顿,并被赶回了家。

每个人的童年都会有几个发小,朱元璋也不例外,他的发小就是汤和、徐达、周德兴等人。由此我们可以得出,每一个成功的男人背后,都站着一群了不起的发小!朱元璋虽然年龄小,但成熟稳重,于是成了孩子王,他最喜欢演皇帝,让孩子们三跪九叩头,喊自己万岁。由此可见,朱元璋的皇帝梦想是从小就树立好的。

几个发小投军后,就很少与朱元璋联系了。郭子兴攻濠州的时候,汤和因立功被授予千户,于是他给朱元璋写信说:"老大,兄弟我在濠州发达了,你过来共享富贵吧!"小时候放牛时在忍饥挨饿、风吹日晒中培养起的感情不愧是经艰难考验过的,就是深厚!

对比起汤和与徐达的小酒小肉，朱元璋的日子很是悲催。家乡连年灾害，曾经其乐融融的一家子，如今大都被饿死了。眼睁睁地看着亲人一个个死去，十七岁的朱元璋仰天长叹："老天爷，你有种的话就把我也饿死吧！"

无奈之下，朱元璋跑到皇觉寺当了和尚。他以为靠着佛祖的保佑外加香客的供食，应该还能凑合，哪知这一穷二白的岁月里，老百姓自己都饿得前胸贴后背了，哪顾得上佛祖！没办法，命苦的朱元璋只好做了游方僧人，拿个破碗，拄根拐棍出去要饭。

元朝的压榨政策遍布全国，朱元璋随处可见自己的同行。其实也不算同行，别人是正儿八经的乞丐，他要饭时却要说："阿弥陀佛，施主，我要化缘。"因为这冠冕堂皇的"要饭口号"，朱元璋没少挨别人的白眼与鄙视。一天下来，也要不到多少饭。

朱元璋去过很多地方要饭，先是合肥，再折西过固始、信阳，又转北到汝州、陈州、东向鹿邑、亳州。朱元璋在这三年中不仅磨练了自己，还了解了百姓的疾苦，接触到了社会上的各种人和事。世事洞明，人情练达，练就了他坚强果断的性格，为他以后的打拼做了很好的铺垫。

至正八年（1348年），朱元璋结束乞讨生涯，回到皇觉寺。看着比自己走时更荒凉的寺院，朱元璋鼻子酸得有些发疼。但他没哭，而是从此边敲钟边读书。朱元璋在乞讨的三年中悟出了一则心得体会：他要改变自己的命运，拥有一番成就，纵观古人，哪个成大事的人，肚子里没点墨水？

有人的地方就会有阶级，朱元璋在寺院里的辈分最低，所以每天的工作是敲钟和打扫卫生。这样也好，就当是对自己的磨练。孟老前辈不是说了："天将降大任于斯人也，必先苦其心志，劳其筋骨，饿其体肤，空乏其身，行拂乱其所为，所以动心忍性，曾益其所不能。"在书中，朱元璋找到了自己的偶像，唐太宗李世民和汉高祖刘邦。

有一次，主持见大殿上的蜡烛被老鼠咬坏了，就训斥了朱元璋。

朱元璋想，伽蓝神是管殿宇的，却害得自己挨骂，就在神像背后写上"发配三千里"。哪知主持晚上睡觉梦见伽蓝神要离开皇觉寺，说是被"发配"了，第二天就去看神像，果然见后边有字，就让朱元璋把字擦掉。当晚主持就又梦见伽蓝神回来了，说是被宽恕了。

民间有关朱元璋与和尚的故事有很多。据说有一次，朱元璋带兵渡江时，有人对他说："欲定天下，碧峰和尚不可不见。"于是，朱元璋前去拜见碧峰和尚，哪知此人态度冷漠，朱元璋一怒之下拔剑相对，可这和尚却一脸坦然，并不害怕。朱元璋由此心生敬意，以礼相待，碧峰会意一笑说："建康有地可王。"据说，朱元璋建都南京与此有关。

峨眉有两个和尚，一个叫宝昙禅师，一个叫明济禅师，少年时都与朱元璋在皇觉寺中当过沙弥。朱元璋当上皇帝后，曾邀二人进京共享富贵。这二人知道自古与君王都是共患难易，同富贵难，所以婉言谢绝。明济为了让朱元璋相信自己不会乱说他当过和尚的事，更是装疯卖傻，才逃过杀身之祸。

朱元璋只想干大事，但没想过造反。当他收到汤和的信时，很纠结。诚如莎士比亚所说："To be or not to be, that's a question."（生存还是毁灭，这是一个问题）不久，朱元璋的师兄说官兵知道汤和给他写信的事，要来抓他。朱元璋很是恼火："将相本尤种，男儿当自强！元顺帝你个龟孙子！这可是你逼老子反的啊！"

至正十二年（1352年），朱元璋来到濠州投奔郭子兴，哪知守城门的小哥看了他一眼，连句欢迎的话都没说就把朱元璋给绑了，嘴里还嘟囔着："这人长得贼头贼脑的，肯定是奸细！"朱元璋在心里叫嚣："我——超级无敌玉树临风风度翩翩的美男子，长得贼头贼脑？"但他嘴上没吭声，遇上这种愣头青，自己就是有一百条理由也说不清！

郭子兴此时正在元帅府中生闷气，因为今天他又和孙德崖吵了一架。突然有人来报说抓了个奸细，郭子兴顿时眼前一亮，出气筒找到了！当他看到朱元璋那张轮廓复杂的脸时顿时被吓了一跳，但看他虽被绑，却很淡定，便心生好感。后来汤和赶来解释后，郭子兴双手一拍："欢迎参加革命！"从此，朱元璋翻开了人生的新篇章。

　　郭子兴这个元帅当得有点窝囊。他因为读过一些书，就很嫌弃孙德崖那几个莽夫粗汉，而那几个人对郭子兴的舞文弄墨也很看不惯，整天合伙给郭子兴脸色看。郭子兴被气得半死，那双要冒火的眼神简直能将那四个人烧得脱层皮。所以他一直寻思着培养一股自己的势力，与那四个人抗衡。

　　徐达与汤和拉着朱元璋去喝酒，他们二人在军中的地位虽然都高于朱元璋，但从不在他面前摆架子，仍旧称他为大哥。这一点，让朱元璋很欣慰，这才是真兄弟，好哥们！但在军营中，朱元璋却是该公则公，叫他们"千总"。这公私分明的态度让汤和、徐达二人对朱元璋是更加的佩服。

　　初来乍到的朱元璋小心谨慎，微笑待人，见谁都问好，还没几天，就被评为"微笑达人"。平时没事的时候，朱元璋还会帮大家磨兵器。一天晚上，郭子兴巡营时刚好看到他在磨兵器，就问："你是磨兵器的？"朱元璋答道："不是。反正这会儿睡不着，就帮大家干点活。"为人民服务的同志，值得表扬，郭子兴当即升他为亲兵九夫长。

　　要干大事的人，都有个响亮的名字，朱元璋这时候还叫朱重八。毕竟也是读了点书的人，不一会儿他就想到了个好名字——朱元璋。这取自谐音之妙，璋是种利器，元璋意为诛灭元朝的利器。从名字就能看出朱元璋对元朝的仇恨有多深！光看这决心，元朝就已离灭亡不远矣！

　　朱元璋每天都很勤奋，白天练武，晚上看书。偶像派他是没机会了，所以就只能做实力派了！要不成大事，兄弟们会不服！皇帝也不是好当的，要不是现在这枪磨得又快又光，以后登上帝位还不被手下的人给拽下来？朱元璋用实际行动再次向我们证明了一个道理：人丑不是问题，实力才是硬道理！

　　朱元璋很有远见，把每次执行任务得到的战利品都交给郭子兴，老郭一高兴就赏他好多。朱元璋也不独吞，拎着奖品回去后，直接平分给手下的兄弟们。俗话说"吃人嘴软,拿人手短",这手下的弟兄也不是不识好歹的人,因此对朱元璋都忠心耿耿。

因为起义的人越来越多,所以元朝廷打算来个杀鸡儆猴,很不幸,芝麻李就是那只倒霉的"鸡"。丞相脱脱亲率大军杀到芝麻李占领的徐州城下后放话:"你个小芝麻,哥我灭不了你就不回家,看你有多大本事!"芝麻李的本事不大,很快就弹尽粮绝,壮烈牺牲。他的手下彭大、赵均用带着逃出的革命弟兄来到濠州,郭子兴开门相迎。

凡是在动物界混的都知道:一山不容二虎,可作为灵长类的郭子兴同志大意了,他与另外四位元帅的矛盾愈演愈烈。后来,孙德崖教唆赵均用把郭子兴给绑架了,并把郭子兴揍得鼻青眼肿,出气多进气少。正准备撕票时,朱元璋率着一帮人杀了进来,赵均用一看自己人少,就把郭子兴给交了出来,如此郭子兴又给朱元璋记了一功。

朱元璋经常被郭子兴叫到家里吃饭,郭子兴的儿子郭天叙就不乐意了:"你怎么待他比待你亲儿子我还好?"老郭也不客气,一句话就把小郭给噎死了:"因为老子我快被那几个龟孙打死的时候,敢去救我的不是我的亲儿子,而是朱元璋!"小郭不吭声了,因为他那时的想法是:"老郭死了,我就可以当元帅了!"

有次开会,徐达去晚了,郭天叙抓住小辫不放,非要用军法惩罚他。朱元璋知道这厮是冲他来的,不愿落他话柄就忍痛亲自处罚徐达,打得徐达皮开肉绽。事后朱元璋亲自给徐达上药,徐达说:"哥,别自责,我不怨你。"朱元璋咬牙说:"达,放心,哥刚才已经咒他赶快死了。"没过多久,小郭就真死了。这嘴,看来是开过光的!

吕洞宾好心却被狗咬的心情,郭子兴一定能体会到。好心收留赵均用他们,却被揍得满身伤,现如今,脱脱又派兵来打自己,原因很简单:你郭子兴不知好歹,你闹革命我没派人揍你,你不感谢我,感谢国家,就已经让我很不爽了,现在倒好,竟然还敢窝藏逃犯!老虎不发威,你当我是病猫啊?!

贾鲁,历史上有名的"贾鲁治河"的男主角,曾向元顺帝上书修建黄河堤坝，结果还真给修好了。这一成就，让他受到当时以及后人的高度评价。清代水利专家靳辅对贾鲁所创的用石船大堤堵塞决河的方法非常赞赏："贾鲁巧慧绝伦，奏历神速，前古所未有。"人们为了纪念贾鲁，将山东、河南有两条河命名为贾鲁河。

至正十二年（1352年）冬，丞相脱脱派贾鲁来攻打濠州，结果被朱元璋给打得落花流水，贾鲁一气之下归西了。朱元璋乘胜追击，把元兵打得军旗都扔了，慌乱撤退。濠州的第一次反围剿取得了胜利，朱元璋也因此一战成名。

但凡对朱元璋稍微有些了解的人都知道，他有个贤惠媳妇马秀英，即后人尊称的马皇后，而郭子兴正是马秀英的养父。郭子兴与马秀英的父亲是至交，马秀英母亲早逝，父亲临死前把她托付给了郭子兴，念于故人的友情再加上马秀英本身的聪明伶俐，郭氏夫妇对她是宠爱有加。

无论是正史还是野史，给予这位马皇后的评价都很高。不管是御夫术还是御子术，她无疑都是高手中的高手。她贤良淑德，勤于内治，史书记载宋朝的皇后大都比较贤良，她就将宋代的家法汇编成册，让后妃们朝夕攻读，这使得明朝贤惠的皇后占了大多数，朝野中很少出现外戚专权的局面。可以说，马皇后为明政权的稳定作出了重大的贡献。

在一个酒宴上，郭夫人拉着马秀英在军帐后偷看，让马秀英自己挑个中意的夫婿。马秀英一眼便看中了朱元璋，虽然这人长相不怎么样，但眉目轩昂，英气逼人，非池中物。郭氏夫妇也很欣赏朱元璋，就张罗着把二人的婚事给办了。朱元璋算是捡到了大便宜，找了个这么好的媳妇。

每一个成功的男人背后总是站着一个了不起的女人，而马秀英无疑是历史上站得最稳的。郭子兴为人心胸狭窄，爱听信谗言，曾多次囚禁朱元璋，而每次都是马秀英从中斡旋，才使得朱元璋能脱离困境。有次为了给囚禁的朱元璋送吃的，她将刚烙好的热饼偷偷揣进怀里,结果拿给朱元璋时,胸前都烫伤了。

朱元璋很听马秀英的话。比如,太子朱标的老师宋濂,其孙子宋慎被牵连进胡惟庸一案,朱元璋连宋濂也要杀。马皇后劝说道:"老百姓家请个老师还能以礼相待,更何况你这个当皇帝的?你要是把他杀了,看谁以后还敢来咱家当老师!再说宋濂一大把年纪耳聋眼花的,他孙子的事他是想管也管不了啊!"于是朱元璋放过了宋濂。

马皇后的口才很好。一次,马皇后问朱元璋:"现在的百姓都过上小康生活没?"朱元璋顺嘴来了句:"你一个女人,瞎操这心干啥!"结果,马皇后不依了:"你是百姓之父,那我自然就是百姓之母了,当妈的问问咱孩子过得好不好还犯法了?"结果英明神武、战场上所向无敌的朱元璋,愣是被这句话噎得干瞪眼。

马皇后很关心老百姓的生活。收成不好的时候,她就带领后宫的人一起吃素,把省下来的钱用来买米发给穷人。她也从来不穿高档的衣服,从来都是穿着朴素。朱元璋曾夸她"家有贤妻,犹国之良相"。马皇后对后世影响很大,是史家公认的中国封建时代的第一贤后,后世的皇后,甚至连百姓家的女子都以她为偶像,争相仿效。

洪武年间的一次元宵夜,朱元璋与刘伯温一起私访京城灯会,见一灯上写着:"女子肩并肩,乘风荡舟去。忽然少一人,却向月边住。"谜底为"好双大脚"。朱元璋立刻大发雷霆,认定这是讽刺皇后,于是下令捉拿这些人。马皇后赶紧劝道:"大过节的,百姓也是取个乐子,并无恶意,不要动不动就生气。"朱元璋这才作罢。

洪武十五年(1382年)八月,马皇后患了重病,她对朱元璋说:"生死有命,即使是祈祷祭祀也没用的。医生也不能让人起死回生,如果我吃了药没有效果的话,你肯定又该怪罪那些医生没本事了,所以,我不要吃药。"不久,马皇后就去世了,享年五十一岁。朱元璋伤心得鼻涕一把泪一把,从此再不立后。

朱元璋终于对郭子兴与孙德崖他们每天的无聊掐架行为忍无可忍,向老郭建议出去发展,可郭子兴却只贪图眼前的片刻安宁。于是朱元璋决定狠狠戳一下老郭的痛处:"做大事要目光长远,难道您还嫌老孙他们上次打您打得轻?"老郭被朱元璋戳得龇牙咧嘴,答不上话,心里骂道:"你这死孩子,嘴巴那么毒干吗?!"

之后,郭子兴任命朱元璋为镇抚,让他去攻打定远。但老郭忒不厚道,听信了儿子郭天叙的谗言,净给朱元璋派些老弱病残的将士,还骗朱元璋说:"这些人都是实力派的,最有经验。"朱元璋翻了个白眼:"老狐狸!我再也不会相信你的话了!信你我就是猪!"一怒之下,他请命只带了汤和、徐达等二十四位兄弟,回乡征兵去了。

《明史·太祖本纪》中记载:"时彭、赵所部暴横,子兴弱,太祖度无足与共事,乃以兵属他将,独与徐达、汤和、费聚等南略定远。"定远这一战,比起朱元璋后来气贯长虹、金戈铁马的诸多大战,虽是小菜一碟,却意义非凡。就好比红军两万五千里长征的第一步,定远一战是朱元璋建立大明帝国的第一块砖。

打仗不仅需要好兵器,更需要人才,智慧的力量有时候并不比锄头小。定远不大,但人杰地灵,有名的冯国用、冯胜两兄弟以及被誉为"在世萧何"的李善长都是在这里被朱元璋"挖"到的。

冯国用精于谋略,劝朱元璋先取南京的人就是他。冯国用说南京是几朝古都,有帝王之气,朱元璋一听有理,便对他刮目相看。征战期间,冯国用还曾救过徐达的命。可惜,至正十九年(1359年)四月,在攻打浙江绍兴时,年仅三十五岁的冯国用暴死军中。洪武三年(1370年)其被追封为郢国公,在肖像功臣庙中,位列第八。

冯胜,也是个了不得的人物。他骁勇善战,随着朱元璋的建明史一路走来,从攻滁州、和州,到战三叉河、板门寨、鸡公山,到援安丰,再到决战鄱阳湖,下武昌降陈理,克平江俘张士诚等等,一直是小功不断,大功连连。其所立军功仅次于徐达、常遇春,在明初大封功臣时,被封为宋国公。

朱元璋攻下定远后,准备离开去攻滁州,却在城门口看到骑着毛驴看书的李善长。慧眼识人是好领导的必备条件,朱元璋在这方面很少出过差错,所以他一眼就相中了李善长。李善长也听过朱元璋的大名,当下点头同意帮助朱元璋。从此,这位智者开始谱写自己的辉煌历史。

至正十三年(1353年)正月,张士诚因不满当地盐官,与其弟张士义及李伯升等十八人率盐丁起兵反元,史称"十八条扁担起义"。不到一个月的时间,张士诚领导的盐民起义军就达到了上万人的规模,成为元末反元起义军的主力军之一。

张士诚的队伍逐渐壮大,先后攻占了泰州、兴化、高邮等地。至正十四年(1354年)正月,张士诚在高邮建立临时政权,国号大周,改元"天祐",自称"诚王"。高邮曾一度被元大军包围,后因主帅丞相脱脱临阵遭贬,元军自乱,张士诚才能乘势出击获胜。

至正十三年(1353年)七月,朱元璋攻下滁州。正当朱元璋寻思着下一站打哪儿的时候,岳父郭子兴来了。原来,朱元璋走后,孙德崖他们一个劲儿地欺负老郭,"一比四"明显存在差距,所以郭子兴一气之下来找自己的女婿了,他甚至连元帅府都搬来了,美其名曰"接管滁州"。朱元璋无奈,交出军权。

郭子兴想挖朱元璋的墙角,便找到李善长说:"你跟着我混,我赐你官做,好吗?"当然不好!李善长鄙夷地斜视了郭子兴一眼,毫不犹豫地拒绝了。笑话,他又不傻,早就看出了郭子兴这人没什么前途!与朱元璋相比,他压根看不上郭子兴这棵"葱"!

朱元璋的野心已经被自己的每战必胜充分唤醒,他不想看到郭子兴的丑恶嘴脸,于是请命攻打和州,郭子兴欣然同意。至正十五年(1355年),朱元璋用计一举攻克了和州。消息传来,郭子兴即刻任命朱元璋为总兵官,镇守和州。

一次,朱元璋召开会议,等到会议室时,发现右边的座位已经坐满了,只剩左边的(那时以右为尊)。朱元璋并不吭声,只是坐在左边最后一张凳子上开始开会。朱元璋对目前的军事情形侃侃而谈,逻辑严谨的分析,让在座的各位老将都叹服不已,刮目相看。

朱元璋提出修城墙后，让老将领人负责一半工程，自己领人负责一半。结果到验收时，自己已经完成，老将却还没动工呢！为了给他们来个下马威，朱元璋只能委屈自己的兄弟了。他先把汤和处置了一顿，原因是工程不合格。老将看他连自己的兄弟都不讲情面，只好主动请罚。

朱元璋外出时，看到一个小孩在哭，就问他原因，他说是等爸爸。原来，小孩的父母都在军营，夫妻不敢相认，只好以兄妹相称。朱元璋意识到，部队的军纪太差，如此下去将失去民心。于是，朱元璋召集众将，申明纪律，下令归还军中有夫之妇，让城中许多被拆散的夫妻团圆。后此事广为传颂，让朱元璋深得民心。

孙德崖跑到和州来向朱元璋借粮食，朱元璋哭笑不得，开始真怀疑自己最近是不是交了狗屎运，怎么老碰见一些无耻之徒。郭子兴闻讯赶来，说不借！于是，两人在和州掐起架来。最后孙德崖无奈离开，朱元璋领头相送，哪知老郭背后偷袭，扣留老孙。老孙的手下便把朱元璋绑了谈判，一人换一人。无奈，老郭放人。

生气是拿别人的错误惩罚自己，这话一点不假。郭子兴放不开与孙德崖几人间的仇恨，加上在和州一闹，终因郁结于心一病不起，没多久就两腿一蹬，驾鹤归西了。他的几个儿子没啥真本事，所以实际军权落到了朱元璋手中。

邓愈，原名邓友德，十六岁就随父兄参加了义军，英勇非常。当朱元璋攻下和州后，邓友德率军前来投奔。朱元璋惊喜交加，不久就和李善长一起找他畅谈军务。朱元璋见这孩子对军法兵道很有见解，便委任他为管军总管，赐名愈。邓愈当时年仅十八岁，是朱家军中最年轻的军官。

常遇春，原先跟随在一位名叫刘聚的强盗头目左右，后见刘聚等人实在没有出息，也去投奔了朱元璋。朱元璋任命他做猛将前锋，并故意将他安排在年少的邓愈身边，以让这个性格乖张做过强盗的人看看邓愈如何带兵打仗。常遇春和邓愈还算配合得好，先后攻占牛渚矶、太平、溧阳、溧水、句容、芜湖，立下战功。

常遇春在进攻太原时，为了解敌情化装成樵夫进城打探，不料被元军发现。他逃进附近的小巷里，在老妇人柳氏的帮助下，逃过一劫。获救后，他为谢恩，抬手折了根院里柳树上的柳条，对柳氏说道："老人家，这里不久要打仗了。为免误伤，请把它插在大门上，明军见到柳枝后，便会尽心保护。"后来柳氏走家串户，让街坊邻居都在门上插上柳条。

常遇春审清城中敌情，明军迅速拿下太原城。攻入城中的明军士兵，按常遇春的命令，看到门上插有柳枝的人家，便格外小心保护，秋毫无犯。后来，人们为纪念柳氏和常遇春的恩德，也为了庆祝太原的光复，就家家在门前种上一棵柳树，渐渐绿柳成荫。这条小巷就是如今太原有名的"柳巷"。

至正十五年（1355年）夏，朱元璋领兵跨江向南进发。常遇春在采石矶一战中遭遇元朝水军元帅康茂才的严守。常遇春坐着一只小船，在急流中勇猛进军，冲向敌人的阵营，拼死奋战。后来，朱元璋率军登陆，一举把元军打退，康茂才降。乘胜追击的朱元璋又领兵将太平攻克，并于至正十六年（1356年）春攻下集庆，改名为应天府。

郭子兴死后，孙德崖想把朱元璋暗杀了，借机谋权，于是就摆了一道鸿门宴，以宴请朱元璋为由，诱使他进入濠州城，想在城内用计杀了他。然而孙德崖并不是朱元璋的对手，计谋失败，他自己却丢了性命。孙德崖死后，赵均用几乎掌握了濠州城的军权，于是不愿再依附在濠州，带领军马另立山头，自封为永义王。

至正十五年（1355年）二月，刘福通把在砀山避难的韩林儿母子接到亳州，正式建立政权。为迎合"明王出世"的预言，韩林儿号"小明王"，以示黑暗已经过去，光明来到，建国为大宋，亳州为都，改元龙凤，建立了北方红巾军政权，掌握大宋的军政大权。

刘福通也是个会打仗的主。他在其后领导了一系列起义活动，击败答失八都鲁的军队，并展开反攻，逼近大都，几乎把元朝整个推倒。

但好景不长，至正十九年龙凤五年（1359年），元军抢回汴梁，刘福通退守安丰。至正二十三年龙凤九年（1363年），张士诚派吕珍进攻安丰，刘福通战死。韩林儿向朱元璋求救，朱元璋亲自率兵相救。

刘福通手下有个叫毛贵的人，原为赵均用部下，后投奔刘福通。此人英勇善战，在至正十八年龙凤八年（1358年）进攻元大都战败后，仍能全师而退，退守山东，经营屯田，使军粮不致匮乏。后毛贵等人率领的红巾军完全控制了山东，给刘福通在河南的斗争以强有力的支持。可惜，毛贵于次年四月被赵均用所杀。

毛贵的一个忠实部将续继祖，在辽阳驻守，当他听到毛贵的死讯后，不惜放弃地盘，率着弟兄们赶来山东，找赵均用死拼，发誓要替毛贵报仇。结果，真拼死了赵均用。毛贵的部将田丰与王士诚此时正在苦守东平，直到至正二十一年龙凤七年（1361年）八月其因抵不住察罕帖木儿大兵压境，投降。

山东益都的守将姓陈，名字不详，元兵给他起了个绰号："猱头"。至正二十二年龙凤八年（1362年），田丰、王士诚反正，刺杀察罕帖木儿，引兵东退益都，和陈猱头合在一起。察罕帖木儿的养子，汉人王保保极会打仗，把益都围攻了九个月，并在九月破城，杀了田丰、王士诚，把陈猱头押解回大都。

王保保，胡名扩廓帖木儿，本姓王，小字保保。王保保的爸爸是中原人，妈妈是元朝将领察罕帖木儿的姐姐，后来被为舅舅察罕帖木儿收为养子。元末农民起义后，王保保开始跟着舅舅到处打仗，镇压红巾军，屡立战功。因此，元顺帝赐他名为扩廓帖木儿。

韩林儿被救后，名义上仍是宋政权的皇帝，所以曾多次下诏加封朱元璋官职，后进封为吴王，直到至正二十六年龙凤十二年（1366年），朱元璋下达命令时仍称"皇帝圣旨，吴王令旨"，用龙凤年号。这年十二月，朱元璋派部将廖永忠迎小明王到南京，途经瓜步江，将小明王沉入水中溺死。

廖永忠向朱元璋请罪，朱元璋为表示对韩林儿的忠心假装大怒，非要斩了这厮不可。汤和、徐达这些老将赶紧出来相劝,刘伯温、李善长也从中说好话,最后,全军将士一起为廖永忠求情,朱元璋才赦免他的死罪。自此,朱元璋放弃龙凤年号,次年改成吴元年,后宋政权正式灭亡。

徐寿辉称帝不久,太尉倪文俊就谋划着如何杀了他,取而代之。然而还未行动,阴谋就已败露。倪文俊只好去投奔在黄州的部将陈友谅。陈友谅正发愁没法建功升官,见了倪文俊后就挥刀砍了这倒霉蛋的脑袋,乐呵呵地找徐寿辉邀功请赏去了。

陈友谅,本姓谢,因为祖父谢千一入赘了一户陈姓人家,因此改姓为陈。小时候他因为穷、身份低下没少受歧视,后刻苦读书,在州衙做文书,算是有了份像样的工作。但这份工作并不好做,也不称心。不久,自尊心极强的陈友谅就辞职回家做了渔民,后来率一批渔民投奔了徐寿辉。

陈友谅也算是有智谋的人,只是有些腹黑。他在反元战争中竭力争取与汉族地主阶级合作,网罗了不少地主阶级知识分子,知名的有元兵部尚书黄昭和进士解观等人;同时,在天完内部制造分裂,企图篡权夺位。

至正十六年(1356年),常遇春与元兵在采石矶大战。元兵借地理优势多次击退常遇春的军队,最后常遇春乘一艘小船,左手持盾,右手挥剑,冒着射来的乱箭直冲而上,冲到元兵跟前时一跃而上,刺死了守矶头目老星卜喇,取得了胜利。这一战让常遇春名声大振。采石矶现在有一个"大脚印"的景点,据说是常遇春登岸时用力过猛留下的。

至正十九年龙凤五年(1359年)九月,陈友谅杀害了在反元战争中功劳卓著的天完将领赵普胜。同年十二月,陈友谅杀了徐寿辉左右侍臣,挟持徐寿辉,自称汉王。次年闰五月,陈友谅干脆将徐寿辉也杀了,自己当起了皇帝,建国号大汉,改元大义,以恢复汉族王朝的统治为号召,但他仍以邹普胜为太师,张必先为丞相,张定边为太尉。

赵普胜,外号双刀赵,是天完最早的将领之一。当天完红巾军反元活动陷入低潮之际,他跑去客串了几年朱元璋的部下。当天完又强大时,他重新回到了徐寿辉身边。赵普胜堪称骁将,资历在陈友谅之上,智谋却与人家差了一大截。于是,陈友谅设计陷害赵普胜,让徐寿辉以谋反罪挥泪将他斩了。

陈友谅要想称霸天下,朱元璋就是他的劲敌。陈朱之间的战争前后进行了三年多,历龙湾、江州、鄱阳湖等几次重大战役。当时陈友谅的部下大多是天完旧属,对他的心狠手辣早有不满,因此,只要一与朱元璋开打,这些老臣就都乖乖投降了。陈友谅心头的火窜了又窜,牙齿都差点咬碎了几颗!

至正二十年龙凤六年(1360年),陈友谅攻下采石,朝朱元璋的根据地南京开火。朱元璋让部下康茂才写封假投降书把陈友谅骗到现在南京西北的龙湾,杀红眼的老陈果然上当。当陈友谅发现情况不妙时,为时已晚。双方随即展开恶战,偏偏这时江水落潮,倒霉的陈友谅的百艘战船全部搁浅,于是他只好坐小船逃往江州。

至正二十三年龙凤九年(1363年),陈友谅亲率六十万水军攻打洪都。当时朱元璋正与张士诚作战而无力分身,于是下了死命令:"誓死保卫洪都,等待大军来援!"守城的是朱元璋的侄子朱文正。朱文正接到命令后一改平日不务正业的模样,以四万兵力死守洪都八十五天,连陈友谅都赞叹:"朱元璋座下猛将如云,竟还有朱文正此等军事奇才,若能效力于我,势必如虎添翼!"

与朱文正一同守城的还有猛将邓愈。邓愈很擅长使用火器。陈军一度攻破城墙,闯入城中,朱文正便派邓愈领兵前去御敌。邓愈带兵持火枪轮番射击攻入城中的敌军,汉军纷纷倒下,余下的敌军看到火器杀伤力强大,十分畏惧。在洪都守军强硬反击之下,汉军只能退出城外,如此朱文正有了足够的时间修补城墙。

后朱元璋亲率大军前来洪都救援,决定来个"火烧陈友谅"。他调来七只小船,上面载满了芦苇火药,由敢死队员驾着驶向陈军的大船并占据上风位置。待东北风刚一刮起,敢死队员们就点燃小船冲向陈军。陈军的大船转动不便,来不及躲闪,几百艘战舰最终都化作了灰烬。

陈友谅无法相信自己的无敌舰队就这样被化为乌有,气得吹胡子瞪眼道:"他朱元璋是不是跟我相克啊!"在突围之时,朱军乱箭齐放,将其射死。最终陈军惨败,朱元璋获得了全面胜利。鄱阳湖水战长达三十七天,其历时之长,规模之大,投入兵力、舰船之多,战斗之激烈,是前所未有的!

还有一段小插曲:

一次,朱元璋的座船搁浅了,陈友谅的得力干将张定边趁机率船队来攻击,形势十分急迫。常遇春一马当先,将张定边射伤,并以自己的战船去撞朱元璋的座船,才使其离开浅滩。这一仗虽然十分艰险,但朱元璋大呼打得过瘾,为他统一江南奠定了基础。鄱阳湖之战是中国水战史上以少胜多的经典战例。

至正十七年龙凤三年（1357年）,朱元璋命胡大海拔取绩溪、宣城,攻克休宁,占据了徽州,然后命邓愈在徽州坐镇。朱元璋听说此地有位隐士叫朱升,神机妙算,就去拜访。朱升传授给他九字方针——高筑墙,广积粮,缓称王。正是这九个字帮助朱元璋占尽了天时地利人和,最终建立了大明王朝,毛泽东赞其为"九字国策定江山"。

至正十八年龙凤四年（1358年）十一月,婺州久攻不下,朱升劝朱元璋亲临指挥,朱元璋问其原因,朱升说:"杀降不祥,唯不嗜杀人者,天下无敌。"大概意思是劝朱元璋不要杀投降之人,以仁治人。朱元璋采纳他的建议,亲率十万大军前往婺州,并下令城破之后不许滥杀无辜,最终夺取了婺州。

朱升曾救过朱元璋的命。陈友谅在鄱阳湖大败后冒死突围,经南湖嘴进入长江,奔还武昌。在泾江口一战中,朱元璋冒着雨点般的流矢,亲坐胡床指挥伏兵截杀。朱升看见后,急忙将他推入船舱。朱元璋刚一离开,流矢就已经射中胡床板。听到声音的朱元璋,回头一看,顿时背脊发凉,惊呼好险!

　　至正二十七年(1367年)十二月,朱元璋在南京着手称帝事宜,让朱升兼议礼官。明初,其又派朱升制定祭祀斋戒礼、宗庙时享礼,编纂防止"内嬖惑人"、干预朝政的《女诫》。后朱升还为朱元璋撰写了颁赐李善长、徐达、常遇春、李文忠、邓愈、刘基、陶安、范常、秦中、陈德等功臣的诰书,对明初政坛的稳定起了重要作用。

　　朱升性情洒脱,超然物外,颇有陶渊明的风采,世人称其为枫林先生。明朝建立后,朱升劳苦功高,所以都七十一岁了朱元璋还不舍得让他退休。但朱升知道朱元璋性格多疑,为避风头,他以年事已高为由退隐,并写下了生命的感悟:"百战一身存,生还独有君。越山临海尽,吴地到江分。暮郭留晴霭,荒林翳夕曛。归途当岁晚,霜叶落纷纷"。

　　明玉珍,机智多谋,性格刚直,处事公道果断,又乐于助人,在一方小有名气,被当地百姓推为屯长。至正十三年(1353年),徐寿辉打到湖北时,听说明玉珍有一支队伍,就将他召到了自己的门下,授予统兵征虏大元帅之职。在一次作战中,明玉珍被飞矢射中右眼,伤虽治好了,但眼睛却瞎了,于是大家都亲切地称他"瞎子元帅"。

　　明玉珍很敬重徐寿辉。陈友谅杀徐寿辉称王后,明玉珍因为不服而领着忠于自己的部将在四川另开炉灶,自称陇蜀王。他还在重庆城南立了一个徐寿辉庙宇,经常拜祭,并追尊徐寿辉为应天启运献武皇帝,庙号世宗。明玉珍很注重体恤百姓,因此深得当地百姓的爱戴。

　　至正二十三年(1363年)三月,明玉珍受刘桢等人拥立称帝,国号大夏,以恢复汉族王朝的统治为号召,纪年天统,建都重庆。后来,陈友谅的参政姜珏前来投奔,明玉珍就让他守夷陵,兴屯种,以备军需。九月,明玉珍与朱元璋约定"协力同心,并复中原,事定之日,各守疆宇",简言"合力革命,但各建其国"。

　　至正二十六年天统四年(1366年),明玉珍病逝于重庆,年仅三十八岁,庙号太祖,谥号钦文昭武皇帝。后太子明升即位,改元开熙,尊其母彭氏为皇太后，但年仅十岁的他根本不懂政事，于是，由彭氏垂帘听政。

明玉珍一生节俭，殓葬品除随身衣物外，唯一能算作金银珠宝的只有一只金杯和两只小银锭，这还是当年觐见徐寿辉时赏赐的，明玉珍从不舍得用，便把它们珍藏了起来。明朝的著名学者方孝孺在《明氏实录》中这样评价明玉珍："夏主幸致躬行俭的，兴文教，辟异端，禁侵掠，薄赋敛……民至今感叹焉，不能文词问尽其贤也。"

洪武四年天统九年（1371年），明大举伐夏。汤和为征西将军，傅友德为征虏前将军，兵分两路进攻四川。邓愈驻守襄阳，供应粮饷，训练士马，以做后盾。不久，夏丞相刘仁扶幼主明升、太后彭氏投降，夏亡。明升母子被解送南京，朱元璋封明升归命侯，赐第京师。

在南京，人小鬼大的明升和陈友谅的儿子陈理经常会坐在一起发牢骚，朱元璋为了眼不见心不烦就派太监将他们送到高丽国安置。之后，明升娶高丽总郎尹熙王之女为妻，生了四个儿子，从此在朝鲜半岛代代相传。如今明升的后代多居住在韩国。据说，现在每年仍有不定规模的韩国明氏后裔前来中国拜祭明玉珍。

洪武二年（1369年），年仅三十九岁的常遇春因得"卸甲风"而暴死于柳河川军中，朱元璋闻讯惊倒于龙椅上，失声痛哭。后朱元璋追封常遇春为开平王，谥曰忠武，配享太庙。古至明代，谥忠武的，只有唐朝尉迟恭与宋朝岳飞，常遇春是第三个，可见，朱元璋给了常遇春军人的最高荣誉。

常遇春和徐达可称为朱元璋的左膀右臂。徐达是一个帅才，有智谋，有战略眼光，而常遇春则是典型的将才，既有武将的勇猛，又有文人的谦逊，虽然他比徐达大两岁，但对徐达谦恭有礼，十分尊重。徐达以谋略持重著称，常遇春以勇猛果敢闻名，因此，世人称他们为"徐常二将"。

曾有人将明朝的统一大业概括为南下、西征、东取和北伐四个大阶段，在所有的阶段常遇春从始到终，大小战役没有一仗是不参加的。常遇春体貌奇伟,沉毅果敢,长臂善射,一生从未败北,被誉为"天下奇男子"。他自称能以十万大军横扫天下,军中将士戏称他为"常十万"。朱元璋评价常遇春为"虽古名将,未有过之"。

朱元璋曾在常遇春的墓前赋诗一首,表露其对常遇春逝世的极度悲哀:"朕有千行生铁汁,平生不为儿女泣。忽闻昨日常公薨,泪洒乾坤草木湿。"常遇春的英年早逝,是明朝初期的一大损失,但对其个人来说,却是幸事,因为这让他逃脱了大杀功臣的悲剧,保全了他的荣誉,使他的英雄业绩得以流芳百世。

刘伯温出身于官僚世家,从小才智超群。元统元年(1333年),年仅二十三岁的他就考中进士。刘伯温的老师郑复初曾夸他:"这孩子以后必成大器!"刘伯温上知天文,下知地理,熟读兵法,料事如神,被当地人誉为"小诸葛"。在元廷当官期间他因清正廉明得罪了不少权贵,官位一直升升降降,一气之下便辞职不干了。

方国珍起兵后刘伯温又被任为元帅的助理。方国珍想收买刘伯温放自己一马却遭到拒绝,于是派人由海路到大都去厚赂元朝重臣,终于达到目的。刘伯温因此被受贿的领导撤去职务,关在绍兴府。刘伯温气得好几次都想咬舌自尽获得解脱,多亏朋友们拼命拦阻,才放弃了这个念头。

刘伯温又反复被元朝征召过几次,但因是汉人,总是逃不掉被元人排挤的命运。在仕途上三起三落、到处碰壁的刘伯温终于不再对元政府抱有希望。绝望之下,他把元世祖忽必烈的画像放在桌子上,朝北而拜道:"我也不想辜负你,实在是你的儿孙们逼得我走投无路啊!"于是逃回老家青田,冷眼看世道去了。

闲来无事的时候,刘伯温喜欢与几个朋友青梅煮酒,谈古论今,龙泉的章溢、丽水的叶琛、浦江的宋濂等等,都是经常与其"碰杯"的人,他们四人还被称为"浙东四先生"。在当今起义称王的几个人中,他们最看好的是朱元璋,但文人都有文人的骄傲,他们并没有想过要去投奔朱元璋,只是闲来无事八卦一下,作为消遣而已。

有一天，朱元璋问李善长："你经常把我比作汉高祖刘邦，你好比是酂侯萧何。至于徐达嘛，也比得上淮阴侯韩信，可用谁来比作留侯张良呢？"李善长答："金华人宋濂博闻强记，又兼通象纬，应当可以担此重任。"朱元璋却说："据我所知，通象纬者没有人比得上青田刘基（刘伯温）啊！"

胡大海和刘伯温曾有交情，朱元璋就派他去请刘伯温出山相助，共建大业，结果胡大海被赶了回来。朱元璋纳闷地问胡大海原因，胡大海说："咱们前不久好像误杀了人家的一个朋友苏坦妹。"苏坦妹和楚方玉并称"江南苏楚"，与刘伯温交好。朱元璋叹道："误会，这绝对是误会啊！"

朱元璋跑到苏坦妹墓前祭奠致歉，筑碑立文，并亲自找刘伯温悔过："刘先生，我知道错了。但人死不能复生，你要节哀。为了救天下的黎明百姓于水深火热之中，还请您大人有大量，帮我把黑心的元廷推翻啊！"并用上耍赖兼哭闹的无理烂招。经不住这般闹腾的刘伯温终于被打败，答应出山，但其他三人仍不愿意。

一次，朱元璋随手扬起手中的斑竹筷，请刘伯温赋诗。伯温脱口而出："一对湘江玉箸看，二妃曾洒泪痕斑。"元璋听后说："未免书生气太浓了！"伯温知道元璋是胸怀天下的人，便不慌不忙地接道："汉家四百年天下，尽在留侯一借间。"这回算是说到了朱元璋的心窝子里，朱元璋激动地说："伯温正是上天赐给我的张良！"

朱元璋建了座礼贤馆以招揽天下更多的文人谋士。为表诚意，他还亲自为馆题名，那可是一双拿刀的手啊！刘伯温感动不已，决定亲自出马请自己的那几位朋友出山。朱元璋又写了万言书，让马秀英跟着刘伯温一起去。那几人见朱元璋如此以礼相待，不好意思再拒绝，就加入了朱元璋的革命大军。

花云，朱元璋的老乡，长得不错，就是有点黑，但这绝不影响他打仗。至正十三年（1353年），花云投奔了朱元璋。他战无不胜，攻破怀远时擒获敌将，又攻克了全椒、缪家寨等地。六月，朱元璋去攻滁州，率领花云和数名骑兵先行出发,却在半路上遇到数千名元兵。见状花云拔剑就冲了过去,元兵大惊道:"这个黑将军这么勇猛,我们挡不住啊!"

一次,花云在执行任务时,被困在一个大山中八天。正郁闷得想杀人的时候,偏偏有一群不自量力的强盗来抢劫。花云怒道:"连老子都敢抢!这年头的强盗还以为自己是打不死的小强啊!太猖狂了!"于是,拿起长矛,一口气杀了数千人,身上愣是没受一点伤。

至正二十年(1360年),陈友谅攻陷太平,朱文逊战死,花云被俘。被俘后花云奋身大呼,挣断束缚,夺走看守的刀,杀死五六人,大骂说:"你们这些贼人根本不是我主公的对手,别白费力气了,直接投降吧!"陈友谅大怒,命人将他乱箭射死。花云的妻子知道后,就把儿子花炜托付给侍女孙氏,自己投河自尽了。后来,朱元璋将花炜抚养成人。

沐英,定远人,命运比较坎坷,爸爸在他刚出生时就死了,妈妈在他八岁的时候撒手人寰,他哭道:"我这命是不是太硬了啊?"朱元璋在定远的时候,遇到上街要饭的沐英,就把他收为义子,由马秀英抚养。沐英从小就在军中生活,十八岁时被朱元璋授帐前都尉,参与守镇江,开始担当军事要任。

沐英从小就很懂事,也很珍惜这来之不易的幸福,早年虽无惊人之举,却在后来进攻云南、守卫云南、发展云南中作出了贡献,而且对朱元璋忠贞敬仰始终如一。也许正是因为沐英的忠心,朱元璋才放心让他一人管理云南,而不怕他造反吧!

沐英在通海期间,差点被元朝刺客所杀。那天晚上,一个刺客偷偷蹿进沐英的寝房,抢起钢刀就要砍下去,可巧被沐英发觉了。手无寸铁的沐英扔了个鱼缸砸向刺客,声音惊动了部下。好汉不吃眼前亏,那刺客拔腿就跑,连手中的钢刀都扔了。还好有惊无险,沐英擦掉一脸冷汗。

沐英追踪线索,找到了刺客的老窝,便领着兄弟去报仇。那是一个山寨,沐英把人家大寨主的耳朵给削掉了一个,结果惹了山寨人。俗话说:"强狼难敌众犬,好汉架不住人多。"沐英人少,就赶紧撤了。回军营后,沐英反思,刀剑的好处果然多多,于是开始重视起了刀剑。

朱元璋攻下滁州不久,就有人来报,城外有来人称是他亲戚。朱元璋出去一看,是姐夫李贞和外甥保儿。老乡见老乡两眼泪汪汪,何况这还是亲人!当他问起姐姐的情况时,只听保儿哽咽道:"我妈被活活饿死了。"朱元璋听后更是伤心,就把他们俩安排在了军营中,将保儿改名为李文忠,认作义子,交由马秀英抚养。

一天,有来人说是朱元璋的侄子,守门的士兵纳闷:"这是要开认亲大会么?"但不敢怠慢,赶紧通知朱元璋。老朱又来到城门口,看到了改嫁的大嫂和侄子狗儿。将狗儿托付给朱元璋后,大嫂执意离开。见留不下她,朱元璋就领着侄子回去了,将狗儿改名为朱文正,认作了义子。

李文忠从小聪明好学,作战骁勇,十九岁时以舍人的身份率领亲军,随军支援池州,击败天完军,骁勇善战为诸将之首。李文忠治军也很严明,他曾经下令擅入民居者死,后来有个士兵没向他申请去一户百姓家借了把斧子,李文忠知道后,依军令将那名士兵处死,从此,再也没有人敢违背军令了。

至正二十五年(1365年)春,张士诚派兵二十万攻新城(今浙江诸暨南)。李文忠与朱亮祖领兵前去救援,但兵力远远比不上张士诚。为了安慰将士们,李文忠激励大家:"兵在谋不在众。敌军多而骄,我军少而锐,以锐遇骄,必能克敌制胜。"简而言之,浓缩就是精华。听罢将士果然士气大增,歼张军数万,还俘虏了高级军官六百多人。

关于李文忠其人,史书口碑是极好的。明史说:"文忠器量沉宏,人莫测其际,临阵踔厉历历风发,遇大敌益壮"。他文武双全,忠厚儒雅,因为是朱元璋外甥兼养子,身份特殊,所以敢于向皇帝老爸直言。比如,朱元璋攻占南京后,因粮饷供应不及向百姓增收田租,李文忠为百姓求情,最终朱元璋同意减低税额。

25

李文忠解除兵权回家后，为人恭敬谨慎，朱元璋十分偏爱看重他，后因劝朱元璋少诛戮而受责。洪武十六年（1383年），文忠得病，朱元璋亲自去探望，并命淮安侯华中负责医治。次年三月，四十六岁的文忠去世。朱元璋一气之下降低华中的爵位，将其他医生及其妻子儿女斩首。后朱元璋追封李文忠为岐阳王，谥号武靖，配享太庙，肖像功臣庙，均位列第三。

李文忠死后，大儿李景隆继承爵位。对于李景隆，明史有记："长身，眉目疏秀，顾盼伟然。每朝会，进止雍容甚都，太祖数目属之。"显然，这是一个白面书生，外表甚为英俊潇洒，连朱元璋见了都不免要多看上几眼。不过，据多方调查显示，这人是个绣花枕头大草包，外貌与智慧完全成反比。

朱文正，花花公子是也。比起沐英、李文忠，朱文正不是一个乖孩子，或许仗着自己是朱元璋的亲侄子，他平日的行为完全是公子哥的派头，花天酒地，不务正业，下属都对他很不满，但碍于人家后台够硬，没有人敢出声。但后来的洪都一战却让所有人惊叹："这小子看来也是实力派的，深藏不露啊！"

洪都之战后，朱元璋问朱文正想要什么奖赏，朱文正客气了一下："咱们是自己人，要啥赏赐！您先赏别人吧！"谁知，他客气朱元璋却不客气，真没赏他什么。朱文正一气之下准备投奔张士诚，朱元璋得知消息赶紧把他囚禁在桐城，并哭道："为什么最爱的人却要伤我最深？"至正二十五年（1365年），朱文正死于桐城。

朱文正所立下的赫赫战功朱元璋并没有忘记，至正三十年（1370年），朱元璋封朱文正年仅八岁的儿子为靖江王，就藩桂林，并传了14代，相袭280年，使其成为明史上唯一一脉非太祖血统的王族。朱文正出身布衣，善于谋，勇于战，为朱元璋立过奇功，然而因一时之错，铸成一生悲剧，真是成也洪都，败也洪都！

胡大海是朱元璋在和州时来投诚的虹县人，身强力壮，智力过人，立功不少，曾与李文忠合力攻下严州。这虽是两人首次合作，但是因为有共同的目标，彼此的配合还算不错。但在治理严州时，两人却发生了争执。胡大海说严州刚破，应加强军事守备，而李文忠则认为严州刚获，应稳定人心，疏通政治。争执后二人去找朱元璋评理。

亲外甥与信任将领，这手心手背都是肉！于是，朱元璋打起了亲情战。他私下对文忠说："保儿，咱们是自家人，那胡大海与咱非亲非故还要帮咱出生入死的，我们总不能亏待他是不是？"文忠反思后，终于愿意与胡大海和好，并接受了一个有职无权的工作，让胡大海掌权。胡大海看到朱元璋不偏心，还这么相信自己，更加忠心于朱元璋了。

朱元璋在占领南京后，算是有了自己的根据地，将士们的家眷陆续从和州赶过来与亲人团聚。朱元璋找来李善长、徐达等文臣武将一起开了场研讨会，会议结论是要巩固南京，就必须拿下东边的镇江，如果被张士诚抢先占取镇江，他一定会过来攻打南京。

朱元璋与徐达商量了一出苦肉计，"割肉"之人正是徐达。出战前，为了严明军纪，朱元璋故意以放纵士卒的罪名将徐达抓起来，准备以军法处斩。大家赶紧求情，徐达可是顶梁柱啊，好说歹说，老朱放话了："徐达戴罪立功，如果这一仗输了，那就必死无疑！"经此一闹，谁还敢松懈？将士一鼓作气地把镇江给拿下了。

李善长很善于交际，曾建议朱元璋亲往镇江安民。朱元璋到后先拜谒孔夫子庙，以显示自己尊儒爱民，行仁义，后在镇江召集军民，宣告爱民、护民的思想，且重用镇江的儒士，让这些读书人劝告当地百姓拥护士兵，勤恳务农，发展经济。这一举动大大收拢了民心，徐达也因立下大功而被免除军法，将士们终于松了口气。

至正十六年(1356年)六月，朱元璋派使者通好张士诚，希望双方能够"睦邻守国，保境息民"。此时的张士诚已经占据了中国最富庶的江浙地区。经过几年的精心治理，江浙初现繁荣。财大气粗的张士诚根本瞧不起要饭出身的朱元璋，拒绝了朱元璋好意，不仅扣押了使者，而且派兵攻打朱元璋占领的镇江。当然，没攻下。

于是，朱元璋派徐达攻打张士诚的常州，但因张准备充分，久攻不下，朱元璋很不满意，降了徐达一级官职后还写信责怪："达，你可是老将了，这次也忒差劲了，再拿不下哥可要生气了！"徐达一看急了，大哥生气的后果可是很严重的，幸亏此时常遇春等率兵支援，终于攻克了常州。徐达一抹冷汗，叹道："可让老子给拿下了！"

张士诚得罪朱元璋的下场，相当的惨，不仅连失常州、长兴、江阴、常熟等地，就连自己的三弟张士德也被朱元璋俘获，这就叫"赔了夫人又折兵"！张士诚这边欲哭无泪，朱元璋那边却是得瑟得很："当哥是好惹的啊！看你这货还敢不敢瞧不起哥！"

张士诚称王后，虽然广揽人才，却不能知人善任。其军队中既有对元朝怀有刻骨仇恨的穷苦百姓，也有投机农民革命的地主知识分子。当看到张士诚战事不利，就有人鼓动张士诚投降元朝。一个月后，张士诚正式向元朝廷请降，并把隆平府改名平江。已经疲惫不堪的元朝廷大喜，册封张士诚为太尉，义军将领也都得到了相应的封赏。

张士诚降元后，立刻成为元朝廷镇压江南农民起义军的急先锋。他与元朝军队兵合一处，大举进攻朱元璋的地盘，但双方进行了大小数十次的战斗都没有分出胜负。于是，他又去欺负刘福通和韩林儿，攻占了苏北和鲁南的大片土地。此刻，张士诚集团已经从农民军彻底转变成江南地主豪绅的代言人，好事不干，坏事做尽。

张士诚不仅对手下的糜烂生活视而不见，还让自己过起了帝王般的日子。一次，张士诚率船队外出游玩，跟随的船队"以新漆金花舟，施锦帆"，张士诚的船上"载美人泛此，列妓女于上，使唱《寻香采芳曲》"，元末诗人高启作诗讽刺张士诚政权"水绕荒城柳半枯，锦帆去后故宫芜。穷奢毕竟输渔父，长保秋风一幅蒲"。

至正二十三年（1363年），张士诚集团的力量到达了巅峰，控制的疆域达到了空前的规模。九月，张士诚三次奏请元朝廷，希望朝廷能封自己为王，却遭到严厉拒绝。一怒之下，张士诚脱离元朝政府，自立为吴王，分封百官。

至正二十四年(1364年),"高筑墙,广积粮"任务已经完成,朱元璋看时机成熟,就称吴王,建百官司属,但仍以龙凤纪年,以"皇帝圣旨,吴王令旨"的名义发布命令。因1363年张士诚早已自立为吴王,故历史上称张士诚为东吴,朱元璋为西吴。

一山不容二虎的道理朱元璋自然晓得,他也绝不容许有任何人威胁到自己的政权。在元朝末年抗元起义领袖中,有"(陈)友谅最桀,(张)士诚最富"之说,除去了陈友谅这块绊脚石,接下来就是张士诚这根硬骨头了。

至正二十六年(1366年),徐达与常遇春会师淮安,攻下兴化,五月,又顺便攻下了朱元璋的老家濠州。朱元璋亲至濠州,省陵墓,宴父老,与当年不可同日而语。更大的胜利就在眼前,朱元璋采取集中兵力,先除去张士诚羽翼的战略,把其势力分为两段,南北阻隔,无法呼应,为日后的进攻打下了坚实的基础。

朱元璋也算是腹黑中的高手了,他想先拿下张士诚的苏州,却派徐达与常遇春去攻打湖州。这俩人不懂,就问他原因,他贼笑着说:"这叫调虎离山。咱打湖州,那厮肯定会从苏州拨人过去支援,那打苏州不就容易多了!"徐、常二人叹道:"您可真够黑的!"老朱一瞪眼:"小孩子懂啥!这叫'无毒不丈夫'!"

至正二十七年(1367年),见围城三月不下,朱元璋也不着急,从建康发来"最高指示":"将在外,君不御,古之道也。自后军中缓急,将军便宜之。"大概意思就是:"达,你在外边哥也管不住你,这一仗你自己看着慢慢打吧!哥不催你!"徐达感动的眼泪哗哗流,更加细心和卖命。

张士诚被困在苏州城中,眼看已经弹尽粮绝,决定豁出老命拼一把。张士诚刚打开城门准备出战,常遇春就激动得大叫:"老子终于把这货给等出来了!"他兴奋得挥兵上前,瞬间就把张士诚的精兵给打得落花流水。张士诚吓得一个没抓紧,从马上掉了下来,幸亏部下眼疾手快,拉着他匆匆逃回城中。

据史载，当时城中一只老鼠能卖百文钱，皮靴马鞍等都被煮食充饥。张士诚不忍看人民受罪，就召集城中百姓说："事已至此，我实无良策，只有自缚投降，以免你们城破时遭受屠戮。"百姓闻言伏地号哭，都表示愿意与他固守同死。由于城中木石俱尽，最后只得拆寺庙、民居制作飞炮之料。

不久，徐达展开猛烈的攻势，终于攻入城内。张士诚看自己已经插翅难逃，于是，放火烧死了自己的妻儿，关上门准备上吊自杀，结果被部将解救，并最终被徐达抓到，押送到南京。当天晚上，张士诚趁看管的人打盹时，上吊自杀，辉煌一时的张士诚从此成为了历史。

其实张士诚在城破之前本来是有希望突围的，但在打得正起劲时，张士诚的弟弟张士信也不知道是哪根神经错乱了，突然喊了句："军士如此辛苦，可以休息再战！"鸣金收兵。张士诚和众人都惊讶得大脑直接当机，说时迟那时快，常遇春抓住时机，一举打败张军。怪不得人家说宁要虎一样的对手，也不要猪一样的队友啊！

胡大海曾在河南一带流浪，一天，他闯进一土财主家，伸出毛茸茸的黑手讨饭，财主不仅不给面子，还用一张大油饼给他孙子擦完屁股后扔给了狗，然后又让狗把胡大海给咬了出去。于是胡大海暗暗立誓，有朝一日发迹后，定来此雪恨复仇。后来，胡大海弃讨投伍至朱元璋麾下，因战功卓著，从一介乞丐白日升天，成了朱明王朝的开国元勋。

朱元璋有次问胡大海想要什么赏赐，胡大海不要金银，只想回去报仇，踌躇再三，朱元璋只恩准他"杀一箭之地"。胡大海率兵到河南境内，刚好有一雁当空飞来，他心中暗喜，弯弓发箭，箭中雁尾，雁带箭南飞，飞过河南，又掉头飞向山东，胡大海统兵随雁杀去，直杀得豫鲁两省"白骨露于野，千里无鸡鸣"，真叫一个狠！

至正十八年（1358年），胡大海长子在婺州因酿酒，违背军令，被朱元璋处死。有人劝告朱元璋不要这样做，以避免胡大海兵变，朱元璋说："宁可让胡大海造反，也不能让我的军令无法推行。"最后，朱元璋亲手杀了胡大海的长子。胡大海知道是自己儿子的错,不但没有造反,还依然为朱元璋忠心卖命。

方国珍这人是完全不讲道义,起初他怕朱元璋灭掉自己就派人去给老朱送礼,并表示愿意臣服,朱元璋一高兴就封了他一个官。哪知这货两边倒,还不到一个月就又接受了元廷的封赏。朱元璋生气了:"你丫耍老子呢!"就派人将方国珍揍了一顿。

至正二十二年(1362年)二月,朱元璋部将蒋英叛乱,杀了胡大海与其次子胡关住,耿再成亦死。蒋英拿着胡大海的首级投奔方国珍,方国珍立马将他撵了出去。开玩笑,他要是接受了,朱元璋非扒了他的皮不可!果然,不久朱元璋就杀死蒋英,血祭胡大海。胡大海长子被朱元璋所杀,在次子胡关住被杀后,绝后。

朱元璋想打方国珍但没有理由,于是就写了封信给方国珍:"你一会儿投靠我,一会儿又投靠元廷,简直就一哈巴狗!"方国珍看完信气得鼻子都歪了,但他知道这是老朱的激将法,就回信说:"您英明神武,实力超强,是我心中永远的偶像,就原谅我以前的过错吧!"朱元璋见方国珍没中计,开始另寻出兵理由。

朱元璋又责令方国珍贡粮二十三万石,并写信威胁他,若不按时进贡,就武力相对。方国珍惶恐不已,赶紧抱着珍宝准备下海逃跑。老朱等的就是这一刻,他立即兵分三路,围堵这厮。方国珍被多面夹击,逼得想跳海自杀,又不敢跳,于是,只好送出所有的财产和船舰,彻底投降朱元璋。

洪武七年(1374年)三月,方国珍死于南京。朱元璋亲自设祭,并让宋濂写《神道碑铭》为祭。方国珍在台、温、庆三府保境安民二十年,为民做了三件好事:一是兴办学堂,二是修筑塘堤,三是建造桥梁。他还鼓励农工商学,轻徭薄敛,让百姓安居乐业。如今台州地方的富庶,不能说与650年前方国珍的励精图治一点关系也没有。

朱元璋在战败了陈友谅、张士诚之后,领有湖南湖北、安徽江西、浙江江苏等地盘,这些地方都是国内最富庶的。是时朱元璋兵多将广,钱多粮多,是国内最大的一支革命势力,虽然南方还有一些不听调遣和他唱反调的军阀,北方还有所谓正统的元朝,但显然已经没有什么力量可以阻挡他统一全国的步伐了。

至正二十七年(1367年)十月,朱元璋以徐达为征虏大将军,常遇春为征虏副将军,率25万大军出师北伐。北伐中朱元璋发布告北方官民的文告,文告中提出"驱逐胡虏,恢复中华,立纲陈纪,救济斯民"的纲领,以此感召北方人民起来反元。再加上当时北方元朝军事力量已经大大削弱,所以,徐达、常遇春仅用三个多月,就平定了山东。

洪武元年(1368年),朱元璋于南京称帝,国号大明,年号洪武。四月,明军在洛阳的塔儿湾与元军遭遇,常遇春率兵勇猛冲杀,大败元军,此役史称塔儿湾大捷。这一仗,明军占领了河南和潼关,夺取了陕西的门槛,为攻取元大都创造了极为有利的形势。

洪武元年(1368年)七月,徐达、常遇春率马步舟师由临清沿运河北上,连下德州、通州。元顺帝一看,都快打到家门口了,赶紧带着老婆、孩子跑了。那些大臣一看自己的老大要跑,赶紧跟在了后边,皇帝去哪,大臣们就跟到哪。八月,徐达、常遇春一举攻占大都,改为北平府,统治中国八十九年的元王朝从此宣告终结。

李善长建议朱元璋先拿下云南梁王,再收服东北纳哈出。如今百废待兴,征战还是需要,但已不需要乱世中的打法,他认为从长远来看,当先取梁王。其一梁王处于云南,云南和蒙古本部地处遥远,容易孤立;其二取下云南,后方安定,更有利于对纳哈出及北方蒙古残部进行彻底打击。朱元璋笑道:"哎!咱也是这么想的!"

洪武五年(1372年)的五月到十月的这五个月,是让元军头疼欲裂的恶梦期。傅友德带领数万大军从甘肃打到蒙古,所向披靡,创下了七战七胜的战场神话,把元军折腾得又怕又恨。最后,元军一见到老傅的人马就没命地往回跑,没仗可打的老傅在极度郁闷之下终于班师回朝。

云南梁王名叫把匝剌瓦尔密,是元世祖忽必烈第五子、云南王忽哥赤的后裔,对元廷那是相当的忠心。被封为梁王后,一直镇守云南。1363年,明玉珍及其弟明二率兵三万攻打云南,大理总管段功出兵援助梁王,和明玉珍大战于吕阁关,保住云南不失。后来段功夜袭古田寺,在七星关击溃明玉珍的兵马,夺回昆明。

战后,梁王升段功为云南省平章政事,并将女儿阿盖公主嫁给段功。但在1365年时,梁王又怀疑段功有并吞云南全境的野心,因而要女儿阿盖公主将段功毒杀,阿盖公主不忍反将一切告知段功。但段功仍被梁王派人刺杀,而阿盖公主也殉情自杀。后人在西寺塔旁建祠纪念阿盖公主与段功,称为阿姑祠。

元顺帝退出元大都北逃后,这位梁王仍坚守云南,而且每年派使者按臣子的礼仪去漠北觐见北元皇帝,压根儿不承认朱元璋这个皇帝。他还一直使用北元皇帝的年号:元惠宗的年号至正(1340年-1370年),元昭宗的年号宣光(1371年-1379年),元益宗的年号天元(1379年-1388年)。这人,够顽固,但也够忠心!

要想与人打架,得找个说得过去的理由,打仗亦如是。为表现自己的宽厚仁慈,老朱决定采用迂回战术。结果他派去招降的使者都被梁王给杀了。于是,老朱怒了:"好你个龟孙,太不识好歹了!那就别怪我不客气了!弟兄们,打!"梁王也很有土爷的范儿:"打就打,怕你是小狗!"于是,两军顺利开火!

朱元璋是个老人精,知人善任。他任沐英为征南右副将军,和傅友德、蓝玉三将兵分两路直取云南。临行前,是领导谈话:"如今梁王实力大不如前,这次不仅要打胜仗,更要收拢云南各族的民心,做好后期的安定工作。你们都是跟随我多年的老将了,我很放心,去吧!"三人瞬间被戳到泪腺,含泪点头。这思想工作做的,真高明!

朱元璋兵分两路进入云南,梁王出兵十万相抗。沐英献计:"元兵肯定想着我们大老远过来,走得慢,我们加快步伐,必能出其不意,大败他们。"大家点头同意。果然,当沐英率军赶到时,元兵直接愣在当场。沐英亲率铁骑横冲而入,直刺达里麻,那厮吓得直接从马上掉了下来。

梁王冤杀了曾经打败明玉珍的大理总管段功，从那之后便和大理段氏势同水火。当沐英率兵而来时，段氏不仅不帮忙，还在边上乐得拍手叫好。不过三个多月，朱家军就一路高奏凯歌打到梁王的家门前。梁王自知气数已尽，就把妻儿杀掉，然后自杀了，而他的大臣左丞达德、右丞绿尔等人也拔刀一挥，随梁王而去。

蓝玉，常遇春的大舅子，原来是常遇春的部下，后因作战勇猛被朱元璋器重。洪武三年（1370年），蓝玉被升为大都督府佥事，进入了明朝的最高军政机构。但这人大字不识一个，有点鲁莽，任何事情都喜欢用拳头解决，心思细密这个词语永远也用不到他的身上。

元末周庄有个叫沈万三的人，不知道从哪里得到个"聚宝盆"，放进去什么就出什么，放进去银子自然也就出银子。他常在自己豪华的家里宴请达官贵人，除了山珍海味和醇酒美人外，还拥有三班女乐，演奏的大都是沈万三与他朋友们最爱听的昆曲音乐。

沈万三帮朱元璋修筑了三分之一的南京城后，请求出资犒劳军队。朱元璋恼火了："平民也敢犒劳天子的军队，绝对的乱民，该杀！"马皇后说："我听说法律是用来诛杀不法之徒的，不是用来诛杀不祥之人的。老百姓富可敌国，是他自己不祥。不祥之民，苍天必然会降灾祸给他，你又何必再杀他。"于是朱元璋没杀他，但把他流放到云南去了。

沈万三被充军时，身边带着金、银、铜、铁、锡五个儿子。人们远远看去，总觉得他们身边金光闪闪。于是有人奏报说沈万三去云南时，把江南的财气也带走了。老朱连忙下了一道圣旨，要将沈万三的五个儿子就地赐死。小儿子阿锡接到圣旨后跳崖自杀，很快化成锡矿。其他四个兄弟的鲜血流进云南的土地，都化为铜矿。

朱元璋要杀掉周庄所有的人，有一个名叫徐民望的书生挺身而出，勇敢地来到南京告御状。看到徐民望舍生忘死，敢于直言，朱元璋不仅没杀他，还亲自写了"尔是好百姓"五个大字，客客气气地将他送回了周庄。得到赦免的老百姓们敲锣打鼓,欢天喜地,把徐民望高高地抬起来在街上游行。

民国时期,国民党当局听说沈万三的"聚宝盆"在中华门底下,就下令挖洞取宝,结果挖了能住一个连的大洞也没找到"聚宝盆"。后又有人说宝盆回到了沈井村,后来那大洞只能做防空洞用(1985年《人民画报》做过介绍)。至今,沈井村北牛蛋山的小丘岭上还有个小坑,坑内直到现在还不长草。

一天晚上,朱元璋躺在床上左翻右翻个不停,马皇后被吵得恼了就问他:"八八,你到底睡不睡啊?"老朱郁闷道:"睡不着啊!云南攻下了,得找个可靠的人守着我才能放心。沐英那孩子从小就听话,既然他大老远跑去攻下了,不如就直接留那算了。你说行不?"马皇后觉得有理,就也同意了。于是,这可怜的娃就这样被"抛弃"了。

英雄辈出的年代,沐英所建的功绩并不显赫,但治理云南却让他在明朝的历史上辉煌了一把。坐镇云南期间,沐英除镇压了百夷(白夷)巨酋思伦发的两次大"反叛",还把军政民政都办得井井有条,所垦的新田有一百万亩以上,让明朝一直"无西南之忧",对边疆的稳定作出了杰出贡献。

纳哈出是成吉思汗四杰之一木华黎的后代,朱元璋攻克太平的时候将他俘虏,但给他的待遇很好,还劝他:"降了吧?"哪知这人不仅骨头硬,还很忠心,死也不降。朱元璋当时也不知道犯啥神经了,就给了纳哈出一笔钱,说:"俺老朱佩服你!你回你领导那儿吧!"元顺帝北逃后,建立北元,纳哈出手握重兵,被封为丞相。

洪武二十年(1387年)的某一天,朱元璋站在一面墙前,也不说话,就盯着墙看。蓝玉问他干吗,他说:"我在面壁思过。你说我当初脑壳被驴踢了么?竟然把纳哈出那厮放了。"蓝玉心里接道:"那可不是么!"但嘴上却说:"末将愿领兵前往,打他个落花流水!"好,等的就是你这句话。于是,冯胜、傅友德、蓝玉一起率兵去把纳哈出又给降了回来。

邓愈很会打仗,有次深入吐蕃腹地,招降诸国,开辟疆土数千里。朱元璋高兴得降旨嘉奖邓愈,赐红蟒暖袍一件、玉带一围。但邓愈还没享几天福就得病西去,时年四十一岁。朱元璋知道后,举国哀悼三天,亲迎灵柩祭奠,要不是那年代的国旗没现在方便,说不定他还要降半旗!

李善长虽然外表看起来宽和仁慈,但内心有点小险恶。鉴于和皇帝朱元璋的关系比较铁,他可没少走后门。平常工作中,若是与李善长交情好的人犯事儿了,他就装作没看见,但要是自己手下的人稍微有点看不顺眼的,就去找朱元璋说人家的坏话,朱元璋一听还真就信了,把人家的官都给撤了。

一次,李善长的一个哥们犯事儿了,恰好被刘伯温逮到,李善长就赶紧去找老刘疏通:"老刘啊,你看咱也算是出生入死的好兄弟了,给我个面子,放了那谁谁谁吧?"可惜,刘伯温平生最恨的就是公权私用,所以死活不买李善长的账。结果李善长"恶人先告状",跑去找朱元璋说刘伯温的坏话,结果老刘被逼的直接辞职不干了。

论功行赏的时候,李善长不仅职位比刘伯温高,连工资都是他的好几倍。刘伯温的儿子不服气了,问他:"老板也太偏心了吧!为啥那厮就发那么多?"老刘笑道:"爬得越高,摔得越重。那厮比我高那么多,早晚有一天摔死他!"不愧是"小诸葛",算得还真准,李善长后来的死相真的挺惨。

朱元璋杀人,那叫一个猛!他对曾经让他没饭吃、没衣穿、没家住的元朝政府,放话了:"统统的灭掉!"为此,他培养出来的众弟兄们都是打起仗来不要命的狠手。已经杀人杀上瘾的朱元璋在建明后很是无聊,琢磨着这刀不能锈了,得继续杀人!杀谁呢?元兵鬼子杀完了,不如就拿身边的兄弟们练练手吧!于是朱元璋开始了他的新一波杀人计划。

朱元璋有次问刘伯温:"我准备增设一个丞相,让你来做,你看咋样?"刘伯温知道这是在试探自己,死活不肯。朱元璋就说:"那你看杨宪、汪广洋、胡惟庸哪个合适些？"刘伯温想了想，说："杨宪不会搞人际关系，汪广洋没有领导才能，胡惟庸这人没度量。他们都不适合。"老朱心中不满道："叫你当又不肯，别人当又都不适合，就你难伺候！"

胡惟庸当上丞相后第一个"惩治"的就是刘伯温，背后说人坏话是不对的。于是，他端了杯毒酒找刘伯温去了："听说您老最近总生病，皇上就让我给你端了杯药酒增强一下抵抗力。"刘伯温问道："恐怕是你给我准备的吧？"老胡奸笑道："都一样。"刘伯温知道那是毒酒，也明白飞鸟尽，良弓藏之理，仰头把酒喝了，哭着说："老朱，永别了！"

民间有一个火烧庆功楼的传说。据说朱元璋做皇帝后，建造了一座庆功楼准备除掉那些功臣。他摆下宴席邀诸位文武功臣们前来赴宴庆功，暗地里却派人在楼下埋好火药和干柴，只有刘伯温看穿内幕。当他看到朱元璋下楼时，赶紧跟着出去了。结果，刚一下楼，庆功楼便笼罩在滚滚烈焰中。可怜赴宴功臣，全部葬身火海。

胡惟庸虽是政府的最高行政长官，但他嫌不过瘾，策划着干掉朱元璋，自己当皇帝。他对朱元璋说自己家后院的井里突然涌出了醴泉，请朱元璋去欣赏，而自己早在院子里埋伏好了杀手。事情败露后，朱元璋斩了胡惟庸，还株连甚广，大大小小算下来，竟然有三万多人遭殃，这就是明初四大案之一——胡惟庸案。

云奇是西华门的一个小太监，当他发现胡惟庸要谋反时，就在朱元璋到达西华门时拦住他的马车，但当时他因为太紧张了，一句话也说不出来。惊扰圣驾，该打！临死前，云奇拼命指着胡惟庸的家。朱元璋纳闷之余站在高处一看，好多杀手，赶紧打道回府。可怜的云奇，死后被追赠某监左少监。

朱元璋反思了很久，感觉还是大权握在自己手中更踏实些，于是就废除了宰相制度，建立内阁。朱元璋的这一举动，可是"前无古人，后无来者"！宰相制度从此不复存在了，就算后来清军入关也没有再复立。据说朱元璋每天要看200多份奏章，处理400多件政事，累归累，但这使他成为了历史上最有权势的皇帝之一。

鉴于历朝历代因宦官而亡国灭家的经验教训，朱元璋对宦官限制极严，曾规定不许宦官读书识字，不许宦官兼任外臣文武衔等。当时宫门上还挂有一块高3尺的铁牌，上面刻有"内臣不得干预政事，违者斩"几个大字。有次，一个已经服侍朱元璋几十年的老宦官一不留神谈到了朝政，朱元璋立刻就把他打发回家了。

徐达作为"开国第一武将"担任了明朝的最高军事统帅，但他从不傲慢自负，很尊重朱元璋这位"大哥"，从不越礼。根据朝廷的礼仪制度，身为丞相的徐达在外出之时，为了显示威仪，应当有相应规模的仪卫。可是他外出时经常坐一般的马车，生活十分节俭，从不为了炫耀自己显达尊贵的地位而铺张挥霍。

朱元璋曾打算将自己做吴王时居住过的王府赐予徐达，可徐达毅然辞谢，没有接受。一日，朱元璋将他带到昔日的吴王府，并设计把他灌醉，之后把他抬到床上，盖好被褥，打算通过这种方式迫使他接纳封赏。酒醒之后的徐达吓得不知所措，连忙下床跪在地上向朱元璋请罪。朱元璋见他这样谦卑恭顺，内心十分欢喜，便不再强迫他了。

朱元璋与徐达一起下棋，两人从早上下到中午，一盘棋还没分出输赢。正在此时，朱元璋接连吃掉徐达两个子，但徐达却不落子了，跪地行礼道："请皇上再仔细御览全局。"老朱定睛细看，才发现棋盘上的棋子已被徐达排成了"万岁"字样。朱元璋十分欢欣，便将下棋时所在的楼和莫愁湖花园都赐予徐达，这座楼便是此后的胜棋楼。

据传洪武十八年（1385年），徐达生日那天，朱元璋跑去找他喝酒。徐达说："前几天臣背上长了一个疮，太医不让喝酒，连臣最爱的蒸鹅都不让吃了。"朱元璋回宫后就让太监给徐达送去了两壶酒和一只蒸鹅。徐达的心登时拔凉拔凉的，哭道："终于到我了么？"说着撕下蒸鹅的一条腿就着酒吃了起来，不久，背疮崩裂而亡，终年五十四岁。

洪武十八年（1385年），有人报告朱元璋，说李善长的弟弟李存义曾经和胡惟庸勾结造反。朱元璋就把他逮来问话，哪知这人经不住打,没挨几下就全招了。朱元璋问他李善长知道不,他说李善长就说了句:"我老了,等我死后,就随便你们折腾吧,反正我也看不到了。"朱元璋知道杀李善长的时机还未到,就把他撵回杭州养老去了。

人老就容易犯糊涂。李善长以为朱元璋还是那个尊称他为"先生"的"学生",回到杭州后,七十七岁高龄的他还老是瞎折腾。他给信国公汤和写信说:"小和呀,哥我最近想把院子扩大点,工匠不够,把你手下的兵蛋子借给哥300个吧!"汤和一看就怒了:"凭啥呀!没有!"因怕朱元璋怀疑,他还写信打了李善长的小报告。

明朝洪武年间,做官可是高危行业,汤和之所以能成为明初政坛少有的"不倒翁",自然有一定的道理。他不争功,能以平常心对待不公的待遇。打下江山大封功臣时,朱元璋故意降他一等,找个岔子只封他为侯,其他同等条件的人都封为公。对此,汤和很谨慎,不发牢骚,并向皇上作出诚恳而深刻的自我检讨,才被宽恕,几年后进封为信国公。

汤和作为朱元璋皇帝生涯的引路人,虽功不可没,但他也明白,自古与君王是共患难易,同富贵难。特别是胡惟庸一案,让汤和前胸冷到后背。于是,他主动辞官而去,回家养老。朱元璋当然高兴,立马拨款为汤和在凤阳老家造房,让他衣锦还乡。在朱元璋看来,还是汤和小子拎得清。如果满朝功臣,都如汤和一般,还用得着自己痛下杀手吗?

汤和回家后很低调,从不以功臣自居,并且教导子孙家奴,遵守法纪,不授人以柄。他知道,朱元璋的耳目一刻也没有放松过对自己的监视,他的一举一动都会被报到朱元璋那里,因而他整天吃酒下棋,游山玩水,含饴弄孙,从不结交地方官和乡绅,给人一种只贪图享受,别的事一概不管不问的印象,让朱元璋非常放心。

洪武十九年(1386年),朱元璋请汤和出山谋划沿海抗倭方略。这时已经六十多岁的他强撑着答应了。但他要求与方国珍之子方鸣谦同行。此后汤和在沿海筑城59座,使"倭寇多年不敢轻犯"。汤和在此为官期间,留下了很好的名声。但是,事情一完,他立马回家,决不恋栈。

洪武二十三年(1390年)正月初一,汤和上朝给朱元璋拜年,突得急症,不能说话,口水不停地从嘴中流出。1395年,汤和去世,死后追封为东瓯王,谥襄武,可说是备极哀荣。朱元璋是铁了心要杀尽功臣的,汤和能幸免,是因为他的低调。由此看来,在学校时老师教导的道理还是很实用的:做人要低调!

洪武二十三年(1390年),李善长小妾的哥哥丁斌仗着李善长的势力胡作非为,因草菅人命被抓进监狱。李善长指着县官的鼻子说:"我是李善长,把人放了!"官高一级压死人,县官只得放人。朱元璋听说此事后,骂道:"好你个李善长,太猖狂了!如不杀你,天理何存!不如就与胡惟庸造反时的账一起算吧!"于是下旨将李善长满门抄斩。

作为"大总管",李善长被朱元璋称为"在世萧何"。他在朱元璋最势微的时候投奔而来,一直负责军队的粮饷供应,成为前线将士风扫残云的"发动机"。他是朱元璋登基典礼的"总导演",是朱元璋大封功臣时的"首席公卿",是朱元璋的亲家翁。虽被赐予免死金牌,但欲加之罪,何患无辞?还是那句话:做人还是低调点好!

童年的悲苦生活给朱元璋留下了很大的心理阴影,所以他最恨贪官。朱元璋亲自编撰的《大诰》里规定:凡是贪赃六十两银子以上的,都要被处以剥皮实草的刑罚。每个地方的土地庙便是执行刑罚的地方,所以人们称为"剥皮庙"或"皮场庙"。按照规定,新官吏上任的第一天要去皮场庙实地观看,并在里面休息一晚,以接受警示。

明初最早的剥皮是死后才剥,后来发展成活剥。此外,还有墨面文身、挑筋、挑膝盖、剁指、抽肠、割鼻子、阉割、凌迟、族诛等三十余种残酷的刑罚。到了后期,朱元璋发现贪官日益增多,便直接下诏:"凡是贪污者,不管贪污多少、情节轻重,统统处死。"

另外还有一种刑法,不知道可信度多少,就是把人埋在土里,只露出一颗脑袋,在其头顶用刀割个十字,把头皮拉开以后,向里面灌水银。由于水银比重很重，会把肌肉跟皮肤拉扯开来，埋在土里的人会痛得不停扭动，又无法挣脱，最后身体会从头顶的那个口"光溜溜"地跳出来，只剩下一张皮留在土里。

户部是明朝的最高财政机关，在每年审核各地例行财政报表时，都要求严格，精确到了小数点以后的多位数字，稍有不合，便要立即作废重报。在没有电子邮件和特快专递、交通不便的古代，最远的省份来回一趟需要几个月时间，财务人员为了少跑冤枉路，就在进京时，携带了盖好本地公章的空白报表，以便出差错时就地重填。

按理说，用这种报表是造不出有价证券来的，因此，此种做法被普遍应用，为各方所默认接受。哪知，朱元璋知道此事后，就认定官员相互勾结、舞弊欺诈。于是，这位缺少财务知识的皇帝立即发雷霆之怒，下令将全国各地、各级政府部门的正印官，即一把手，全部处死，副手以下官员打一百棍，充军边疆，史称"空印案"。

方孝孺的父亲方克勤，时任山东济宁知府。此君一件布袍能穿十几年，每日三餐，有两餐以一盘素菜下饭。当地百姓则在他的任期内，号称富足。因为百姓们不愿意这位知府调离，便自发地作歌传唱以挽留。歌曰："使君勿去，我民父母。"结果，这么一个好官好人，愣是被朱元璋不由分说地杀死了。

洪武十八年(1385年)，御史余敏、丁廷举告发户部侍郎郭桓利用职权，勾结官吏，贪污赋税，朱元璋下令查办。经统计损失的精粮有2400万担，朱元璋气得直哆嗦，下令严惩此案，处死郭桓等高级官员数百名，受株连而死的人有好几万，史称"郭桓案"。朱元璋感叹地说："古往今来，贪赃枉法大有人在，但搞得这么过分的，也就郭桓了！"

"郭桓案"几乎扫荡了整个政坛，席卷了整个大明朝，全国小康生活以上的家庭大多因此破产，眼睁睁地看着自己的生活水平一夜颠覆。朱元璋见下手太狠，怕激起民愤，就处死了审查郭桓案的官员吴庸等人，并称折算赃粮实有两千石百多万石。吴庸临死前大喊冤屈："朱元璋，你这厮就会过河拆桥！"

某日,刑部递上来一道折子,说定远有一人当街行凶,官府派人前去捉拿,没想到那人竟派家丁抵抗,打死好几个官兵。朱元璋看后很纳闷,就招来刑部侍郎询问:"这刁民是谁?"刑部侍郎回道:"是凉国公蓝玉的义子,蓝玉护得很紧。"朱元璋一听,火"噌"地一下就冒起来了,但他忍住了,想等时机到了连蓝玉一锅端了。

朱元璋看蓝玉的军队训练得有模有样,就问他:"把你手下的兵分我一半,谁会赢?"蓝玉这货神经大条地说:"肯定是我了!因为我的兵只听我的命令!"朱元璋一听,这还了得,此人得杀!洪武二十六年(1393年),蓝玉被判谋反罪,被斩。蓝玉一案牵涉一公、十三侯、二伯,受株连的共达15000多人,史称"蓝玉案"。

洪武二十六年(1393年),朱元璋牢牢掌握了朝廷的军政大权,为了彰显君威,震慑世人,他特地下手诏,颁布了《逆臣录》,这一年朱元璋六十六岁。胡惟庸案和蓝玉案被后世合称为"胡蓝之狱"。经过这两宗案件,开国功臣们被杀得差不多了。

蓝玉死后,洪武二十七年(1394年)十一月,朱元璋又找借口杀了宋国公冯胜,二十八年(1395年)二月,杀了颖国公傅友德。这样,在明初开国功臣中,身为公侯而得以幸存的人仅有长兴侯耿炳文、武定侯郭英二人。

洪武十五年(1382年),朱元璋设立锦衣卫组织,与后来的东厂、西厂一起构成了中国历史上著名的明朝特务统治机构。这个组织相当的牛气,直接听命于皇帝,任何人都可以逮捕,皇帝要逮人,会让锦衣卫去抓并且审讯。上至藩王宰相,下至平民百姓,都处于锦衣卫的监视之下,稍有拂逆,便家毁人亡。

提起特务,很多人都会想到从事秘密工作、刺探军事情报的神秘人物,其实,在明朝时期,特务是个公开的人物,部分功能形同于现代的宪兵、国家安全局及总统府参军长。其也有参与收集军情、策反敌将的工作,类似于今天的CIA,但一般由皇帝的亲信武将担任,很少由太监担任。

锦衣卫的工作可以说是"第三十七行",但负责监视的也不见得都是大事,像张三早上吃饭被噎到、李四中午喝茶被呛到了、王五走路被石头绊了一跤、赵麻子家的母猪又生了一窝等芝麻小事都要报告,弄得众人人心惶惶,连晚上睡觉都不敢脱衣服!

有一次,宋濂上朝,朱元璋问宋濂昨天在家喝酒没有,请了哪些客人,宋濂一一照实回答。朱元璋听后满意地说:"果未骗朕。"钱宰一日散朝回家,随口吟诗道:"四鼓冬冬起着衣,午门朝见尚嫌迟。何日得遂田园乐,睡到人间饭熟时。"结果第二天上朝,朱元璋便对钱宰说:"昨天的诗不错,不过朕没有'嫌'迟,改作'忧'字,如何?"钱宰一听,吓得忙磕头请罪。

锦衣卫还设立监狱,即锦衣狱或诏狱,特务机构的监狱与司法机构的监狱比起来,当时的官员与百姓都把司法机构的监狱视为天堂,而把锦衣卫的监狱看成地狱,可见其残酷。

据不完全统计,当时锦衣卫共有十八套经常使用的刑具,如夹棍、脑箍、拦马棍、钉指等。锦衣卫在施行杖刑时很有讲究,若是行刑官仅说"打着问",是让执行者不要打得过重;若说"好生着问",是让执行者打重一些;若说"好生着实打着问",是让执行者不管犯人死活重重地打。

洪武二十年(1387年),由于朱元璋看到了锦衣卫的弊端,烧毁了锦衣卫的刑具,以示废除锦衣卫的决心。洪武二十六年(1393年),朱元璋正式废除锦衣卫。靖难成功后,明成祖朱棣重新启用了锦衣卫,并把锦衣卫的特务性质进一步加强了。

综合各种蛛丝马迹来看,拥有锦衣卫指挥使名分的第一人是毛骧,他打造了胡惟庸死后的牵连大案,最后把自己也牵连进去陪葬了。第二任是蒋瓛,历史上蓝玉谋反的罪证正是他通告的朱元璋,当然,在蓝玉案了结后,其被老朱一杯毒酒给搞定了。

洪武二十七年(1394年),朱元璋办了一个文武群臣宴,宴会上他说对傅友德的二儿子很不满意,老傅赶紧认错,朱元璋甩给老傅一把剑,让他去教育一下二儿子。不一会儿,老傅就拎着心爱的儿子的首级回来了。朱元璋问道:"你还真忍心?"老傅眼一瞪:"这不正是你希望的吗?"说完当场自刎而死。朱元璋恼羞成怒,下令诛了傅友德的九族。

文字,是个很奇妙的东西,它可以把你捧上天,也可以将你带入地狱。学识渊博的朱元璋在明初跟知识分子玩起了文字"游戏"——文字狱。他故意从作者的诗文中挑刺儿,罗织成罪,严重者会因此引来杀身之祸,甚至让家人和亲戚受到牵连,遭满门抄斩乃至株连九族的也有不少。

朱元璋出身寒微,当过和尚,参加过元末起义,十分讨厌"贼""寇""秃""僧"等字眼。有一次,杭州府学教授徐一夔在书上用"光天之下""天生圣人""为世作则"等语赞美朱元璋。朱元璋却牵强附会,硬认为"光"是指光头,"生"就是"僧","则"与贼近音,就下令把徐一夔杀了。

祥符县学教谕贾翥为本县作"正旦贺表"中有"取法象魏","取法"被朱元璋读作"去发";德安府训导吴宪在为本府作"贺立太孙表"中有"天下有道,望羽青门"两句,"有道"被看作"有盗","青门"被疑指和尚庙,于是朱元璋下令一律将他们处死。

苏州知府魏观把知府衙门建在原张士诚的宫殿遗址上,被人告发,后又有人发现其新房上梁有"龙蟠虎踞"四个字,被朱元璋下令腰斩。金事陈养浩写诗"城南有嫠妇,夜夜哭征夫",朱元璋说他扰乱民心,把他扔进水中淹死了,并嘟囔道:"让你叽歪,让你动摇民心,就你有文化,是吧?"

印度高僧释来复告辞回国,行前写了一首谢恩诗,诗中有两句:"殊域及自惭,无德颂陶唐。"意思很明显,他生在异国(殊域),自惭不生在中国,觉得自己没有资格歌颂您这位大皇帝。但朱元璋的理解能力愣是惊天地泣鬼神,他说:"殊,明明是'歹朱'。无德,明明指我没有品德。"于是释来复从座上客变为阶下囚,处斩。

朱元璋用严酷的刑法，先后杀了十几万的文人学士及相关联的亲朋好友，被诛杀的主要是国公、列侯、大将、宰相、部院大臣、诸司官吏、州县胥役、进士、监生、儒士、文人、学者、僧、道和一般地主。

文字狱让明朝的所有子民都恨不得自己是个文盲，但这显然也骗不过朱元璋。最终的结果是许多官吏文人担心犯禁触忌，只得不谈政事，整日三缄其口，朝政因此日趋腐败，全民知识水平与道德水准下降。朱元璋还首倡以八股文取士，使明代无数知识分子摇头摆尾，死攻八股，至死不悟，范进中举就是最鲜明的写照。

洪武三十一年(1398年)闰五月，七十一岁的朱元璋驾崩，葬于孝陵，谥号"开天行道肇纪立极大圣至神仁文义武俊德成功高皇帝"，庙号"太祖"。朱元璋清理政坛的手段比起刘邦是有过之而无不及，他的残酷超过历代开国之君，被人称为"有史以来权力最大地位最高最专制最独裁最强暴最缺少人性的大皇帝"。

到底该怎样评价朱元璋的历史功罪，是一个难题。他从天灾人祸和饥寒交迫的钟离村，一直到南京登基，和文臣武将所走的这条道路，不仅仅是为私人和某个阶级的利益，就如同他的自述——我本淮右布衣，天下与我何加焉。坐上皇位的朱元璋也许犯过不少错误，但他统一中国的伟绩和贡献绝对是受千秋万代敬仰的。

第二章

叔夺侄权

——小侄，那皇位是叔的

至正二十年(1360年)，朱棣生于南京。

洪武三年(1370年)，朱棣被封为燕王。

洪武十年(1377年)，朱允炆生。

洪武十三年(1380年)，朱棣就藩北平。

洪武二十八年(1395年)，朱允炆完婚。朱棣长子朱高炽被立为世子。

洪武三十一年(1398年)，朱允炆即位，大赦天下，是为建文帝。

建文元年(1399年)，朱允炆大肆削藩，朱棣挥师南下，史称"靖难之役"。

建文四年(1402年)，朱棣攻入南京，朱允炆行踪不明，"靖难之役"结束，朱棣即位，次年改元永乐，是为明成祖。

永乐元年(1403年)二月，朱棣改北平为北京，开始建北京城。

永乐二年(1404年)，朱棣立长朱高炽为太子。

永乐三年(1405年)，郑和首次下西洋，先后共七次。

永乐六年(1408年)，《永乐大典》编修完成。

永乐八年(1410年)，朱棣北征，长孙朱瞻基留守北京。

永乐九年(1411年)，立朱瞻基为皇太孙。

永乐十二年(1414年)，朱棣亲征瓦剌马哈木。修《四书》、《五经》、《性理大全》。

永乐十八年(1420年)，北京皇宫及北京城建成。

永乐十九年(1421年)，朱棣迁都北京。

永乐二十二年(1424年)七月，朱棣在第五次北征返京途中病逝，享年65岁。

朱元璋大杀功臣的理由很简单，无论是先立的太子朱标，还是后来立的太孙朱允炆，都为人仁厚，性格偏软，他不放心自己死后，还留下一帮战功赫赫的老臣，因此在自己交班之前，要想方设法把那些旧臣杀掉，为子孙后代的江山永固铺平道路，防止再出现个赵匡胤。

有一次，朱元璋把太子叫来，将一根荆棘扔在地上，命令太子去捡起来，面对长满刺的棘杖，太子觉得很为难。朱元璋说："这根荆棘你拿不起来，我替你将刺磨干净了，难道不好吗？现在我所杀的人，都是将来可能威胁到你做皇帝的人，我把他们除了，是在为你奠下莫大的福啊！"

洪武二十五年(1392年)的某一天，朱元璋正在批奏章，突然自己眼皮直跳，叹道："难道最近要倒霉？看来得小心点。"没多久，有人来报，太子朱标病逝。朱元璋只觉五雷轰顶，四肢好像变成了麻秸秆，已经撑不住他的体重，两眼一黑，瘫坐在椅子上。幸亏边上的太监眼疾手快，赶紧掐他人中，这才缓过来。

朱元璋的四子朱棣，文武双全，行事作风很像他，所以他想将老四立为太子。但在征求大臣的意见时，内阁大学士刘三吾说："若将四皇子立为太子，那将二皇子、三皇子立于何处？"朱元璋一想，也对，若再因此争打起来，他这老骨头可撑不住了。于是，只好立朱允炆，即朱标的活着的最年长的合法儿子，为储君。

朱允炆，这个未经过考验的男孩被立为皇嗣时不足十五岁，绝不能与他的祖父或他的叔辈相比肩，他被指定只不过是长子继承制原则的体现而已。爷孙俩的性格是完全相反，朱允炆的性格与他的老爸朱标一样，都太过仁慈，说白了就是弱书生一个。

朱元璋多妻多子，朱棣是他二十六个儿子中的第四子。朱元璋建立明朝时，朱棣已经是一个八九岁的少年了。那时国家仍很凋敝，满目疮痍，这一切都在朱棣的幼小心灵上留下了深深的印记。

朱棣虽贵为皇子，但幼年过得是相当不好。至正二十年（1360年），朱棣出生于当时称作应天府的南京。照理说这都第四个儿子了，怎么着也得庆祝一下，但恰巧当时陈友谅进攻太平，朱元璋没来得及看这个儿子一眼，就去前线指挥打仗了，朱棣的名字是七岁的时候才取的。

朱棣的生母是谁是个谜，数百年来一直扑朔迷离。中国古代正妻生的儿子称嫡子，非正妻生的儿子称庶子。对帝王家来说，嫡子和庶子在名份上有重大差别。按照封建宗法制度，皇帝死了，皇位要由嫡长子继承。即使嫡长子死得早，如果嫡长子有儿子，要由嫡长子的嫡长子来继承，其他庶子连被提名的份都没有。

朱棣自称是马皇后所生，自然就是所谓嫡子了。其实，经历代学者考证，明成祖的生母不是马皇后。成祖的生母问题，不只关系到他的身世，还深刻地影响到他一生的行为。有野史记载碽妃就是朱棣的生母，并且在正史之中也能找到应对此项推测的证据。

皇子们要没完没了地参加各种朝见和祭仪，而且过程中要态度严肃，除此之外，还要跟随几个大儒一天到晚诵读儒家经典。他们只有在偶尔到郊外走动时，才能目睹到一些民间生活情趣。每当皇帝老子要举行大祭如郊祭、谒庙时，朱棣和他的兄弟们都要去助祭。第一次也许还觉得挺新鲜，但时间一久，枯燥乏味是可以想象的。

皇子的主要生活内容就是学习儒家经典。朱元璋年轻时没机会上学，后来只是在马背上学了点文化，当他亲自撰写诏敕或祭文时，语句都是似通非通的。他为徐达墓撰写的碑文，谁也断不开句。朱元璋一生都为自己文化水平低而遗憾，因此，他十分重视对孩子们的教育。

朱元璋称帝的第一年，就在宫中修建了大本堂，作为太子和诸弟学习的场所。堂中藏有大量历代图籍，供孩子们观览。朱元璋还征聘各地高级知识分子做自己孩子的家教，轮班授课，其中也有宋濂。宋濂前后十几年，向皇子们讲四书五经，讲封建礼法，讲人的一举一动都要合封建礼仪，朱棣自然也是被"祸害"的一个。

朱元璋对家教们提出了自己的教育方针："我的孩子们将来是要治理国家的，各功臣子弟也要做官办事。教育他们的方法，最要紧的是正心。心一正，万事都能办好；心不正，各种邪欲都来了，这是最要不得的。要教他们切实的学问，用不着像一般文士那样，只是会背诵辞章，没一点好处。"

在皇子们的老师中，有一个叫李希颜的，原是个隐士，因名气高，朱元璋写了亲笔信把他征召入京，让他当皇子们的老师。李希颜处罚学生时喜欢用戒尺，皇子也不例外。有一次，一个皇子不听话，被他一戒尺打在脑袋上，立马就肿起个红包。史书没记载挨打的不是朱棣，但他肯定是在这样严肃的气氛中进行学习的。

洪武元年(1368年)十二月的一天，朱元璋退朝回宫，趁儿子们都在跟前，便指着宫中的一片空地说："这里并不是不能建亭台楼榭，我只是不忍心多费民财罢了。过去商纣王大造琼宫瑶室，结果使天下人都怨恨他。汉文帝曾想建露台，因怜惜一百两银子的费用，就没有建，所以当时国泰民安。你们以后要经常心存警戒啊！"

朱棣从他老爸那里接受的完全是封建正统教育。对此，朱元璋曾有一段明确的自白："朕于诸子常切谕之：一、举动戒其轻；二、言笑厌其妄；三、饮食教之节；四、服用教之俭。"可以看出，朱棣他们不只要啃书本，平时的一言一行也要合乎封建规范。这对一个天真烂漫的少年来说，简直是对身体心灵的双重折磨。

朱元璋不希望他的儿子们成为文弱书生，就让他们经常做些强健筋骨的活动。他看儿子们渐渐长大了，就让他们都穿着麻鞋，裹上缠腿，像士兵那样到城外远足，十分之七的路骑马，十分之三的路要步行。这对长期住在深宫大院的皇子们来说，虽说劳累点，但还是饶有兴味的。随着年龄的增长，他们还要在演武场上练武，以健体强志。

洪武九年（1376年），朱元璋为了让儿子们体会民间疾苦，就把他们撵到自己的老家凤阳，那可是"十年倒有九年荒"的穷乡，老百姓的生活都很困苦。在这里，朱棣仿佛看到，自己的父皇小时候是怎么样受苦受难，创业是多么的艰难。在凤阳住了三四年，民间生活对朱棣的思想意识产生了深刻的影响。

朱棣在凤阳的这段生活可看作是宫廷教育的实习阶段，对他以后的道路产生了深刻的影响。实习结束后，朱棣二十一岁，已长成一个英姿飒爽的青年，朱元璋命他率领护卫就藩北平。他当皇帝以后，还经常对儿子们说起自己的这段生活，认为自己能南北征战，不畏塞外风寒，得益于这段经历。

朱棣在北平的住宅是元朝的皇宫，其规制如同天子。按照规定，藩王的府邸"亚天子一等"，其他藩王都是如此。为了这件事，朱元璋特地哄他其他的儿子们："你们不要和老四比，他那房子虽然是元朝皇宫，但已经很旧了，你们的可都是新房子哦！而且，北平可是相当的冷，你们有谁想和老四换换？"众儿子们这才感觉自己占了便宜。

其实，朱元璋对燕王朱棣还是很偏心的。北平是元朝都城，位置险要，朱棣的二哥和三哥分别是在西安和太原，上任时间还比朱棣早两年，都没能去北平，可见朱元璋是故意要磨练朱棣的。而在选媳妇一事上，朱元璋给朱棣选了大明第一功臣徐达的长女，其他儿子们可没这待遇。

朱元璋听说徐达的长女聪明伶俐，被人称为女秀才，就把徐达找来说："达，商量件事，哥听说你家的大女娃不错，不如就嫁给俺家老四吧！"徐达顿时大喜，这还有什么好商量的？当然没问题！洪武九年（1376年），徐氏被册封为燕王妃，就是这位看来贤淑贞静的徐妃，后来成了朱棣夺天下、治天下的得力内助。

徐皇后曾经著书,采集《女宪》、《女诫》作《内训》二十篇,又类编古人的嘉言善行,作《劝善书》,颁行天下。她还经常劝帝爱惜百姓,广求贤才,恩礼宗室,不要骄宠外戚。四十六岁那年,她因病去世,朱棣大为悲痛,谥曰仁孝皇后,此后的十几年再没立过皇后。看不出,这杀人不眨眼的朱元璋父子俩还都是痴情人!

据野史记载,在朱棣的生命里有另一个女子也留下了深深的印迹,那就是他的小姨子徐妙锦。这位绝世女子,是徐达的小女儿,在徐皇后去世后,朱棣想娶她,结果遭到了斩钉截铁地拒绝。但是话说回来,徐达的三个女儿都嫁给了朱元璋的儿子,她们分别是徐皇后、安王妃、代王妃,所以,这有可能是后人杜撰的。

藩王没有行政权,只有军事权。地方守镇官要调地方军队时要得到当地藩王的同意后才能调动。遇到战事,即使元勋宿将也要听藩王节制。当燕王朱棣率军征讨乃儿不花时,像傅友德那样的大将也要受他调遣。朱元璋觉得他这套制度比历代都要严密,大明江山可以长治久安了,他万万没有想到,自己刚死,儿子与孙子就掐起架了。

洪武三十一年(1398年),明太祖朱元璋去世,皇太孙朱允炆继承皇位,改年号为建文,史称建文帝。他对黄子澄、方孝孺、齐泰等文人大加重用,因为老板下属全是书生,所以当时有人笑称朝廷是"秀才朝廷"。

方孝孺从小就很聪明,六岁能诗,人奇其才,被乡人称为"小韩子",也就是将他的文学喻为韩愈。他的老师是明初鼎鼎大名的高级知识分子宋濂,每次考试都是班上的第一名。天资加上名师,打造出来的人才那是不用怀疑的。建文年间,方孝孺担任朱允炆的老师,主持京试,推行新政。

朱棣的高参姚广孝了解方孝孺,破城之前,曾请求朱棣,称看重气节的方孝孺不会轻易归顺,希望他手下留情不要加害,否则"天下读书种子绝矣"。朱棣当初是应允的,但后来还是"逆我者亡"。方孝孺是中国历史上最早被誉为"读书种子"的知识分子。知识改变命运，不管改朝换代，沧海桑田，读书求知永远是人间真理！

齐泰本叫齐德，一次陪朱元璋去祖庙上香，哪知朱元璋卖弄起了他的学问。只听他对齐德说："你这个名字起得可不咋地！齐德齐德，听着跟缺德似的。你以后不许叫齐德了，朕赐你新名，齐泰。"齐德翻了个白眼，腹诽道："你才缺德呢！你们全家都缺德！"但碍于朱元璋的龙威，还是低头谢恩了。

朱允炆下令全国行宽政，平反冤狱，朱元璋时期的一些冤假错案也得到了纠正。无辜的官员得到了解救，被发配边疆的冤大头也可以回家了，据记载，建文时期监狱里的罪犯比他爷爷在位时减少了三分之二，百姓们都对朱允炆感激不已。敢情老朱当时手段凌厉是为了给他孙子建造好名声啊！

新皇上任三把火，朱允炆那二十多个拥有军权和特权的藩王叔父，是他统治过程中的最大威胁。而且有的藩王还依仗权势强压百姓，胡作非为，完全是在坏他朱允炆的名声。所以，他要削藩。再直白点就是，从那些比他年龄大、有掐架经验的叔叔口中夺肉吃！

燕王朱棣的脾性是最像朱元璋的，若说朱元璋是匹老狼的话，那朱棣就是匹小狼，而朱允炆是一只小羊羔。朱允炆与手下那帮文将们开会讨论削藩计划，计策很快出来：柿子先拣软的捏，朱棣太厉害，先从其他叔叔入手。于是，在朱棣在家磨刀准备宰"羊"的时候，朱允炆却在乐呵呵地收其他藩王的权力。

朱棣一直都不喜欢朱允炆这种软绵绵的性格，所以，当朱允炆对他说："四叔啊，您年纪也不小了，不如把权交了，出去旅游吧！"朱棣也不生气，只轻轻地飘了句："我哪儿老了！再说你啥时候听说叔喜欢旅游了？没有的事！"朱允炆气得死瞪着朱棣，非要将他的心肝肺腑用X光扫描一遍不可！朱棣无所谓，爱扫扫去，反正老子就不交！

僧人道衍是朱棣的谋士，他对朱棣说："我一见殿下，便知当为天子。"相士袁珙更狠，直接对朱棣说："殿下已年近四十了，一过四十，长须过脐，必为天子。我要是算的不准，你就把我的眼睛剜了。"在这些人的怂恿下，朱棣的野心如春上青草一般，嗖嗖地长了出来，从此积极操练兵马，磨刀霍霍向侄子。

是时朱棣的三个儿子还在南京，文人有文人的方法，你不交兵权，我就不还你儿子，这让朱棣很是郁闷。为了救出儿子，朱棣决定豁出老脸了。他在家又是装病，又是装疯，还派人对朱允炆说他快死了，让儿子回去准备后事。至于你信不信，反正朱允炆是信了，把人放了回去。

朱允炆曾派张昺和谢贵两人去看过朱棣，检查他是不是真疯。此时正是热得人都能喷火的六月，当两人推开燕王府门的时候，却看到朱棣披着大棉被坐在大火炉子前伸着手烤火，就在两人目瞪口呆时，朱棣又雷了一句："冻死我了！"张昺和谢贵马上就达成了共识：这人不是神经病是啥！问世间权为何物，直教人装疯卖傻啊！

徐达之子徐辉祖是朱棣三子的亲舅舅，他听说朱允炆要放人时，对朱允炆说："我的三个外甥中，只有高煦最为勇悍无赖，祸害一个，千万不能放啊！"朱允炆两手一拍，晚了。原来，朱高煦就怕朱允炆后悔，临行时偷了徐辉祖的一匹名马，跑得最快，一路上还顺便杀了不少驿站的官员。朱允炆扶额叹息："果然是祸害！"

朱棣长子朱高炽，生性端重沉静，言行识度，喜好读书，由于儒雅与仁爱深得朱元璋的喜爱。不过由于朱高炽体态肥胖，总要两个内侍搀扶才能行动，走路总是跌跌撞撞，所以喜静厌动。这样的体积若是还喜欢动的话，那可要折腾死边上伺候的人了。对于一生嗜武的朱棣来讲，自然不喜欢这个胖儿子。

一天，朱元璋问朱棣："老四，你准备立哪个儿子为世子，做你的继承人呀？"朱棣答："我家老二，那孩子像我！"朱元璋一拍大腿，笑道："朕也认为你家老大最合适，看咱爷俩想到一块了。好，朕现在宣布，立你家老大朱高炽为世子！"朱棣一口气没上来，登时被气得半死。

朱元璋在他的《祖训录》中曾定下了一系列条令规章来管束诸藩王的行为，其中有一条规定：在新皇登基以后的三年时间内藩王们不许来朝廷，只能留守藩封。可是，如果有"奸臣"在朝廷当道，诸王得准备兵力，听候新皇帝召他们来"拨乱反正"，而在完成了任务以后，他们仍应返回封地。

建文元年（1399年），朱棣以清君侧为理由起兵反抗由侄子朱允炆领导的明朝中央政府，命朱高炽留守北京。朱棣指齐泰、黄子澄为奸臣，须加诛讨，并称自己的举动为"靖难"，即消除祸乱之意。因此，历史上称这场朱明皇室内部的争夺战争为"靖难之役"。朱允炆悔得肠子都青了，当时就该直接强夺了朱棣的兵权！

李景隆除了是李文忠的儿子外，什么都不是，更不知道如何领兵打仗。朱允炆派李景隆讨伐朱棣，李景隆东拼西挪，终于凑到了五十万兵马，匆匆出发。朱棣压根没把这货放眼里，直接把他交给朱高炽料理了。当时正值寒冬，朱高炽把水往城墙上一浇，登时结冰。李景隆摸着溜滑溜滑的城墙，大骂："下辈子老子一定要做蜘蛛侠！"

朱高炽的思维要比行动迅速的多，他以万人之军成功地阻挡了大将李景隆的五十万大军，保住了北京城，朱棣顿时对这小胖子刮目相看。朱允炆还写信给朱高炽，利诱让他归顺朝廷，封他为王。哪知小胖子接到信后看都不看，直接送到老爸朱棣面前，并附言："看你儿子我多给你争气！"

朱高炽因"行动不便"被朱棣留在北平，如此老二朱高煦就出尽了风头，朱高煦作战勇猛，在武将中威信很高，在战斗中还曾多次救老爸朱棣于危难之际，朱棣感动得眼泪哗哗道："加油！你大哥的身体不好！"暗含之意：儿子，我之后的皇位就是你的！听了这话，朱高煦的热情更加高涨，为整个靖难之役的胜利流了不少血。

朱允炆本以为自己已经准备好了天罗地网，保准能把自己的四叔给逮住。可他忘了，在他牙还没长全，刚学会打酱油的时候，他的四叔已经能够领兵打仗，在战场上所向披靡了，更何况现在？

経过朱元璋的大肆杀戮功臣宿将,朝廷无将可用,朱允炆只好起用年近古稀的幸存老将长兴侯耿炳文为大将军,率军讨伐朱棣。一牙齿都快掉光的老头儿与一年轻力壮的战场老手PK,胜负很明显。朱棣以迅雷不及掩耳盗铃之势,把老耿给打趴下了。朱允炆哭道:"爷爷,你可把孙儿给害惨了!"

朱允炆看打不过朱棣,就想着议和。他写信对朱棣说:"四叔,你看这样,咱俩把全国割地分为南北朝,都当皇帝好吗?"朱棣冷笑道:"好吗?当然不好!早前别与你叔我争皇位不就没事了吗?现在知道害怕了?晚了!叔我要好好教教你做人的道理。"朱棣继续向南京前进,向侄子朱允炆的皇宫前进。

建文四年(1402年)六月,朱棣自瓜洲渡江,守城的将领早就知道朱棣打仗的厉害,直接交城投降。十三日,朱棣到达南京金川门,守卫金川门的李景隆是被朱棣从北京给打回来的,所以直接大开城门,变成朱棣的迎宾队伍了。朱允炆听到消息,气得快冒烟儿了,骂道:"这群挨千刀的狗腿子!"

朱允炆在当皇太孙时,朱元璋曾出联"风吹马尾千条线",要他和朱棣对下联。朱允炆对曰:"雨打羊毛一片膻。"朱棣则对曰:"日照龙鳞万点金。"从中我们可以看出朱允炆的懦弱、平庸和朱棣的野心勃勃。朱允炆虽想了一些方法来巩固自己的皇帝宝座,但毕竟人算不如天算,江山终究被朱棣所得,而这副对联也成为二人命运的谶语。

朱棣进京后,宫中起火,朱允炆下落不明,成为历史上的一个谜,至今没有解开。有人说朱棣派郑和下西洋的目的之一就是寻找朱允炆。历时四年的"靖难之役"以朱棣的完全胜利而告终。朱棣在一群文臣武将的簇拥下风光无限地登上了梦寐以求的皇帝宝座,是为明成祖,年号"永乐",开始了治国生涯。

朱棣不承认朱允炆的建文年号,将建文元、二、三、四年改为洪武三十二至三十五年,次年改为永乐元年。凡建文年间贬斥的官员,一律恢复职务;建文年间制定的各项法律规定,凡与太祖相悖的,一律废除。一些有利于民生的规定也被废除,如建文二年下令减轻洪武年间浙西一带极重的田赋,至此又变重。

朱棣毕竟是造反称帝的,心虚,即位后,一方面,朱允炆未死的流言不时出现,另一方面,朝廷中的很多大臣对新政权并不十分支持,而朱棣亦对朝廷大臣多不信任。于是他就恢复了他老爸当年废除的锦衣卫,重新培养特务人员。

朱棣造反的时候,曾得到过朱允炆身边宦官的帮助,正所谓吃水不忘挖井人,朱棣即位后改变了他老爸禁止宦官干政的规定,开始重用宦官。此后虽然出现了像郑和等著名的优秀宦官,下西洋宣扬国威,但也有不少钻空子谋私利的,这为日后埋下了宦官祸国的种子。

朱棣夺权后,仍有不少麻烦。方孝孺的书法很是了得,朱棣就说了:"小方子,听说你书法不错,就帮我把即位诏书写了吧!"哪知方孝孺只写了四个字,"燕贼篡位"。朱棣气愤:"你不怕被诛九族吗?"方孝孺义正言辞地斥责说:"即使诛我十族又怎样?"朱棣怒不可遏,大肆搜捕方孝孺的亲属,包括他的门生和朋友(即第十族)。

方孝孺的妻子郑氏和两个儿子方中宪、方中愈上吊死了,两个女儿投秦淮河而死。虽然方孝孺家人都逃脱了法律的制裁,但他的亲戚朋友都遭了殃。朱棣每抓到一个,就带到方孝孺的面前,让他看着朋友们被千刀万剐。朱棣杀了七天,共873人。方孝孺是中国历史上第一个被诛十族的人。

建文帝旧臣景清,从小聪颖好学、过目不忘,被称作"吃书娃"。一次,他向一位姓巩的同学借书。后来,当同学来向景清要书时景清却说那书是自己的。两人找县官评理,结果县官因景清能把全书倒背如流,巩同学不能,而把书判给了景清。景清淘气一笑,对巩同学说:"开个玩笑,别生气啊!"就又把书还给巩同学了。

朱棣赐景清官职,景清表面接受,实际却在找机会行刺朱棣。一次,上早朝时,景清怀藏利刃,准备动手。奈何朱棣早就对他设有防备,还没动手就已败露。朱棣残忍地将景清剥皮实草后,又下令"瓜蔓抄"。这是比"诛十族"还狠的株连方式，它没有明显的界限，你哪怕只和景清说过一句话，也有可能被株连。

御史高翔在朱棣即位后，身穿丧服入朝，指着朱棣的鼻子大骂他反贼。朱棣大怒，除将他"族诛"外，还挖开他祖先的坟墓，掺杂上一些畜生的骨头后，再挫骨扬灰。而在高翔墓地附近土地种植作物的老百姓也被株连，这种杀法还真是空前绝后，但人家朱棣明显不感觉累，好像还杀得不亦乐乎。

立太子时候，朱棣着实头疼了一把。朱高炽由于仁爱、儒雅，深得文臣们的拥戴，而且他是太祖皇帝亲自为朱棣选择的燕世子，是皇位的合法继承人，在封建社会，这一点是非常重要的。朱棣也是大喊着自己的妈妈是马秀英，百官才让他登基的。但朱棣本人更喜欢朱高煦。

朱元璋建明后第一次组织"高考"的前晚，有一颗大星出现于天空东井壁，颜色赤黄，闪闪有光，朝东北方向行进，渐渐变浊而隐没。见状，他叫来专门研究星宿的相关人员占卜，所得结果大概意思是："这是天上文曲星下凡啊！"朱元璋一听乐了，他登基以来第一次开科会考取士，就出现这样吉兆，真是天佑他老朱啊！

朱元璋很欣赏解缙的才华，本想点他为状元，但大臣说解缙字大绅，合起来就是"缙绅俱解"，不吉祥。为了国运大亨，朱元璋只好点了取名较吉祥的任亨泰为状元。解缙虽然与状元擦肩而过，但朱元璋却很重用他。朱元璋让解缙有什么忠言逆耳的话尽管说，解缙就上了封万言书，后来又写了《太平十策》。

朱棣与解缙商量到底立谁为太子，解缙说："老大吧！他可是你老爸亲自点名的。"朱棣不吭声，解缙又说了："好圣孙(朱瞻基)。"朱棣眼前一亮！永乐二年(1404年)，朱高炽被立为太子。朱高煦就不乐意了："老爸，你咋说话不算话？"朱棣答曰："没办法，谁让你没给我生个好圣孙呢！认栽吧！"

朱棣跟朱元璋一样，天生就爱打仗杀人。在他北征期间，朱高炽以太子身份监国。这位"代班"很有两把刷子，一旦听说哪个地方有饥荒，就马上开仓放粮，如果手下报告的晚了，他便批评人家。如此，朱高炽在百姓心中树立了"仁孝"的印象，被后人称为"仁孝天子"，抢了老爸的风头。

一次，朱棣又琢磨着废朱高炽，立朱高煦为太子。他将一轴画送到内阁，让解缙题诗，解缙一看，是一幅一只大老虎和一只幼虎在一起的情景，立刻明白了朱棣的想法，在画上题诗曰："虎为百兽尊，谁敢触其怒？唯有父子情，一步一回顾。"朱棣看到诗，想到朱高炽毕竟是自己的儿子，心又软了下来，不再闹腾了。

朱棣不是一个合格的好爸爸，总偏心老二朱高煦，对太子朱高炽冷冷淡淡。解缙一看，就有话直说了："陛下，您总是宠汉王而冷待太子可不行，时间长了会出事的。"朱棣听后很不高兴，觉得解缙这是在挑拨离间，于是，一怒之下把他贬到广西了。

朱高煦封为汉王后，封国云南，他喊道："我犯罪了么？把我弄到那么远的地方！不去！"朱棣知道自己有愧于他，就改让他去青州，谁知这孩子还挺倔，仍不去。朱棣正在外边打仗，就不理他了。朱高煦顿时像脱了缰的马崽子，一个劲地在南京闹腾，杀人放火，四处抢劫，违法的事几乎全干了一遍。

朱高煦养了三千名死士，想着像李世民那样来个宫廷政变，哪知自己囊中羞涩，招到人后发现没法养活他们，于是就决定进行放羊式管理："这里管住不管吃，更没有工资。不过，这天下是我老爸的，也就是我的，你们在大街上可以随便拿。"于是，南京城中从此每天鸡飞狗跳，丢金少银，百姓天天被扫荡。

天子脚下有一支司法力量，其领导叫徐野驴。他看不惯朱高煦的野蛮行为，就怒道："光天化日之下，还有没有王法了？"朱高煦同学很不忿儿："在这里，我就是王法。你一头野驴也敢爬到我朱高煦头上，知不知道我爸是朱棣？"于是，朱高煦手中的大锤一挥，徐野驴的脑袋瓜瞬间开花。

　　朱棣打了胜仗很开心，正骑着马，哼着小曲儿往家赶，还没到家就看见南京城的上空黑云弥漫，他皱眉喊道："有妖气！赶紧回家捉妖去！"快马加鞭赶回家一看，原来这"妖怪"就是朱高煦，这兔崽子这就差没把他的皇宫给拆了。于是，朱棣手一扬，下旨要将朱高煦的王位削去，逐出家族，幸亏朱高炽在边上求情，朱棣才罢休，把他贬到乐安州去了。

　　朱棣的三儿子朱高燧实在是太闲了，经不住手下人的教唆，想着把老爸朱棣毒死，然后再偷改遗诏，立自己为皇帝。但这孩子太嫩，保密工作没做好，被人告发了。朱棣气得抽剑就要劈死这个"白眼狼"，还好有徐皇后和朱高炽求情，朱棣才没有再追究。朱棣终于领悟，还是他老爸的眼光好，就小炽这孩子靠得住！

　　永乐元年（1403年）二月，朱棣改北平为北京，名顺天府，随后迁徙各地富民于北京，以充实北京。永乐五年（1407年）朱棣开始建造北京城，整个北京城的营造工程由侯爵陈圭督造，具体负责是规划师吴中。朱棣集中全国匠师，经过14年的时间才建成了规模宏大的宫殿组群，使之成为世界历史上最著名的建筑之一。

　　永乐元年（1403年），朱棣决定干一件惊天地泣鬼神的事情来证明自己是当之无愧的天子骄子——他要编一部涵盖古今，包容万象的百科全书。这项光荣而艰巨的任务落在了当时文化界的职业高手解缙的肩上。解缙效率很高，在次年就完成了。可当解缙手捧初稿《文献大成》来到朱棣面前时，得到的不是表扬，而是批评，理由是内容不丰富。

　　永乐三年（1405年），朱棣命姚广孝、解缙等人重新编书，并力邀全国各地的精英知识分子加盟。在"天下文艺之英，济济乎咸集于京师"编纂的盛况下，众人呕心沥血，不食不寐地疯狂工作，《永乐大典》终于在1408年圆满完成。其内容包括经史子集、天文、地理、阴阳、医术、占卜、释藏、道经、戏剧、工艺、农艺，共11095册，22877卷，3.7千万字。

《永乐大典》涵盖了中华民族数千年来的知识财富,在当时可以说是"包括宇宙之广大,统会古今之异同"。此刻的《永乐大典》不再是一部书,而是中华文明史上的一座金字塔。它是中国古代最大的百科全书,也是当时世界上最大的百科全书,比十八世纪中叶出版的《大英百科全书》和《法国百科全书》要早300多年。

永乐元年(1403年),朱棣派人到奴儿干地区招抚,次年各部归附,朝廷任命各首领为指挥同知等职,其后数年,明朝以此为基础,逐渐在黑龙江、乌苏里江流域成立了一百三十一个卫。永乐七年(1409年),在当地官员忽剌修奴的建议下,设立军事统治机构——奴儿干都司以统辖各卫。

永乐五年(1407年),徐皇后去世,朱棣从此不再立后。永乐六年(1408年),朝鲜国王送给朱棣一批美女,朱棣选中权氏封其为权妃。权妃国色天香,能歌善舞,尤其擅长吹箫,很受朱棣的宠爱。朱棣登基后第一次巡视北京的时候她就随侍身旁,后来权妃病死军中,朱棣就把她葬在山东。

朱棣决定迁都后,就派相关部门(礼部)及"江西派"风水大师廖均卿等人去北京寻找"吉壤",也就是通常说的风水宝地,来建造陵墓。终于,其相中北京北面昌平县的一块宝地,建造了明十三陵。朱棣的长陵是十三陵中的首陵,这里先后葬着明代的十三位皇帝,统称明十三陵。

洪武十四年(1381年)冬,明朝军队进攻云南时,有个叫马三宝的小男孩被掳入明营,之后稀里糊涂的被阉割成太监分配到朱棣府中。在靖难之变中,马三宝为燕王朱棣立下汗马功劳,而他的人生也由此改写。永乐二年(1404年),朱棣认为马姓不能登三宝殿,就赐马三宝新名:郑和,任为内官监太监,官至四品。这个名字注定要光耀史册。

朱棣安排郑和出海是有着深层次目的的,除了寻找建文帝外,郑和还肩负着威服四海、胸怀远人的使命,这大致也可以算是中国历史上的老传统,但凡强盛的朝代,必定会有这样的一些举动,如汉朝时候贯通东西的丝绸之路，唐朝时众多发展中国家及不发达国家留学生来我国学习先进的科学文化技术。

永乐三年(1405年)，郑和第一次下西洋就出师不利,在到达第一站爪哇岛上的麻喏八歇国时,恰巧该国在打内战。郑和的人上岸做生意,结果被西王误认作东王的援军,被咔嚓了170人。事后西王才发现自己是误杀,于是赶紧负荆请罪。郑和身负朱棣的秘密使命,怕大开杀戒会影响后面的行程,就摆摆手算了。

明朝初期以婆罗(今文莱)为界,以东称为东洋,以西称为西洋,因此过去所称南海、西南海之处,明朝称为东洋、西洋,且暹罗湾之海,称为涨海。之后,朱棣曾命郑和先后六次下西洋,访问了三十多个在西太平洋和印度洋的国家和地区,加深了中国同东南亚、东非的友好关系。

印尼的学者认为,郑和舰队是当时世界上最强大的海上特混舰队。而郑和七下西洋的二十八年中,真正意义上的对外战争仅有锡兰(今斯里兰卡)一次,而且是在被迫无奈的情况下进行的防卫性作战。这充分体现了郑和是传播和平的使者,他传播的是"以和为贵"的中国传统礼仪,以及"四海一家"、"天下为公"的中华文明。

郑和下西洋的船队是一支规模庞人的船队,完全是按照海上航行和军事组织进行编成的,在当时世界上堪称一支实力雄厚的海上机动编队。著名的国际学者、英国李约瑟博士在全面分析了这一时期的世界历史之后说:"明代海军在历史上可能比任何亚洲国家都出色,甚至同时代的任何欧洲国家,以致所有欧洲国家联合起来,可以说都无法与明代海军匹敌。"

永和八年(1410年),朱高煦向老爸朱棣告状,说解缙跟大哥高炽私下会面,意图不轨,朱棣非常生气,就将解缙逮捕下狱。五年后,锦衣卫上报囚犯名册时,朱棣看到解缙的名字,问道:"解缙还在吗?"面露怜惜之色。高煦知道后,害怕朱棣重新起用解缙,就派人用酒灌醉解缙,然后将其埋到积雪中活活冻死,是时,解缙年仅四十七岁。

由于在朱元璋时期就废除了宰相制度,皇帝直接领导六部,大小事都要包办,因此做皇帝相当的累。朱棣即位后,完善了文官制度,朝廷中逐渐形成了内阁制度的雏形。这个内阁制度后来还被西方国家效仿,一直延续到现在。但内阁品级不高,一般要经过翰林院庶吉士锻炼,所以在后来形成了"不是庶吉士不能进内阁"的潜规则。

永乐十年(1412年),朱棣命令入朝觐见的地方官吏五百多人各自陈述当地的民情,说不出来或不属实的都要受到处罚,之后又宣布:地方官或中央派出的民情观察员,如果看到民间疾苦而不实报的,要逮捕法办;若民间发生了灾情,地方上要及时赈济,做到"水旱朝告夕振,无有雍塞"。

朱棣十分重视经营北方,迁都北京后,设行在六部,增设北京周围卫所,逐渐建立起北方新的政治军事中心。永乐七年(1409年),朱棣在女真地区,设立奴儿干都司,与此同时,争取与蒙古族建立友好关系。鞑靼、瓦剌各部先后接受明政府封号。

为了彻底解决蒙元贵族残余势力构成的边患,从永乐八年(1410年)开始,朱棣亲自率领明军进行北伐。这次北伐中,明军在飞云山一役击破五万蒙古铁骑,迫使蒙古本部的鞑靼向明朝称臣纳贡。随后明朝大军进入到极北的擒狐山,在巨石上刻字为碑"翰海为镡,天山为锷,一扫胡尘,永清沙漠"。朱棣先后进行了五次北征,巩固了北部边防。

永乐十八年(1420年),朱棣为了镇压政治上的反对力量,设立东厂,命他宠信的宦官担任首领。东厂不仅在机构及人员配置上更加精干合理,而且在侦缉行动上制订了相当严密的制度,如每月初一东厂都要集中布置当月的侦缉工作,厂役在东厂内抽签决定所负责的地盘。

起初,东厂只管抓人,锦衣卫负责审理,后来,东厂也有了自己的监狱。东厂监视政府官员、社会名流、学者等各种政治力量,并有权将监视结果直接向皇帝汇报。对于那些地位较低的政治反对派,东厂可以直接逮捕、审讯；对于担任政府高级官员或者有皇室贵族身份的反对派，东厂在得到皇帝的授权后可以对其执行逮捕、审讯。

东厂大厅内摆设大幅岳飞画像，提醒东厂缇骑办案毋枉毋纵，同时堂前还有一座"百世流芳"的牌坊。可惜东厂在实际办案中完全背离了这个初衷。东厂番子每天在京城大街小巷里面活动，并非完全为朝廷办事，更多的是为自己谋私利。他们常常罗织罪名，诬赖良民，之后屈打成招，趁机敲诈勒索。

永乐十八年(1420年)爆发了唐赛儿起义。唐赛儿婚后不久，丈夫林三就被官府逼死，于是，唐赛儿率众起义，击毙朱棣两员大将，取得两次大捷。朱棣派柳升率兵镇压，把俘获的起义军全部处死，但起义军首领唐赛儿却不知所踪。朱棣震怒，下令将柳升下狱，将出现起义各县的官员全部处死。

永乐十九年(1421年)，朱棣在北京御奉天殿，朝百官，大祀南郊，迁都工作至此基本完成。自此，除1928年至1949年期间国民政府定都南京外，北京均为中国的首都。北京城是中国两千多年专制社会皇权思想的集中体现。与中国历代皇宫一样，它的总体规划和建筑形式完全服从并体现了古代宗法礼制的要求，突出了至高无上的帝王权威。

明朝的倭寇问题相当严重。明初时期，朱元璋的海防工作做得好，没发生什么大事，但现在遇上了好打架的朱棣，倭寇就必须挨顿好打了。永乐十七年(1419年)六月的望海埚之战，朱棣派出的刘江大将率一帮众人将正在闹事的倭寇猛揍了一顿之后，这帮家伙才终于消停，好久都没敢再在朱棣的地盘上犯事。

朱棣一生成就的功业是历史上少有的大手笔。他积极经营，把明朝的影响力推向了历史的高峰，一扫唐降以来中原政权的颓势，南征北战，威服四夷，尽现"马上天子"的英姿。他发展经济，提倡文教，使得天下大治，人民安居乐业，"路不拾遗夜不闭户"，所以后世史学家称其为"永乐盛世"。

永乐二十二年(1424年)七月，六十五岁的朱棣在第五次北征返京途中病逝,张辅与杨荣为了避免朱高煦趁机作乱秘不发丧,把军中的漆器融成一口大棺材,将朱棣的遗体装入棺中,每日照例进餐、请安,军中一切如常。同时,杨荣与太监海寿进京密报,朱高炽得知后立即派儿子朱瞻基出京迎丧,由于保密工作到位,朱高炽登基得还算顺利。

在我国古代一流帝王中,明成祖朱棣做的大事和别的一流帝王相比只高不低,郑和下西洋、下令编撰《永乐大典》、设立内阁制度、迁都等,只要稍有点历史知识的人都知道明朝几乎所有可以拿得出手的大事都是朱棣做的。康熙曾称朱棣的时代为"远迈汉唐",能让一位杰出的帝王如此称赞前朝的帝王,说明朱棣这个皇帝做得相当合格。

第三章

仁宣之治

——父子同心,其利断金

洪武十一年(1378年)八月,朱高炽出生。

洪武二十八年(1395年),朱高炽被立为世子。

洪武三十一年(1398年),朱瞻基出生。

永乐二年(1404年),朱高炽被立为太子。

永乐八年(1410年)二月,朱棣北征,命朱瞻基以皇长孙身份留守北京。

永乐九年(1411年)十一月,朱瞻基被朱棣册立为皇太孙。

永乐十二年(1414年)三月,朱瞻基随朱棣北征蒙古;六月,参加忽兰忽失温大战。

永乐十五年(1417年)三月,朱瞻基与光禄寺卿胡荣之女成亲。

永乐二十二年(1424年)八月,朱高炽即位,立朱瞻基为太子。

洪熙元年(1425年)四月,朱瞻基奉命拜谒孝陵,离京出守南京。五月,朱高炽死,朱瞻基即位。

宣德元年(1426年),汉王朱高煦反,朱瞻基亲征,朱高煦降。

宣德二年(1427年),朱祁镇出生,次年,被立为太子。

宣德三年(1428年),朱瞻基巡边,击兀良哈部于宽河。

宣德五年(1430年),朱瞻基命郑和第七次下西洋。

宣德十年(1435年)初,朱瞻基死。

　　朱元璋曾让朱高炽与其他几个孙子分头去检阅军队，当其他人完成任务回来都又喝了好几壶茶的时候，朱高炽被几个太监搀扶着晃回来了。朱元璋问他为什么回来的这么晚。朱高炽答道："今天天气有点冷，我让士兵们先吃饭，暖过身子再检阅，所以回来晚了。"朱元璋一听，好小子，懂得拢军心，不错不错！

　　朱元璋让朱高炽过滤大臣们上呈的奏章，捡重要的讲。结果朱高炽只讲了有关军民利害的事情，对于偶尔出现的错别字直接忽略。朱元璋把奏章拿过来又看了一遍，然后说："小胖，这么多错别字你都没看到么？"朱高炽淡定地答道："皇帝首先应该考虑国家大事，跟几个错别字计较不是耽误工夫嘛！"朱元璋一愣，这胖子果然不容小觑！

　　一日，朱元璋问朱高炽："尧的时候有大水灾，汤的时候有大旱灾，百姓靠什么生活呢？"朱高炽淡定地答道："靠的是圣明天子体恤老百姓的好政策。"朱元璋对这个小胖子更是另眼相看，并在朱棣面前经常夸赞朱高炽仁慈宽厚、爱民如子的胸怀。

　　在朱高炽还是太子的时候，朱高煦等兄弟经常在老爸朱棣面前说他的坏话。一次，朱棣刚打完蒙古人回来，朱高煦就赶紧跑到老爸面前告状："大哥趁你不在家的时候老欺负我们这些弟弟，你给他的任务他也没完成！"朱棣狠狠地把朱高炽批评了一顿，并把他的高级顾问杨溥和黄淮关禁闭了。

　　永乐十二年（1414年），朱棣北征回宫，朱高炽接驾晚了一点，朱高煦就趁机点火，成功让老爸朱棣大怒。朱棣将东宫官属全部下狱，只留了一个曾经在靖难之役中立过大功的金忠。他让金忠监视朱高炽的一举一动，哪知金忠却大讲朱高炽的好话，并愿以全家老少的性命为朱高炽的人品做担保，朱棣这才作罢。

　　朱高炽为人很有度量，他的弟弟朱高煦没少说他的坏话，但他从来都不计较。朱棣后来发现朱高煦这孩子越来越不成器，老打小报告,听得人头疼,便干脆眼不见心不烦,把他撵到了乐安。朱高炽当上皇帝后,不仅没公报私仇,还加了他的工资,把他的几个儿子都封了爵位。不幸的是,朱高煦始终都不认错。

世人都喜欢用脑满肠肥来形容胖子的智商状况,但朱高炽是个例外。永乐二十二年(1424年)七月,在皇宫的朱高炽在接到老爸朱棣的死讯后,立刻与部下召开高级秘密会议,并下令加强京城的治安,同时派大太监王贵通去镇守南京。八月,朱高炽登基,为明仁宗,次年改元"洪熙"。

朱高炽下令赦免那些因为靖难之役被罚为奴的官员家属,并由国家发给他们一定量的土地作为补偿。如果是被灭族的人,全国政府尤其是相关主管部门,一定要不惜任何代价仔细查访,看有没有侥幸逃过一劫的人。如果找到这些侥幸逃脱的人,要立即上报,好让中央政府有机会给予赔偿补助。

齐泰被灭族后,有一个年仅六岁的小儿子,因为年龄不够,朱棣就特赦了他的杀头之罪。不过,死罪可免,活罪难逃,他被罚去守卫边疆。一个年仅六岁的小男孩去守卫边疆? 不是这小男孩是哪吒转世,就是朱棣脑子有毛病! 现在当家的朱高炽下令特赦了齐泰的儿子,让他回家去了。

黄子澄有一个儿子在全家被灭族时,更改姓名逃过一劫,朝廷查到他的踪迹后,朱高炽也下令赦免,让他恢复祖籍,可以继续生活在光天化日之下。看来,"道高一尺魔高一丈"的说法不是诓人的,当初杀红眼的朱棣,如今在九泉之下若是看到还有"漏网之鱼",一定郁闷的想撞墙啊!

朱高炽很佩服方孝孺的气节。尽管他被灭十族,按理说不会有什么亲戚朋友,但没有什么是不可能的。方孝孺有个叔叔叫方克家,方克家有个儿子叫方孝复,他被罚去守卫边疆。朱高炽赶紧下令,把方孝复接回了家,好好安顿。

有天退朝后,朱高炽留下了杨士奇和蹇义,但他没有与他们谈论国事，而是回忆起了以前的时光。说着说着，三人都红了眼圈，因为他们想到了还在牢中的杨溥。不久，杨溥就迎来了他的第二人生。朱高炽不仅把他从牢中接了出来，还重新委以重任。杨溥感动得热泪盈眶，并在心中发誓要为大明朝鞠躬尽瘁，死而后已！

唐太宗有好多皇帝粉丝，朱高炽也算一个。他处处以唐太宗为榜样，修明纲纪，爱民如子，对于灾区的人民给予无偿帮助，连百姓的税都少收了好多，使生产力得到了空前的发展。他的一系列爱民行动换来了全国人民的鼓掌和称赞："朱高炽万岁！"明朝开始进入一个稳定、强盛的时期，即史称"仁宣之治"的开端。

下朝后的朱高炽顺便逛了逛吏部，看看最近官员的升迁幅度如何，哪知不看不知道，一看吓一跳，这里有好多吃白饭的人。朱高炽就感叹道："我说最近怎么老吃不饱，原来是这些人在跟我抢饭啊！"于是，他辞退了那些只拿工资不干活的闲人，又任命杨荣、杨士奇、杨溥三人(史称三杨)来辅政。

当时由于南方人聪明而且刻苦，进士之中多为南方人，但北方人天性纯朴，忠贞，是皇家不可或缺的支柱，为了保证北方人可以考中进士，朱高炽规定了取中比例"南六十、北四十"，这一制度一直被沿用到清朝。

朱高炽从不计较大臣对他的冒犯，为了让臣子们能够畅所欲言，他在京城思善门外建了个弘文馆，整天与那些文人雅士谈论经史。他曾经给杨士奇等人一枚小印，鼓励他们进谏，因此洪熙朝政治非常清明，朝臣可以各抒己见，政坛上"清风"阵阵。

杨士奇幼年丧父，母亲带着他改嫁到一户罗姓人家，改姓罗。一次罗家在祭祖，杨士奇知道继父是不可能在桌上摆上他父亲的神位的，于是自撮土铸成一个神牌，然后跪拜。这一切都被继父看在眼里。第二天，继父对杨士奇说："你以后必成大器，以后不用跟我的罗姓了。"

永乐二年 (1404年)，朱棣选拔杨士奇为辅助皇太子的官僚，此后，杨士奇和后来的皇帝朱高炽结下了难得的师友之缘。他辅助左春坊大学士承担太子的文件往还及学习的有关事务，同时兼任翰林院侍讲，承担为皇帝讲读经史的任务。朱棣由于对《周易》情有独钟，所以对杨士奇格外尊宠。

杨士奇为人小心谨慎，不图名利，也从不在背地里讨论官场是非。洪熙元年（1425年），朱高炽让他兼礼部尚书一职，但他死活不接受，并说："我的水也就这么深，同时担任少傅和大学士已经是我的极限了。"皇帝知道他是谦虚，就说道："那黄淮和金幼孜没你水深还担三职呢！太过谦虚可就是虚伪了啊！"杨士奇无奈，只好就职。

山东、淮安等地因收成不好而交不起官粮，但当地的官员仍不顾民情征收赋税，朱高炽知道后，立刻让部下草拟诏书免收当地一半的税收，官府所有的采购活动一律停止。朱高炽还对官员们说："救民如救火，一刻都耽误不得。体恤百姓宁可过厚也不能吝啬，这才是父母官的真正职责。朕作为天下之主，又怎么能与百姓斤斤计较呢？"

为了更好地安抚百姓，朱高炽颁布命令："农业是农民的衣食之源，耕耘收获都不能误了时节。从现在开始，无论何时，都不能把差役放在务农之前，而要等到劳动力有闲余时间再分配。以前就有过因放弃农耕而滥发徭役，导致农耕遭到妨碍，引起天下暴乱的例子，所以我们一定要吸取教训！"

大理寺少卿弋谦在一次汇报工作时因情绪过于激动说话难听了点，朱高炽恼羞成怒，扬起肥掌就要治他的罪，被杨士奇劝住。但那之后朱高炽还是一看到弋谦就来气，杨士奇就说了："是您说的要大家有啥说啥，您现在这是干吗？要小性？那以后我们可就不管你了！"朱高炽一惊，那怎么行！于是，他赶紧下了一道诏书，进行自我批评，这才重开直言不讳之风。

朱高炽身材不好，但也挺会养生，他喜欢吃枣，就下令从全国各地征收80万斤枣。这下就又有人向他提建议了："陛下，先不说这枣吃多了对牙齿不好，但就收成来说，今年可是不太好哇，您要不再减点儿？"朱高炽一听收成不好，就减少了一半的征收量。

朱高炽接到下边人的举报说舒仲成在前朝任职期间犯过罪,便命都察院将他拘捕准备惩罚。杨士奇劝道:"汉景帝当太子时曾召见卫绾,卫绾以有病为借口避而不见。等到景帝即位后,却重用卫绾,受到后人的称赞。您上任后说过大赦天下,现在又追究此事,不是言而无信么?"朱高炽立刻释放舒仲成,继续让他做官。

有些官员为了拍皇帝的马屁,就上了一本奏章,说:"陛下,如今的大明朝已经被你治理的风调雨顺了,要不咱出本书歌颂下您的丰功伟绩吧!"朱高炽把奏章拿到朝堂上,问大家有什么意见,众人都举手赞同,只有杨士奇站出来说现在国家刚刚步入小康,先稳定几年再说吧。朱高炽一听有理,就也同意了。

朱高炽闲着没事喜欢开辩论赛。一次,他定了个主题"当官是否要论出身",然后开赛。正方认为有个好的出身可以让人少奋斗好几年,有利于快速"进化"。反方则认为凡是有才德的人都应该被任用,而不应只看其出身,就算他是死囚犯的后代,有才能照样允许做官。反方观点犀利精辟,朱高炽瞬间就被征服,宣布反方获胜。

为了更好的笼络人才,朱高炽接受杨士奇的建议,要求凡是三品以上和二司官都应该努力为朝廷推荐人才,以更好的巩固朝廷的基业。杨士奇以身作则,推荐了不少人才,如他推荐的江南巡抚周忱上任后,对江南税粮进行总体督管,之后担任了三届江苏巡抚,是明朝有名的理财大臣。

于谦七岁的时候,有个和尚给他算命,说:"我走遍了大江南北也没见过如此大富大贵的人,这小孩长大后必为宰相。"于谦十二岁的时候就写下了明志诗《石灰吟》,决定要为国尽忠,不怕牺牲。

朱高炽不恋女色,后宫之中除皇后张氏之外,仅谭妃一人。张皇后非常贤惠,与朱高炽相敬相爱。谭妃也是一位贤内助,在朱高炽死后不久便自杀殉情,可见用情至深!其死后被谥为昭容恭禧顺妃。而张皇后不仅坚强地活了下来,还在明朝的历史上大大的风光了一把。当然,这些都是后话了。

洪熙元年（1425年）五月，只做了十个月皇帝的朱高炽病重，不久就去世了，享年四十八岁。虽然他在位时间不到一年，但对明朝所作的贡献是毋庸置疑的。史书曾评价他："用人行政，善不胜书。"翻译过来就是，他在位的时候，能够体恤民情，仁政治国，使老百姓得以安居乐业。所以，朱高炽的"仁宗"称号算是当之无愧。

洪熙元年（1425年）六月，朱高炽的长子朱瞻基即位，是为明宣宗，次年改元宣德，成为明朝第五位皇帝。就像朱元璋很欣赏朱高炽这个孙子一样，朱棣也很欣赏朱瞻基这个孙子。朱瞻基刚满月的时候，朱棣见小瞻基长得非常像自己，且面相不凡，就夸道："这个孙儿长得真是英气溢面！"

据说在朱瞻基出生的那天晚上，当时还是燕王的朱棣做了一个梦，梦见老爸朱元璋将一个大圭赐给了自己，并说"传之子孙，永世其昌"。在古代，大圭象征着权力，朱元璋将大圭赐给他，说明要将江山送给他。朱棣醒来后正在琢磨梦境的含义，突然有人报告说王孙朱瞻基降生了，从此朱棣把朱瞻基看作自己的小福星。

当朱高炽、朱高煦两兄弟为皇位继承权明争暗斗的时候，朱棣的内心也在进行着拉锯战，解缙因一句"好圣孙"戳中了朱棣软肋。如此说来，老爸朱高炽倒是沾了不少儿子朱瞻基的光！

朱棣让朱高炽领着兄弟们去孝陵拜祭朱元璋，朱高炽因过于肥胖不仅走得慢，还不小心把搀扶他的两个太监给压倒了。见状，两个弟弟在后边嘲笑他："前人蹉跌，后人知警。"朱高炽顿时羞得想挖个坑把自己埋进去，但后边很快就有人回应："更有后人知警也。"那两个小叔子一看是皇太孙朱瞻基，顿时大惊失色：这个小孩不简单！

朱瞻基从小就很聪明。他喜欢看书，朱棣就特地让自己的一把手姚广孝去给朱瞻基讲经书。朱瞻基也很争气，不仅过目不忘，而且对古今各个朝代的兴盛与衰亡、安定与动乱的信息比较留心，从中领悟出不少治理国家的道理。

永乐十一年（1413年）端午节，朱棣看着热闹的情景有感而发，吟出上联"万方玉帛风云会",朱瞻基马上对出下联"一统山河日月明。"可见,朱瞻基不仅具有爷爷朱棣的英俊勇武,还遗传了老爸朱高炽的灵光脑子。如此一个文武双全的好孙子,也难怪朱棣经常向朱高炽称赞朱瞻基:"你这个儿子可是以后的太平天子啊!"

朱棣有心栽培朱瞻基成为下下代在政治和军事上都大有作为的君主,于是他在亲自率军北征的时候,总是把朱瞻基带在身边,教他如何分析军情、领兵打仗。因此,见惯了流血牺牲的朱瞻基磨练了一副天不怕地不怕的英雄气概,为巩固自己的龙椅地位做好了铺垫。

杨荣曾随朱棣远征蒙古,但生活作风比较奢侈,朱瞻基知道后,私下问杨士奇对此的看法。杨士奇却劝他不要因小过怪罪杨荣。朱瞻基笑着说:"你还为他辩解?他在我面前可是没少说你的坏话!"杨士奇马上说:"愿陛下以曲容臣者容荣。"不久杨荣得知后,非常惭愧,自此与杨士奇建立起亲密无间的友谊,关系甚为融洽。

朱瞻基有个和他老爸一样的好习惯,那就是比较能倾听臣下的意见。他听从阁臣杨士奇、杨荣等建议,停止对交阯用兵,曾要求大学士杨溥尽力辅佐自己。杨溥叩首回答:"臣决不敢忘记报答陛下的恩情。"朱瞻基接道:"直接指出我的过错,就是对我的最好报答。"因此他在朝时君臣关系依旧融洽。

朱瞻基深知"民能载舟,亦能覆舟"的道理,积极推行休养生息的政策。有一次,朱瞻基外出返京,看到几个农民正在耕田。他亲自到田间同农民谈话,并接过农民手中的犁把推了三下。他感慨地对随从诸臣说道:"朕只推了三下犁,就觉得很累。老百姓一年到头劳作不休,那辛苦就更可想而知了!"此后,更是体恤百姓。

朱瞻基遵照老爸朱高炽的遗嘱,在为他修建陵墓献陵时,力主俭朴,注意节约,三个月就把陵墓的工程完成了。朱瞻基带了这个头以后,几代明朝皇帝的陵墓都修建得较为俭朴,直到明朝的第11位皇帝世宗朱厚熜在位时,才坏了这个规矩。

有个巡抚要求在杭嘉湖地区增设一名专门管理粮政的布政使司

官员。朱瞻基认为，国家的赋税有常额，不能养冗官，驳回了他的要求，还说："省事不如省官。"工部尚书曾建议朱瞻基修建山西圆果寺的佛塔，好为国家求福，朱瞻基却说："安民为福，百姓安定就是国家的福气，用不着借修佛塔来求福。"

河南有一个县官，在当地发生灾荒时，没经批准就将官府仓库里上千石的公粮发放给了灾民。有些官员就打小报告，说这位县官私放官粮，藐视他朱瞻基的皇权。而朱瞻基不但没有批评他，还表扬了这位县官："如果按手续来的话，等经过层层申报后，老百姓早就饿死了。所以，你做的很好！"

夏原吉，幼年丧父，与妈妈二人相依为命。他聪明好学，还没有参加科举考试就被朱元璋提拔为户部主事，后又历经朱允炆、朱棣、朱高炽的轮流上岗且都被委以重任，等到朱瞻基这一代皇帝时，他仍是身体倍儿棒、吃嘛嘛香。于是朱瞻基就说了："要不您老再帮我辅佐两年？"夏原吉爽快点头答应了。

夏原吉巡视淮阴时，在路边休息，马突然跑了，随从就赶紧去追。夏原吉等得有点躁，就拉着路人甲问："你看见前面有人追马吗？"结果那人比他还躁："谁管你追马追牛？别挡我道！"刚好随从回来听见，非让那人向夏原吉跪下道歉。老夏把手大度一挥，一笑了事。

朱瞻基对于朱高煦这位有功劳、武功高强的叔叔很是尊重，有求必应，朱高煦却以为他软弱无能，更加骄横狂妄，认为夺取皇位的机会来了。朱高炽驾崩时，太子朱瞻基从南京匆匆赶往北京奔丧。朱高煦得知消息后，策划半路截杀朱瞻基，派心腹在路上伏击，但由于准备不充分，被朱瞻基给躲过了。

朱瞻基登基后曾对大臣们说："皇祖曾嘱咐先皇说皇叔有二心，应当加以防备。而今皇叔所言，全是出于一片诚心，说明他已洗心革面，皇祖的话可以不顺从照办。"此后，朱高煦提出任何的要求，朱瞻基都一一照办，这让朱高煦以为朱瞻基没啥本事，开始琢磨着取而代之。

宣德元年(1426年)八月，朱高煦效仿老爸朱棣也扯起了"清君侧"的大旗造反,矛头直指五朝老臣夏原吉。朱瞻基率军亲征。他对部将说:"汉王外强中干,之所以敢起兵反叛,就是欺负朕年少,以为朕不敢亲征。当他看到朕亲率大军出征后,一定吓得不敢出战!"果然,当朱高煦看到敌众我寡后,立马就弃城投降。

于谦的胆量大,口才好,只要有人犯错,哪怕是天王老子也敢指出来。朱瞻基在逮到朱高煦后,让于谦细说他的罪行。于谦两眉一竖,滔滔不绝,朱高煦在他的凌厉攻势下,被骂得抬不起头,趴在地上不停地发抖,自称罪该万死。朱瞻基大悦,任命于谦为御史,想历练此人,然后加以重用。

群臣都劝朱瞻基将朱高煦就地正法,但朱瞻基念在叔侄一场没有杀他,而是将他废为平民,软禁在西安门内逍遥城,凯旋回京。朱高燧见朱高煦偷鸡不成蚀把米,瞬间明白,这个侄子可不是简单人物,于是,乖乖向朱瞻基交出了兵权,落个逍遥自在。就这样,明初近半个世纪的藩王问题在宣德朝终于得到了解决。

一天,朱瞻基去看望朱高煦。朱高煦见侄子前来想要个小动作羞辱他一番。等朱瞻基一进门,朱高煦便趁他不防一伸腿把朱瞻基绊了个猝不及防。朱瞻基大怒,命侍卫用300斤重的铜缸把朱高煦扣起来,同时命人取来木炭,堆积在铜缸周围,点燃木炭,把朱高煦活活烧死在铜缸内。

朱瞻基即位后,册立胡氏为皇后,孙氏为贵妃。胡氏是朱棣亲自给朱瞻基选的媳妇,但由于体质不好,经常生病,朱瞻基并不喜欢她。而孙贵妃貌美如花,朱瞻基对其是宠爱有加。宣德二年(1427年),孙贵妃生朱祁镇,次年,朱瞻基立朱祁镇为皇太子。宣德三年(1428年),朱瞻基废胡皇后,立孙贵妃为皇后。

洪熙元年(1425年)四月,朱瞻基曾被老爸朱高炽派去南京完成迁都的准备工作。但当他登基后,放弃了把朝廷迁回南京的计划,仍留北京为帝都,这多半是因为他成长在此地,因而与朱棣一样深切地关心北方的边境。宣德元年(1426年),朱瞻基下令,设置"内书堂",教导宦官们读书。后设司礼监秉笔太监,司礼监掌印太监。

朱瞻基有个最爱的娱乐活动,就是斗蛐蛐。虽然工作时的他一丝不苟,态度严谨,但人都要劳逸结合嘛!于是,他下令让属下把全国的蛐蛐尽可能地搜刮了一遍,然后挑选出那些战斗力强的给自己玩。

阎群儿因服兵役而常年不在家,他妻子就红杏出墙,阎群儿知道自己戴了绿帽子后赶紧回家,但还没到家就被官府抓了起来。原来他妻子与官府勾结诬陷他伙同九个同乡抢了校尉陈贵的家。阎群儿等人被判了死刑,他在军队的战友们听说后将实情上奏朝廷,朱瞻基了解后非常生气,处罚了阎群儿的妻子和那个官员,并释放了阎群儿等人。

朱瞻基曾在大会上发言:"隋炀帝曾命令于士澄追查一起盗贼案件,结果抓了一些人并屈打成招。这次若不是有人透露内情,你们便是第二个于士澄,以后一定要以此为戒,如果再让朕发现有人不经过详细调查就草草结案,歪曲事实,一定严惩不贷!"从此,各地官员没有一个敢乱判案的。

戴纶与林长懋二人学识都很渊博,为人也比较正直,在朱瞻基还是皇太孙的时候,他们看这小孩整天就知道舞刀弄枪,就向朱棣上奏让朱瞻基学习文化知识。为了让朱瞻基成为文武双全的人,朱棣同意了,并且让他们二人当皇太孙的老师。朱瞻基本来就不喜欢读书,但也不能抗旨,于是在心里给这两位老师记了一笔。君子报仇,十年不晚!

朱瞻基登基后,将东宫的旧官分别升了职,并且都是高职。戴纶和林长懋虽然也被升了官,但只是小官。后来,两人继续发扬自己的正直性格,有话就说,有建议就提,管你逆不逆耳。可是,现在的朱瞻基已经长大并成功翻身做了大明朝的主人,凡事都要讲面子的,他们这样自然惹恼了朱瞻基,朱瞻基最终将戴纶杀掉,将林长懋关进了监狱。

安南国问题是宣德朝的一个重要问题。朱瞻基曾派过好几支军队过去都没打赢,于是就想着议和。但他却忘了蛮夷之辈畏威而不怀德,议和只能治标不治本。这一做法也使得数十万大军浴血奋战之成果付诸流水,使得明朝失去了一个财赋重地,失去了向东南亚扩张的一个跳板，从此明朝进入守成阶段。

朱瞻基接管了一个贪污成风的都察院，便决定来次大"清洗"。宣德三年（1428年）八月，朱瞻基任命诚实清廉的顾佐为都御史，取代臭名昭著的刘观，而刘因任职期间（1415—1428）犯下许多罪行而被判刑。在以后的几个月，北京和南京都察院的43名官员因不胜任而被罢官，接替的人都要经过严格的考查。

有个姓卫的孝女为了给母亲治病，把自己的肝割下来煮成汤让母亲喝，结果不仅自己活蹦乱跳，还治好了母亲的病，于是当地人求朱瞻基给她颁个最佳孝顺奖。朱瞻基却说："身体发肤授之父母，她这是自杀行为，犯法的。念她初犯，就不治她的罪了！"一个弱女子孝顺到这地步却差点被治罪，朱瞻基，你真是太过分了！

朱瞻基试图清除军事的腐败现象，以大力建立文官统治。在历次征战中，都出现了贪污的军官动员穷人而向富人出售免征券，到征用物资时，向黎民百姓过分勒索的现象。他们非法地使用士兵作为自己的私人奴仆，侵吞士兵的军饷和口粮，扣发士兵的冬装。对此，朱瞻基让有关部门登记出每个官兵应发的军饷物资，一一核对，让此情况得到了改善。

朱瞻基在宣德三年（1428年）颁布了关于征兵和扣押逃兵的新规定，条款从8条增至19条。宣德四年（1429年）十月，他又增加了旨在清除营私舞弊的条款22条。同年，他为了表示对军事和提高军队士气的关心，在北京郊外举行了一次最令人难忘的公开军事检阅，同时规定京师在训的部队定期随御驾巡视北方边境和进行大规模的狩猎活动。

朱瞻基在提倡大家举荐贤才的同时，还罢免了一些庸才。塞义向朱瞻基奏报，要削职为民的官员有二百多名，因为这些官员浅薄庸俗，有的甚至连自己的职责都不熟悉。朱瞻基看过奏章后，批示道："是否贤才，事关重大，不应该轻易作出判断。但如果确实是无用之人，就应该淘汰。"

御史谢瑶在写人才推荐信的时候，因为疏忽将一些人的姓名写错了，朱瞻基知道后很生气，就对他说："你推荐的人，连姓名都写错，可见你对他并不了解，那你又怎么会知道他的才能呢？办事这么轻率，你还是别做御史了！"于是，朱瞻基将谢瑶贬为县官。

朱瞻基派广西布政使周干去江苏等地巡视民情，周干报告说："这里的人们生活确实不咋地！赋税过高，百姓苦不堪言，上交赋税之后自家就一无所有，整天饿得头发晕腿发软，即使想逃走，那也得有力气才行啊！"朱瞻基听后非常感动，就下诏减征："官用粮，一斗至四斗减两成，四斗至一石减三成，以下往后推算不等。"

周忱在宣德五年（1430年）被朱瞻基派到江南管理赋税。上任后，他进行了一系列的改革制度。周忱的改革在实践中既保证了国家赋税的正常征派，使总体的财政收入不减，同时又在一定程度上实现了百姓徭役的平衡。实际上，明朝中期基本上是沿着周忱的思路，在进行从地方到中央、由局部到全国的赋役制度改革的。

朱瞻基很尊重自己的母亲张氏，即朱高炽的皇后。国家大事，他都要与她商量，而张太后也很有能力，每次提出的建议都很受用。她告诫朱瞻基，要勤于政务，有什么不懂的就多请教朝中的辅臣，听取众人的意见，不要武断专制。朱瞻基不仅把这些话牢记于心，也的确这样做了。

宣德三年（1428年）二月，朱瞻基陪张太后亲游西苑，太后玩得很尽兴，但也不忘趁机教育自己的儿子："如今天下太平，我们母子俩才能享受如此悠闲的时光，你要多为百姓做些好事，不要让他们因饥寒而动荡不安。只有百姓平安，我们母子的快乐才能长久啊！"朱瞻基郑重点头："孩儿一定谨记母亲的教诲。"从此，更加善待百姓。

宣德五年（1430年），朱瞻基命郑和第七次下西洋，次年，船队从五虎门出洋。这次远航经占城、爪哇的苏鲁马益、苏门答剌、古里、竹步，再向南到达非洲南端接近莫桑比克海峡，然后返航。当船队航行到古里附近时，郑和因劳累过度一病不起，并于宣德八年（1433年）四月初在印度西海岸古里逝世，终年六十二岁。

朱瞻基还设法改善与日本、朝鲜的关系。宣德七年（1432年）二月，朱瞻基派宦官柴山携带一份给足利义教的诏书去琉球，建议恢复关系和增加批准的贸易量。足利义教对所提的内容感到欣慰，在九月派了一名具有中国血统的僧人龙室道渊带领一个使团于1433年6月抵达北京，随行带有马匹、甲胄、刀剑和其他土产等贡品。

朱瞻基当政的后期，社会已经安定，他便感觉自己稳坐了江山，于是开始学习古代的皇帝，同大臣共同出去游玩。每年春秋两季他都要领着大臣登万岁山，游太液池，寻欢作乐。朱瞻基还允许百官每年放年假半月，尽情游乐。他也常领着文臣们在西苑一起作诗评论，全然一副君臣共享太平盛世的美好景象。

刘观是历经洪武、永乐、洪熙、宣德四朝的老臣，在朝中掌握了不少实权，显赫一时。刘观在朱棣当政时期，坚持正义，办事也很得力，因此得到了朱棣的赞赏和提拔。后来他因为在处理政务时犯了点错误被太子朱高炽处罚，朱棣知道后就说："作为一名大臣犯了小小的过错，是可以原谅的。"于是，刘观被赦免。

朱高炽登上皇位后，刘观被提拔为太子少保，享受二品官的俸禄，这在当时是很高的荣誉。弋谦曾因直言上奏冲撞了朱高炽，刘观为了讨好皇帝，就让自己手下的官员们上书说弋谦的坏话，把他押进了大牢。对于如此落井下石之辈，刘观自然收到了朝中公正大臣们的集体鄙视与唾弃。

朱瞻基登基后，一些曾经清廉的老臣已经是个贪污受贿的浮华之徒了。有一天，朱瞻基问杨士奇："如今这朝堂上有没有大贪之徒啊？"杨士奇想都没想，直接点头："有。就是刘观那厮。"朱瞻基一听，心想：好啊，这人工资都这么高了还敢贪！那下面的人岂不是贪得更厉害？于是，就把刘观撤职查办了。

吴中，字思正，曾因为劝阻朱棣北征而被关进监狱，朱高炽登基后将他放出并重新重用，朱瞻基即位后对他也很是敬重。1428年3月，朱瞻基体恤山西的受灾百姓，免去了他们的税收。当时，吴中上奏说：

"山西各省到京城来服劳役的工匠们现在该换掉了。"朱瞻基当即批准，百姓们感谢不已。

有一天，朱瞻基闲着没事便登上了皇宫的城楼看风景，结果看见不远处有座装饰豪华的官房，就问随从是谁的。随从回答："这是工部尚书吴中的四人宅邸。"朱瞻基一听不由一愣，心想吴中哪里来那么多钱买这么好的材料盖房子，便命人调查。结果发现吴中竟然利用官职私藏国家征收上来的木材，朱瞻基怒不可遏，立刻处罚了吴中。

朱瞻基从来不搞封建迷信。曾有个和尚觐见朱瞻基，说是想让他捐点钱修建一下寺庙来祝福他长寿。朱瞻基没听几句就把这和尚撵走了，他对身边的大臣说："人人都想长生不老，但这是不可能的事，秦始皇寻求神仙，南朝梁武帝亲身从事神佛，都应验了吗？真是无稽之谈，可笑之至！"一番话说得大臣们信服不已，对他是更加的钦佩。

宣德九年（1434年），朱瞻基三十七岁，这个年龄正是人生的黄金岁月，他也没有辜负朱家的列祖列宗，把国家管理得井井有条，说得上是国家太平，百姓安乐。因此他赢得了大臣与人民群众的忠心拥护与爱戴。就在治国事业如日中天的时候，朱瞻基却倒下了。这年十二月，朱瞻基突然得病，明朝由此开始进入了转折。

宣德十年（1435年）初，朱瞻基在短期患病后意外地死去，终年三十八岁，被尊为章皇帝，庙号宣宗。在临终时，朱瞻基指定已在宣德三年（1428）年被定为皇太子的朱祁镇为继承人。这名儿童作为英宗进行统治，而张太皇太后领导一个摄政团，一直统治到正统七年（1442年），她死去时为止。

朱瞻基的统治时期是明史中一个了不起的时期，那时没有压倒一切的外来的或内部的危机，没有党派之争，也没有国家政策方面的重大争论。政府有效地进行着工作，尽管宦官日益参与着决策过程。正是由于明仁宗朱高炽、明宣宗朱瞻基的作风较为开明，才有了被史家赞扬的"仁宣之治"。

第四章

俘虏皇帝

——多舛命运

宣德二年(1427年)，朱祁镇生。

宣德三年(1428年)，朱瞻基废胡皇后，立朱祁镇为皇太子，立孙贵妃为皇后。

宣德十年(1435年)正月，朱瞻基驾崩，朱祁镇登基，是为明英宗，次年改元正统。二月，封弟朱祁钰为郕王。

正统元年(1436年)二月，三杨辅政。

正统五年(1440年)三月，建北京宫殿。

正统十四年(1449年)七月，爆发"木土堡之变"，朱祁镇亲征被俘，王振死。九月，朱祁钰即位，是为景帝，次年改元景泰，尊朱祁镇为太上皇，立朱祁镇长子朱见深为太子。十月，也先围攻北京，于谦率军民抵抗，保住北京城。

景泰二年(1451年)，朱祁镇被释回京，软禁于南宫。

景泰三年(1452年)，朱祁钰废朱见深太子位，立自己长子朱见济为太子。

景泰八年(1457年)，朱祁镇发动"夺门之变"复位，直接改元天顺。朱祁钰死，以亲王礼葬，成化十一年(1475年)，朱见深追谥"恭仁康定景皇帝"。

天顺八年(1464年)，朱祁镇驾崩，临死前废除殉葬制度。

　　宣德十年(1435年)，朱瞻基去世，长子朱祁镇即位，是为明英宗，次年改元正统。张太皇太后行使摄政权，倚重"三杨"，大事小事都要找他们商量，可怜这个已经历经三朝的老组合，一大把年纪了还不能回家颐养天年。"三杨"上阵后，采取巩固边防，罢除派往各地的特务，减轻百姓赋税，放宽刑罚等措施，成效还不错。

　　张太皇太后是朱祁镇的祖母。十一年前，她是张皇后，十年前，她是张太后，现在，她是张太皇太后。在这十一年中，她先后失去了自己的丈夫和儿子，成为了朱祁镇命运的主宰者。有人因为朱祁镇的身世之争反对他登基时，她淡定地凭着自己的老资历登高一呼，拥立朱祁镇为皇帝。于是，群臣朝贺，高呼万岁。

　　据说朱祁镇的妈妈不是孙氏。孙氏很受朱瞻基的宠爱，但内心觊觎皇后宝座。因胡皇后一直没有子嗣，她便决定来个"捷足先登"。孙氏打听到一个被朱瞻基宠幸过的宫女怀孕了，而朱瞻基却不知道，于是把这个宫女藏了起来，自己假装怀孕，等孩子出生后再偷龙转凤。这个孩子就是朱祁镇。

　　朱祁镇的一生充满了传奇色彩。他出生四个月后就被朱瞻基封为太子。一出生就被光环笼罩的朱祁镇似乎是被命运眷顾的幸运儿，让旁人羡慕嫉妒恨！不过，老天是公平的，他永远都不会专宠于某个人，朱祁镇这孩子以后是注定要倒大霉的。

　　王振本来是一个极为失败的教书先生，为了谋生他自阉进宫，当起了宦官。但这厮运气不错，初进紫禁城就被分配到当时还是太子的朱祁镇的东宫。王振使出浑身解数把朱祁镇这小孩哄得一愣一愣的，关系搞得很铁。朱祁镇登基后，王振成为司礼监的秉笔太监之一，被朱祁镇亲切地称为"先生"。

　　司礼监掌管皇城里的一切礼仪、刑事及管理当差、听事等杂役，替皇帝管理内外一切奏章，代皇帝批答大小臣子上奏的一切公文。王振通过对朱祁镇的个人控制及司礼监的独特权力开始干预朝政,朝政本是由内阁大臣杨士奇等人主持,王振这一行为无疑是抢了人家的饭碗,这搁谁身上都会不乐意。于是,抢权比赛现在开始。

"票拟"制度形成后,朱祁镇最后的裁决意见,要由司礼监秉笔太监,也就是王振,用红笔批写在奏章上,世人称之为"批红"。奏章经过"批红"以后,再交内阁撰拟诏谕颁发。王振掌握了"批红"大权,实际上就成了皇帝的代言人。朱祁镇把这样一个重要官职交给王振,不是在鼓励他专权吗?如此,王振成为明朝第一个专权的太监。

仗着朱祁镇的宠爱,王振开始为非作歹。一天,太皇太后派王振到内阁传旨,让内阁首辅杨士奇票拟处理意见。杨士奇当时票拟未定,王振就在一旁说三道四,气得杨士奇三天都没去上班。太皇太后知道后,命人用鞭子抽了王振一顿,又让他去给杨士奇道歉请罪,并警告他,要是再发生这样的事就直接砍头。

太皇太后当着朱祁镇和内阁大臣的面,让扈从的女官把刀架在王振的脖子上,痛斥他在宫里的种种不法行为,直言要杀了他。朱祁镇一见这情形,赶忙跪下为王振求情,这感情真不是一般的深!皇帝都跪下了,边上的人还能站着么?于是,大家都跪下,无奈地加入了求情行列。太皇太后怒道:"你还小,哪知道此辈自古祸人家园!"但还是把王振放了。

正统六年(1441年)十月,奉天、华盖、谨身三大殿重建竣工,朱祁镇在皇宫大摆筵宴庆贺。按明朝宫规,宦官没有资格参加宫宴,王振发牢骚说:"周公辅助成王,为什么唯独我不可以参加宴会呢?"朱祁镇知道后不但不怪罪,还批准他参加宫宴。王振刚到,宫中百官就赶紧向他问好,表示欢迎。可见王振的势力越来越大。

有位工部郎中名叫王佑,最会阿谀逢迎,溜须拍马屁。一天,王振问王佑:"王佑,你为怎么没有胡子呀?"王佑无耻地回答:"老爷你没有胡子,儿子我怎么敢有!"一句话说得王振心里甜滋滋的,立即给他升了官。

王振把他的两个侄子王山和王林提拔为锦衣卫指挥同知和指挥佥事，提拔自己亲信马顺做锦衣卫的老大，又把自己的心腹郭敬、陈官、唐童等，安插在各个重要部门。福建有位参政宋彰将贪污的数以万计的官银送给王振后，立即被提拔为布政使。就这样，从中央到地方迅速形成了一个以王振为核心的朋党集团。

"三杨"中的杨荣经常收受贿赂，这使王振找到了借口。靖江王佐敬趁杨荣不在家时，私下送去一些金银财宝，王振查到后，立刻向朱祁镇打小报告，决意要置杨荣于死地而后快。杨士奇不顾年老体衰，拄着拐棍亲自为杨荣向皇帝求情，才避免了灾难。正统五年(1440年)，杨荣去世，杨士奇变得势单力薄。

杨士奇正在政坛上奋力厮杀，大思治国良策时，自家的后院却起了火，宠爱有加的儿子杨稷仰仗老爷子有权，在家乡无法无天，遭到了言官们的举报。杨士奇赶紧以扫墓为由请假回家，结果被杨稷用障眼法骗过。后来这货变本加厉，背上了十几条人命，终因罪恶累累被抓进监狱。杨士奇羞愧难当，一口气没上来，被这龟儿子给活活气死了！

正统七年(1442年)，张太皇太后去世，王振的势力迅速膨胀，开始肆无忌惮地招权纳贿，百官大臣争相献金求媚。据了解，当时若想跟王振见上一面，得先掏见面费：白银一百两；若是掏得起白银一千两，便能再蹭顿饭，甚至有机会与王振共进午餐或者晚餐。真是比巴菲特还牛！

于谦每次进京奏事，从不给王振送任何礼品。有人劝他说："您不肯送金银财宝，送点土特产也行啊！"于谦潇洒一笑，甩了甩他的两只袖子说："只有清风。"为此他还特意写诗《入京》以明志："绢帕蘑菇及线香，本资民用反为殃。清风两袖朝天去，免得闾阎话短长！"两袖清风的成语就是从这里来的。

于谦爱民如子，"三杨"组合都很重视于谦。于谦所奏请的事，早上上奏章，晚上就能得到批准，而且都是三杨亲自审批的。这待遇，可不是一般人才能够享受到的。于谦曾上书申请让河南、山西的官员于每年三月给当地的贫苦户发粮食,等他们秋收后再还给官府。"三杨"一看,对民有利,立即批准了。

王振一直都想找于谦的麻烦,于是派人诬陷于谦,把于谦投到司法部门判处死刑,关在狱中三个月。后来百姓听说于谦被判处死刑,一时间群民共愤,联名上书。王振便编了个理由给自己下台,说从前有个叫于谦的人和他有恩怨,他把从前那个于谦和现在这个于谦搞错了,后把于谦放出来并将其降职为大理寺少卿。

山西、河南的官吏和百姓都跪在北京政府门前抗议,请求于谦官复原职,王振气得直挠头,但他也知道人民群众是惹不起的,只好再命于谦为巡抚。于谦回去后,继续为人民服务的使命,前后在任共19年,他的父母去世时,朝廷让他回去办理丧事,办完了后再回来起用原职。

王振为了更顺利地进行干政行为,命人将朱元璋造的那块禁止宦官干政的铁牌盗走。这牌在朱瞻基的时候还有,到朱祁镇这一代却失踪了。但这时候,太皇太后已经去世,"三杨"也或死或隐居,而朱祁镇就听王振的,所以,大家是敢怒不敢言!

有个官员,不小心因为上书而得罪了王振,被人抓进监狱,然后被杀死并肢解。从此,朝中大臣更是见着王振就恨不得能变成隐形人,原因很简单:打招呼吧,生怕哪句话说错了,也被肢解了;绕着走当没看见吧,人家会说你目中无人,看不起自己。做人难,做让王振看顺眼的人更难!

驸马都尉石璟,一天在家里责骂佣人太监员宝。王振有了兔死狐悲的感觉,把石璟投入锦衣卫大牢。朱祁镇对王振的所作所为全部赞同,从来没有怀疑过。朝中大臣见皇帝都如此,就更加感觉势单力薄,谁都不敢说王振的坏话。是时,王侯公主都称王振为翁父,大臣们望风便拜,更有无耻的人认王振作干爹。

李时勉,先祖为南唐李后主的五皇叔,江王李景逷。按辈分,李时勉为李后主的17世侄孙。李时勉曾是朱棣朝的官员,到朱祁镇这一朝已经算是四朝元老了。其为官期间，心存仁厚，执法公正，允许犯人申诉，重证据，不搞刑讯逼供，直至人赃俱获，才结案发落，被当地百姓称为"李青天"。

永乐十九年（1421年），李时勉向朱棣提出"停止营建、赋恤饥荒、慎选举、严考核、清理狱囚、罪黜航官、罢遣僧道、优抚军士"等15条建议。那时，朱棣正决定把京城从南京迁至北京，耗费了巨大的人力物力，弄得民不聊生。"停止营建"有益于民，却触犯了朱棣的政治利益，所以李时勉被朱棣关进了监狱。一年后，在杨荣的保荐下他才被复职。

洪熙元年（1425年），李时勉目睹奸臣宦官擅权误国，就劝朱高炽疏远宦官，朱高炽不听。李时勉当场就指着朱高炽的鼻子骂他昏君。朱高炽恼羞成怒，命武士将他狂扁了一顿。血泊中的李时勉胸部肋骨被打断了8根，躺在地上出气多进气少。满朝大臣看皇上的气出得差不多了，就赶紧向他求情。朱高炽饶了李时勉一死，但把他贬了官。

李时勉不久又向朝廷上书三次，直言朱高炽的缺点，气得朱高炽又让锦衣卫把他抓进了监狱。但李时勉命不该绝，锦衣卫某领导当年因欠李时勉一个人情，现在听说他遭惨刑，于是就利用职务之便，偷偷进入监狱为李时勉敷上国外贡品伤科良药"血竭"，让李时勉的伤很快痊愈了。一时之间，"打不死的李时勉"名满全朝。

朱瞻基即位后，命人提审李时勉，后经一旁的宦官挑唆，传旨将李时勉立即斩首。不料，传旨官从右门出，李时勉从左门进来了。朱瞻基见到李时勉便大声骂道："你这龟孙，为啥老跟俺爹过不去？"李时勉理直气壮地说："我这是为国为民好，只有昏君才会说我是错的！"这话真毒，朱瞻基为了成为"明君"，只好将李时勉官复原职。

正统六年（1441年），李时勉被任命为国子监祭酒。国子监是为封建王朝培养高级人才的地方。一次，王振来视察国子监，李时勉对他不亢不卑，不搞迎送，不摆宴席招待，得罪了他。后来，国子监彝伦堂的古树枝条，妨碍士子们列队操练，被李时勉砍去12枝。王振便以"擅伐宫树"的罪名，传旨将李时勉戴枷示众。

李时勉身顶烈日,坚持三天,他的学生司马询等一千多人跪在皇宫前以示抗议,请求释放李时勉。有个学生石大用甚至上书皇帝,表示愿意代替老师受刑。王振看到奏章后,一时有点动摇。正好国子监助教李继通过太后的父亲孙忠向太后求情,孙太后便转告了朱祁镇,后王振因压力太大,放了李时勉。

李时勉在国子监的六年里,言传身教,把学生看作自己的儿子,拿自己微薄的俸禄,为贫穷的学生买药看病、买菜买米,甚至为没钱安葬父母的学生出资买棺木。李时勉是值得自豪的,因为他培养出了象商辂、姚夔、彭时、岳正等一代名臣。

正统十三年(1448年)春,李时勉因病辞官还乡,满朝文武官员和数千国子生将他送出崇文门外。沿途群众塞道,爆竹喧天。看到李时勉回乡时只有行李一卷、书籍几箱,学生们便主动凑集白银数百两赠师,可李时勉坚持一文不收。回到老家的他,节俭度日,从不奢侈。

麓川位于今天云南的西部,是一个少数民族自治区,当时的麓川刚迈入文明社会不久,还经常发生烧杀抢掠的事情,在朱祁镇派兵镇压之后,犯罪头子思任发暂时认罪。本来战争到此可以结束,但王振等人想借此加官晋爵,巩固自己的地位,就鼓动朱祁镇继续出兵,于是,麓川战争弄得云南边境一带整日硝烟漫漫。

正统八年(1443年),刘球向朱祁镇上奏提出10条建议,主要想说明两点,一、你才是皇帝,国事不要老让王振那厮搅和;二、大明防御的重点在北方,不要再打麓川了。王振等人知道刘球上奏的事后十分不满,就找了个借口把刘球抓进监狱,之后将他剁了个稀巴烂。朝堂上顿时吓倒一大片,更没人敢得罪王振了。

在漠北,当时的蒙古已经一分为二——瓦剌与鞑靼,两个部落闲着没事就喜欢掐架。正统年间,瓦剌不断骚扰明朝的北边,瓦剌太师也先经常派人以向明廷进贡为名,骗取赏赐,因为当时无论贡品如何,明朝都会给予进贡国家非常丰厚的赏赐,而按人头派发。也先正是看中了这一点,派出的使臣不断增加,最后竟加到三千多人。

王振虽然已经是上千万级别的富翁了，但也是骨灰级别的"抠门"代表，看着白花花的银子被也先那孙子用车拉走，他的心一抽一抽的疼，于是下令减少对瓦剌的赏赐。也先与王振本来私底下有勾结，但这次王振翻脸让他的面子挂不住，于是决定与王振彻底决裂。

正统十四年（1449年），也先以明朝减少赏赐为名，兵分四路进攻大明。王振想耀武扬威，名留青史，于是极力撺掇朱祁镇亲征。可是当时朝廷的主力都在外地作战，调不回来，于谦等人就劝皇帝三思而行，奈何劝不动。没办法，他们只好从京师附近临时拼凑了50万人马，在朱祁镇的带领下浩浩荡荡地打也先去了。

王振这货哄小孩还行，哪里会打仗？他不管敌情如何，也不商量作战方略，连后勤保障都没安排好就上战场了。士兵们被饿得头晕眼花，别说打仗，连兵器都快拿不动了。行到大同附近，看见被也先杀得尸横遍野的明军尸体，朱祁镇和王振都动摇了，看起来敌强我弱啊。俗话说得好："打得过就打，打不过就跑。"朱祁镇下令：撤退！

王振的老家在蔚州，离大同非常近，他想，打不了胜仗，领这么大帮兵马回家乡也很风光的，于是决定让大军绕道蔚州。王振的提议立即遭到群臣们的反对，因为这样会耽误撤退的时机。但是王振哪里听得进去，再加上朱祁镇也很希望给王振衣锦还乡的机会，于是大军开始朝蔚州方向移动。

王振这厮明显脑子有病，在大军正火速撤退的时候，他突然心血来潮，怕大军经过会踩坏家乡的庄稼，让自己背上骂名，就建议按原路撤军。这货明显忘记了，这不是在宫里陪着小皇帝玩捉迷藏，而是在逃命！时间就是生命，而他还在这里进进退退，悠闲自在，也先要是这样还逮不到朱祁镇，那可真是没天理了！

在怀来城外的土木堡，朱祁镇的军队终于被也先赶上。也先切断了他们的水源，假意议和的同时，趁明军不备，发动总攻。朱祁镇这倒霉孩子连剑还没挥两下呢，就被也先拉下了马。就这样，朱祁镇成了大明朝第一个，也是唯一一个被俘虏的皇帝，这就是历史上有名的

"土木堡之变"。

朱祁镇这边的将领樊忠一看老大被抓走了，罪魁祸首王振还活着，便抢起铁锤对准王振的脑袋狠狠地砸了下去。土木堡之变，英宗朱祁镇被俘，50万军队被击溃，从征的100多名文臣武将几乎全部战死沙场，就连英国公张辅、兵部尚书邝埜也为国捐躯。消息传到北京，百官直接趴在朝堂上号啕大哭。

远在家乡养老的李时勉听到朱祁镇被俘的消息后，也哭得差点上不来气，怕死后碰见朱棣、朱瞻基等人不好交差！景泰元年（1450年），李时勉去世，临死前，他叮嘱自己的长孙李骥一定要代他赴京上书，一雪朱祁镇被俘之耻。

于谦在京城听到朱祁镇被俘的消息后，大为震惊。郕王朱祁钰暂先监国，命令群臣讨论作战和防守的方略。徐珵（即徐有贞）说星象有变化，应当迁都南京。于谦生气地说："主张南迁的，该杀。京师是天下的根本，一摇动则国家大计完了，难道没有看见宋朝南渡的情况吗？"朱祁钰也同意于谦的说法，开始商量怎样防守。

当时京师最有战斗力的部队、精锐的骑兵都已在土木堡失陷，剩下疲惫的士卒不到十万，这让朝廷上下都没有坚定的信心。于谦请朱祁钰调南北两京、河南的备操军，山东和南京沿海的备倭军，江北和北京所属各府的运粮军，马上开赴京师。看着于谦的淡定，人心都稍为安定。后于谦被升为兵部尚书。

大臣们向朱祁钰请命，要求将王振灭门九族，而王振的党羽马顺出来为王振辩驳。是时，给事中王竑见马顺还在装腔作势，怒不可遏，上前一把抓住马顺，拳打脚踢，当场结果了他的性命。愤怒的人们又当场打死了王振的另外两个死党宦官毛贵和王长。接着，郕王朱祁钰下令杀死王振的侄子王山并族诛王振之党，把马顺的尸首拖到街头示众，王振家族不分老少一律处斩，并籍没王振家产。

当时，郕王朱祁钰虽是监国，但以前也没怎么主持过大局，他第一次看到原来惹民愤是这么恐怖的事情，害怕得站起来就要逃跑。于谦一看这阵势,赶紧上前扶住朱祁钰别让他乱动,打错人咋办?他让朱祁钰宣谕说:"马顺等人罪有应得,今天打架的人都不追究刑事责任了。"大家心里这才稍微平衡了点。

于谦的袍袖在混乱中被撕了个粉碎,下朝后,吏部尚书王直握着于谦的手叹道:"国家正在倚赖你呢,今天这情形就算有一百个王直也没你一个于谦顶事呀!"国不可一日无君,太子朱见深只有三岁,于谦等人向孙太后请旨立郕王朱祁钰为帝。朱祁钰却站在那一个劲地装客气,在大臣们的轮番劝说下,朱祁钰才同意。

自古以来,查抄官员家产都是不得不看的一大亮点,他们要么是清廉得除了锅碗瓢盆就没别的东西了,要么就是贪得连家里的树都是高贵品种。王振不仅爱权,更爱财。据统计,在籍没王振家产时,仅金银就有60多库,玉盘100多个,珊瑚树高六七尺者20多株,其他珍玩不计其数,足见其贪污受贿的程度。

生命就像一盒巧克力,你永远不知道下面一颗是什么味道。对于朱祁钰来说,这颗巧克力就是德芙的奶香白巧克力,真是甜到心坎儿上了。他做梦也没想到自己这身世能有朝一日登上皇上宝座。所以,朱祁镇被俘对明朝来说是耻辱,但对他朱祁钰来说可是一件天大的好事。

正统十四年(1449年)九月,朱祁钰登基为帝,是为景帝,次年改元景泰,朱祁镇被尊为太上皇。朱祁钰上台后的第一件事就是发布命令:不许私自与也先联系。虽然这让也先妄图利用朱祁镇骗取明朝财物、城池的计划失败,但也有一部分私心,他确实不想让朱祁镇太早回来,因为朱祁镇一回来他这皇帝之位就没戏了!

朱祁钰是朱瞻基的次子。朱祁钰的生母,是朱瞻基生擒朱高煦后从他府里带回来的一位侍女吴氏。吴氏聪明伶俐,很得朱瞻基的宠爱,由于封建礼教的阻挠,身为罪人的吴氏是不能被封为嫔妃的,于是宣宗皇帝将她安排在了一个紧贴宫墙的大宅院中。后来,吴氏产下一子,即朱祁钰,吴氏因此被封为贤妃,但仍住在宫外。

朱瞻基病重的时候,派人将朱祁钰母子召进宫,并托付自己的母后张太后善待朱祁钰母子。托孤之后,一代帝王朱瞻基驾鹤西去。由于时逢皇帝的大丧,无人顾及吴氏母子的身世,他们就这样被大家接受了。孙皇后也没有食言,不久就封朱祁钰为郕王,并为他们母子修建了王府,供他们母子居住。

朱祁镇被俘后,也先觉得非常难办,是杀是留无法决定,而也先的弟弟劝他先留着作人质,说不定可以因此而敲诈明朝一笔,于是朱祁镇才得以保全性命。从此,也先闲着没事就领着朱祁镇在大明的边界上溜达,赤裸裸地炫耀:"看,你们的皇帝在我这里,想救,拿钱来!"

于谦果断地挑起了守卫京城的重任,他向朱祁钰请命,将全国各地的后备军全都调往北京,之后,又千方百计地将通州的粮食转运到北京城中,再令工部制造器械盔甲,派遣都督孙镗、卫颖、张辄、张仪、雷通分兵据守九门重要的地方,军队驻扎在外城的外面,将外城附近的居民迁入城内。一系列防御做好后,就等着也先这孙子过来了。

也先想靠朱祁镇大捞一笔的计划失败后,就以送朱祁镇回京为借口,率领瓦剌精锐骑兵向北京发动进攻。于谦明白,对付也先这种货色的招数就是砍砍砍,死命地砍!除此之外别无他法!于是,在于谦这种不要命的死砍猛剁之下,也先被打得叫苦连天,抱头乱窜。

城内的百姓看于谦他们打得那么过瘾,也开始手痒了。他们纷纷爬上房顶向瓦剌军扔石头,不管中不中,扔了再说。也先一看自己的弟兄已经快被灭光了,赶紧下令撤退,顺便把朱祁镇带了回去。于谦率军乘胜追击,也先被追得那叫一个狼狈,恼得把于谦的祖宗八辈问候了好几遍!如此,北京保卫战取得圆满胜利!

自从也先俘虏朱祁镇后,也先的弟弟也进就率领一部分人马驻扎在卢沟桥附近的永定河岸。当时正值隆冬,瓦剌军缺粮少草,也进便下令让附近的百姓交纳粮草、牛羊、美女及金银贡物,如不按期交纳就血洗村庄。结果第二天他跑去一看,别说贡物,连个人都没有了,鸡毛都没留下。也进大怒,便命手下人把这几个村庄一把火烧成废墟。

瓦剌军的暴行很快就传遍了宛平县四乡。百姓们被激怒了,纷纷暗中联络,准备奋起抵抗瓦剌军。经过商议,众人一致推举宛平"三只虎"为首领。这"三只虎"就是刘村的刘虎、张村的张虎和李乡的李虎。刘虎善舞狮子,张虎最会跑马,李虎专造花炮,当地流传这样一句话:"张村的马、李村的花,刘村的狮子人人夸。"

三只虎决定各用绝招打瓦剌军一个措手不及。晚上,刘虎和张虎带领一部分人到瓦剌军营前的空地上,玩起了舞狮跑马,把瓦剌军吸引了过来。这些瓦剌军兵自幼生长在大草原上,从来没见过中原的舞狮跑马,看得都入了迷,连守卫营房的卫兵都跑过来看热闹。

而李虎领着一帮百姓偷偷潜进瓦剌军营。一声呐喊,千百个火把同时点燃,顿时火光满天。瓦剌军一见大事不好,赶紧回去救火,可是风急火大,哪里还来得及!好不容易抢到的粮草瞬间就被烧了个精光!李虎又趁乱点起火炮,闹得瓦剌军人马齐叫,乱成一团。也进还没来得及稳定局面,就被手下拖着往回跑,瓦剌军伤亡惨重。

朱祁钰在坐稳帝位之后,就犯了宋高宗的毛病,不愿迎接朱祁镇回京,生怕会影响自己的帝位,因此与朝臣发生了一些龃龉之事。这时又是于谦站了出来,他希望朱祁钰能遣使去迎接朱祁镇,并保证朱祁镇回来不会影响他的皇帝位子。朱祁钰无奈只好点头,但他只是派出使者去打探消息,并没有提出迎接。

杨善十七岁就中了秀才,当时恰好碰上朱棣的靖难之役,他因守城有功,朱棣就顺口封了他一个小官。官职虽小,却能经常见到朱棣,再加上为人圆滑,善于雄辩,不久杨善就被朱棣升官了。朱祁镇即位后,杨善的儿子杨容因贿赂吴中被揭发,被朱祁镇贬官,奇怪的是,杨善竟然没有被牵连,不久后还升了官。

景泰元年(1450年),朱祁钰派杨善出使瓦剌,谁知聪明如他,竟然没有彻底领悟朱祁钰的命令宗旨。杨善在没有钞票、没有圣旨的前提下,愣是靠着三寸不烂之舌把朱祁镇接了回来。当朱祁钰看见兄长的那一刻,心情怎一个悔字了得:"杨善,你个龟儿子!老子当初就不该派你去！"可生米已煮成熟饭，不能再把人送回去呀！

朱祁镇回到北京后，作为太上皇的他并没有受到应有的礼遇，在简短的迎接仪式之后他被软禁在南宫，开始了长达七年的软禁生活。即便如此，朱祁钰还是不放心，他将南宫的大门上锁并灌铅，加派锦衣卫看守，食物由一个小洞递入，就是这点食物有时还会被克扣，朱祁镇经常被饿得头晕眼花，大骂朱祁钰这厮不厚道！

朱祁镇的原配钱皇后不忍看丈夫忍饥挨饿，就绣了点女红，派人带出去变卖了以补家用。这日子过得比当年做俘虏的时候还苦！后来，朱祁钰怕有人与朱祁镇暗中联系，就派人将南宫的树木给砍了个精光。这样一来，就是连只苍蝇也不随便在这里乱飞了。

朱祁钰当了皇帝后，贪得无厌的想废掉朱见深，让自己的儿子当太子。于是，他派自己的太监亲信去贿赂当时的重要大臣，希望他们在重立储君的问题上能站在自己这边，朝臣们不愿公开反对朱祁钰，只好对这事睁一只眼闭一只眼。但不幸的是，朱见济很快就死翘翘了！

景泰三年（1452年），太子朱见深被废为沂王，朱祁钰立自己的儿子朱见济为太子，朱见济的生母杭氏母以子贵立为杭皇后。可朱祁玉唯一的儿子朱见济并不争气，于次年便死翘翘了，朱祁钰哭得那叫个伤心，但没办法，人死不能复生。朱祁钰很快就想开了，没关系，反正自己还年轻，儿子早晚还会有的。

做人要是太过分，连老天爷都不帮你。景泰八年（1457年），朱祁钰不但一个儿子也没造出来，自己也生了重病。众位大臣眼看这位皇帝快蹬腿儿了，就商量着赶紧立储，朱祁钰死活不同意，嚷嚷着自己还没当够皇帝呢，立什么储。大臣们无奈，只好作鸟兽散，回家喝茶去了。

武清侯石亨、副都御史徐有贞等趁机跑到南宫将朱祁镇接了出来，复立为帝，改元天顺，废朱祁钰为郕王。朱祁钰病还没好，被这么一折腾，气得直接眼一闭，腿一蹬，死了。朱祁钰死后，朱祁镇废其帝号，赐谥号为"戾"，称"郕戾王"。这是一个恶谥，表示朱祁钰终身为恶，死不悔改。这就是历史上著名的"夺门之变"。

景泰朝的政治与正统朝相比应该说是比较清明的，但是朱祁钰在处理朱祁镇与太子的问题上犯了重大的错误，导致了后来的悲剧性结局。明朝历史上景泰帝的统治时期就这样宣告结束了。

成化年间，一些臣僚开始为朱祁钰鸣不平，他们认为朱祁钰于危难之时受命，削平惑乱，使老百姓安居乐业，功劳很大，却谥以"戾"，很不公平。甚至有人责问，当时若不是朱祁钰即位，外敌如何能退，朱祁镇如何能返？朱见深虽曾被朱祁钰废去太子之位，但对这位叔叔的功绩还是相当理解。于是，下旨恢复了朱祁钰的景帝帝号。

石亨本是掌管大同军事的将领，在土木堡之变中负有兵败之责，被锦衣卫逮捕，关进监狱。朱祁钰即位后，释放了石亨等人。当时朝中军事人才奇缺，主持朝廷军政事务的于谦惜才，推荐石亨总领京营禁卫军。石亨在后来的北京保卫战中奋勇杀敌，一战成名，朝野群臣顿时对他崇拜得两眼直冒星星。

正统六年（1441年），曹吉祥曾受朱祁镇委派，监军西征，官号都督。这是明代内臣监军的开始。京师三大营改建为十团营后，朱祁钰任命曹吉祥、刘永诚节制团营，这是明代开创以来内臣监管京师禁卫军的最高职务。此后历任皇帝都沿袭此例，任用宦官监管京师团营。石亨和曹吉祥等人，正是借助手中的禁卫军权，才顺利地发动了夺门之变。

朱祁镇任命曹吉祥掌管司礼监，总督三大营，掌握京城的军政大权，可以随意出入宫廷。其子侄都握有兵权，嗣子曹钦担任都督同知不久又进封为昭武伯，侄子曹铉、曹铎当上了都督，从此，有明一代开了宦官子弟封爵位的先例。曹吉祥身边有一批奸佞之徒趋炎附势，其嚣张气焰直逼"老前辈"王振。

曹吉祥大字不识几个，所以极力主张凡有大事都要经过内阁，希望借此笼络内阁成员支持自己。他引荐文武官员时，常常只看给他贿赂的多少，而不管这人是否有能力胜任。这点，朱祁镇多少也看出来了，但因为自己复位依靠的是曹吉祥，而曹吉祥又居功自傲，气焰很盛,所以并不直接斥责他,只密令大臣对曹吉祥稍加压制。

朱祁镇认为石亨有首功,封其为忠国公,特加恩宠,对他的话是言无不从。从此以后,石亨头脑膨胀,他的弟、侄家人冒功进官者有五十余人,其部下亲戚、朋友等攀亲骗官者多达四千多人。对京师大臣,他是看哪个不顺眼就直接把人家辞退撵走。当时人们把曹吉祥与石亨并称为"曹石"。

石亨一时之间势焰熏天,利令智昏,一些企图升官的人都拜在他的门下,时有"朱三千,龙八百"的歌谣。他还大兴冤狱,诬陷耿九畴、岳正入狱,将杨宣、张鹏赶至边关。将朝廷文职巡抚全部撤换成武将充任。石亨将一切大权独揽,为所欲为地干预朝政,每日觐见皇帝,即使不召见,也会借故入宫。

朱祁镇虽是个皇帝,但石亨已经完全不把他放在眼里,每次提什么要求,只要朱祁镇敢皱眉头,石亨就气哼哼地直想骂娘,把朱祁镇给气得真想一刀砍死他。朱祁镇对李贤说:"石亨那武夫不断干预政事,咋办呀?"李贤说:"您是皇帝,自个儿看着办呗!"于是,朱祁镇下诏:"非宣召,不得放进武官。"

天顺四年(1460年),朱祁镇亲临东坝,到马厂视察点验仪仗卫兵。御马苑受到皇上如此重视,当然要立祠纪念。视察的礼制规格很高,不归一般祭祀官员领导,而是直接隶属皇家专管宫廷祭祀的光禄寺。每年春节、冬至、皇上生日,都由宫内太监或近臣侍僚前来拜祭。

石亨和曹吉祥肆意侵夺民田,有一位御史上书举报。朱祁镇看到奏章,对李贤和徐有贞说:"御史敢这样直言,真是国家的福分!"站在皇帝身旁的曹吉祥恼羞成怒,要治御史之罪,被皇帝制止。石亨对曹吉祥说:"如今在内廷是你的天下,在外朝由我统领,李贤之辈这样诬陷,其用意很明显啊!"

徐珵因在朱祁镇被俘时主张南迁而一臭成名,很多年没有晋升。因此他开始巴结阁臣陈循,又通过收买于谦的门生,求于谦为他在朱祁钰面前美言和推荐,意欲担任国子监祭酒。朱祁钰听说是徐珵,便鄙视地说:"就是那个建议南迁的徐珵吗?此人心术不正,任国字监祭酒之职岂不败坏了学生的心术!"

徐珵在陈循的劝说下,哭着改名为徐有贞。别说还真有用!就换个名字,朱祁镇就不认识了。没多久,徐有贞就升官了。恰巧当时,黄河在沙湾一段决口7年了还治不好,大家都推荐让徐有贞去。徐有贞心里大骂这些人的不厚道,但圣命难违,哪知瞎猫碰上死耗子,他竟然把决口给治好了。因治河有功,徐有贞被升为左副都御史。

朱祁钰病重时,徐有贞听说石亨他们要把朱祁镇接出来,也进去插了一脚。朱祁镇后来封徐有贞为武功伯兼华盖殿大学士,掌文渊阁事。徐有贞在景泰时期就嫉妒于谦的才能和地位,所以一直想扳倒于谦,取而代之。

徐有贞在朱祁镇面前说于谦的坏话,没想到皇帝不买他的账,说于谦有功。徐有贞又说"不杀于谦,夺门无名",还趁机诬陷他造反。朱祁镇只好将于谦收押,但又查不到证据,徐有贞就说:"虽无显迹,意有之。"正是这句话,朱祁镇杀了一代忠臣,成就了徐有贞的千古骂名。徐有贞的这句名言被后人提炼成了更加精练的两个字"意欲",成为足于同秦桧杀岳飞的"莫须有"相提并论的冤案。

于谦的家被查抄时,穷得那叫一个叮当响,所有查抄的工作人员都惊掉了下巴,于谦也算是位极人臣了,不可能没有一点值钱的东西。终于,查抄人员发现有一扇锁得紧紧的小门,结果打开一看,里面都是他珍藏的皇帝曾经赐给他的衣服和宝剑。于谦行刑当天,天空阴霾四合,仿佛也正在诉说着他的冤屈。

徐有贞独掌大权后,又在石、曹等人的诬告下,被朱祁镇流放到云南,削职为民。石曹之乱后,他一心盼望自己可以重得重用,天天观察天象,自称将星位于吴,常挥动铁鞭起舞,等待佳音的到来。不久,听说吴地将军韩雍因出征两广而立功,徐有贞才颓丧地扔掉铁鞭叹道:"想不到天象应在这小子身上!"从此,浪迹于山水之间。

李贤是土木堡之变中的一员,当朱祁镇被俘后,他抱着"留着青山在,"不怕没柴烧"的心态,拔腿开溜,逃回了大明。朱祁镇复位后,升他为翰林学士,进入内阁组织,后任当朝首辅一职。李贤一生从政三十多年,为官清廉正直,政绩卓著,是明朝文官中难得的一位治世良臣。

在于谦蒙冤被杀之后,李贤一直力主为于谦冤案平反,先后参与罢黜徐有贞,诛杀石亨、石彪叔侄。在宦官曹吉祥与养子曹钦的叛乱中,李贤虽被叛军砍伤,但幸免于难,并最终平定叛乱,曹吉祥被凌迟处死。至此,夺门之变后,陷害于谦的主要官员均被罢黜或处死,为后来于谦案的平反奠定了基础。

朱祁镇曾向李贤询问"夺门"一事,李贤说:"天位本来就是皇帝的,咋能说夺呢?当时万一失败,将把您置于何地?篡位么?何况当时郕王已经病重,他死后,群臣自然会请您复位,何必如此多事!"朱祁镇听后才恍然大悟,开始疏远曹吉祥,并下令今后奏章不准用"夺门"二字,同时又裁掉了因"夺门"被封官的四千多人。

巡抚大同都御史年富由于不投附石亨,被禁卫军奉命逮入锦衣卫狱。朱祁镇就问李贤:"年富这人怎么样?"李贤说:"这人行事严明公正,能革除宿弊。"朱祁镇有所觉察,说道:"一定是石彪忌恨年富,满足不了其私欲,陷害他!"李贤跪伏称颂:"皇上明见,这是实情啊!"年富被释放后,死活不再当官,回老家去了。

李贤为人耿介忠直,朱祁镇有事必召,而其大部分意见都会被采纳。李贤曾劝朱祁镇释放了从永乐朝就开始被囚禁的"建庶人",即朱允炆的幼子文圭。天顺八年(1484年),朱祁镇病重时,还把李贤召到床前让他好好辅佐朱见深。朱见深即位后,李贤经常劝他亲贤远奸,勤政爱民。

岳正世家为武职,到岳正这一代却是弃武从文。岳正京师乡试中举,就读于国子监。当时李时勉为祭酒,广招四方名士,岳正、商辂、彭时、王恕等都在此读过书。正统十三年(1448年),岳正参加会试,考官起初并没有选中他,但侍讲杜宁审阅了他的试卷后说:"此我辈人也。"于是,岳正高中探花,授翰林编修。

天顺元年（1457年），朱祁镇复位后，曾在文华殿召见岳正。岳正身材魁梧，美髯飘飘，朱祁镇远远望见就连声称"好"。他让岳正先做个自我介绍，岳正答："四十岁，北方人，曾在正统十三年考中进士。"朱祁镇很高兴，说："朕今用你为内阁，好为朕办事。许彬老矣，靠不住了。"

许彬，著名学者，馆阁体代表作家，世称"东鲁先生"。天顺元年（1457年）七月，徐有贞下台后，许彬被朱祁镇任命为当朝首辅，还没当满两个月就被石亨等人排挤，被贬为南京礼部侍郎，尚未到任，就又被贬为陕西参政。许彬气得直翻白眼，刚到陕西，就辞职不干回家了。

岳正生性豪放，敢于仗义直言，不避权贵。见朱祁镇重用他，便感激涕零，一心效力。每次上朝后，岳正都会发表一些慷慨激昂的言论。有一次，他的唾沫星子溅到朱祁镇的龙袍上也没有察觉到，依然侃侃而谈。有人劝他"信而后谏"，他慨然道："皇上对我如此厚爱，我最怕的是无以报答。"

岳正一生读过很多书，曾说"天下事没有什么是不能做的"，常以清高自许，俯视一世。他被流放时，朱祁镇曾说："岳正倒好，只是大胆。"岳正听说后，就写了篇《自赞小像》，其中写道："岳正倒好，只是大胆，惟帝念哉，必当有感，如或赦汝，再敢不敢。"岳正的书法很好，闲着没事就喜欢画葡萄，画得栩栩如生，堪称绝品。

很多人看不惯石亨与曹吉祥的无法无天，写了封匿名信揭发他们的罪状。曹吉祥大怒，请求皇上亲自出榜，悬赏抓捕写匿名信的人，赏以三品官。朱祁镇照办，岳正就说："英宗命撰榜文，岳正与吕原劝道说：'为政自有体，捕盗贼事当责兵部，奸宄当责法司，哪有天子自己出榜购募的？'"朱祁镇顿悟，不再追究此事。

石亨的侄子石彪镇守大同期间，一天派人向朱祁镇请功，说自己抓捕了一大批罪犯，但因为人太多，不能全部押解回京，就把他们全在树林中斩杀了。岳正取过地图一看，说："某地至某地，四面都是沙漠，一棵树都没有，哪来的树林？"来者语塞，无言以对。从此，石亨对岳正更是记恨。

一天，朱祁镇问岳正："你何以辅佐？"岳正回答："内臣、武臣权势过重。"于是，朱祁镇将此事告知曹钦、石彪，劝他们辞却兵权。曹钦、石彪大惊，赶紧告诉曹吉祥。曹吉祥就跑到朱祁镇面前，跪在地上哭着请求皇帝将他处死。英宗见石、曹两人势力强盛，岳正又实在无能，只得把岳正贬为广州钦州同知。岳正任首辅仅二十八天。

在赴钦州途中，岳正因顺路去家乡探望了老母十多天，石亨的心腹陈汝言就举报说，岳正在贬降外任途中擅自耽搁。于是，岳正又被逮捕入狱，挨了一百棍后流放肃州。岳正行至涿州驿舍时，因双手被拷得太紧，几乎气绝身亡，多亏杨四用酒灌醉了看守他的公差，松开了他的械具，并厚金贿赂公差，请他们一路多加关照，才得以平安到达肃州。

朱祁镇带着恭顺侯吴瑾和几个大臣内监登上翔凤楼，登高望远，很是惬意，突然朱祁镇指着城区中心黄金地带的一座豪华别墅问吴瑾："你知道那是谁的房子吗？"吴瑾答道："那一定是王府！"朱祁镇冷笑着说道："你猜错了，那不是王府。"还没等吴瑾在回话，朱祁镇就冷斥，"石亨强横到这个地步，竟没有人敢揭发他的奸恶！"

石亨让朱祁镇给他的祖墓立碑，朱祁镇把眉一竖："从我太爷爷朱棣开始，朝廷就没有为功臣祖宗立碑的先例，要立你自己立！"石亨的侄子石彪被封为定远侯，其骄横程度与石亨相比毫不逊色。朝廷内外的将帅半数是石家的门下，朱祁镇终于忍无可忍："得赶紧灭了石亨他们，要不然这孙子都要逆天了！"

天顺二年（1458年），陈汝言的贪污罪被揭发，查抄家产时财物之多令朱祁镇都咂舌。朱祁镇命人将赃物摆在宫殿走廊下，召石亨等人过来"欣赏"。朱祁镇联想起于谦的清贫，痛心地说："于谦在景帝朝一直受宠，但死时尚穷成那样；而这陈汝言当了不到一年的兵部尚书，竟然收了这么多贿赂！"石亨心虚得跪在地上连头也不敢抬。

天顺三年（1459年）正月，锦衣卫奉命调查大同总兵石彪的行迹，八月正式逮捕石彪。石彪本是以战功起家，将领职位并不是借助权势得来的，但是他势盛而骄，多行不义，终于自蹈覆辙。其人生性阴狡凶暴，统镇大同时即以侮辱总兵官为乐。屡遭其侮辱的总兵官为了报复，便向朝廷密报石彪野心勃勃，图谋不轨。

朱祁镇决定将石彪召回京师，晋封侯爵，但石彪不想离开大同，便暗中让心腹将领大同千户杨斌等五十人到皇宫前请愿，乞留自己镇守大同。锦衣卫密探很快侦知这一切，皇帝便下令逮捕石彪，关入锦衣卫狱。石彪在锦衣卫诏狱中遭到严刑拷打，只得说出自己要造反的话，并供出了石亨。

一次退朝，回到私邸，石亨对心腹卢旺、彦敬说："我这高官厚禄，都是你们所想要的！"两人十分诧异，不知道什么意思，赶紧说："我二人得公提拔，才有今日，哪能有什么妄想！"石亨自得地说："陈桥驿兵变，史书不称是篡位。你们要助我成大事，我这官不就是你们的？"卢旺、彦敬吓得两腿直打哆嗦，一句话也不敢说。

瞽人童先向石亨出示神秘的妖书，书上写道"唯有石人不动"，意在劝石亨举兵起事。石亨自信地对他的私党夸口："大同兵马甲盛天下，我一直优厚对待，石彪又统镇大同，完全可以依恃。有一天让石彪取代李文，佩带镇朔将军印信，专制大同军事，北拥紫荆关，东据临清，决开高邮堤坝，断绝饷道，京师不用血战就可拿下。"

蒙古入寇延绥，石亨奉命抵御，统领京师禁卫军出京。童先再次劝石亨起兵，石亨大大咧咧地说："这事不难。只是天下兵马都司还没全换上我的人，等换好了，再起事不晚。"童先急着说："机不可失，时不再来啊！"石亨不听。童先私下对身边人说："这哪能成就大事！"

石彪被收捕后，石亨被罢去了一切兵权和职务。这时的石亨才急着谋变，但实际上他已经处于软禁状态，行为很快便被锦衣卫密探侦悉。1460年正月，京师出现彗星，朝野惊恐。锦衣卫指挥逯杲以亲军统帅和皇帝心腹的双重身份上书密奏皇帝：石亨心怀怨恨，与其侄孙石俊密谋不轨。浓缩一下就是：石亨要造反！

朱祁镇发现石亨的造反意图后，赶紧下旨逮捕石亨，下锦衣卫狱。禁卫军奉旨逮捕了石亨。严刑拷掠之后，石亨惨死狱中，石氏一族几乎被灭，而石亨的私党及童先等全被处死。皇帝收捕并处决了石亨后，下令因石亨而冒功晋爵的一律自首革职。

曹吉祥的侄子曹钦曾问自己的亲信冯益："历史上有没有宦官子弟当天子的？"冯益哈着脸说："您的本家曹操就是呀！"曹钦听后咧嘴就笑了："说得好！"不久，曹钦因对手下曹福来滥用私刑，被监察官举报。朱祁镇命锦衣卫指挥逯杲处理这件事，并降敕通告群臣。曹钦大惊道："上次降敕便灭了石亨，现在又这样，岂不是要灭我了！"

曹吉祥知道石亨一倒台，自己也蹦跶不了几天了，就与曹钦等人来个里应外合，准备把朱祁镇废了，自己当皇帝。商量好后，曹钦把蕃将们聚到一起夜饮。这天晚上，孙镗和恭顺侯吴瑾都在朝房值夜。蕃将中有个叫马亮的，偷溜出来告诉了吴瑾。吴瑾赶紧让孙镗去报告皇帝朱祁镇。

朱祁镇在知道姓曹的要造反时，表现的比大家想象中的还要淡定。依照他从皇帝到俘虏，从俘虏到太上皇，从太上皇再重新做回皇帝这一跌宕起伏、有声有色的人生经历来说，这件事情他完全可以稳住！于是，朱祁镇下令：先绑了曹吉祥，再封闭皇城和京城九门，等曹钦来后，往死里打！这一串命令下得真是太棒了！

曹钦率人来到城门口时发现不对劲，扭头就往回跑，半路碰到死敌逯杲，便把逯杲的头砍了。接着他又在东朝房砍伤了李贤，并把逯杲的头给李贤看，说自己的行动都是逯杲给逼的，威胁李贤给朱祁镇上书替自己辩解。曹钦率领亡命之徒攻打长安门时，骑在马上，在原地转了好几圈，纠结着是否杀死李贤，最后他良心发现，放了李贤。

孙镗考虑到在太平年月安逸惯了的京兵，听说谋反的未必敢于出来杀敌，况且自己没有皇帝的诏书，士兵可以拒绝出营，于是就想了一计。他让儿子在兵营外大喊，说刑部关押的囚犯越狱，捉获者得厚赏。果然一眨眼工夫自己就召集了两千名精神抖擞、全副武装的将士。孙镗扶额：有钱真好办事，以后我们家的磨都让鬼来推好了！

曹钦与孙镗两伙人斗了一整天都没有分出胜负，后来曹钦看自己这边的势力在逐渐减弱，就撒腿逃回家了。孙镗率兵杀到曹府后，曹钦于走投无路之下，跳井自杀。孙镗又把曹铎及其全家人都杀了。三天后，朱祁镇下令把曹吉祥碎尸万段，曹吉祥的地产被没收为皇庄。

朱祁镇在位的最后一年才从皇后钱氏的口中得知自己并非孙氏所出，奈何年代已久已找不到自己的生母。于是，他只好把一腔同情寄予被老爸废掉的那个可怜的胡皇后。朱祁镇下令重修陵寝，一切按照皇后的葬礼又把胡氏的丧事办了一遍。

钱氏作为朱祁镇的皇后，并没有为他生下子嗣，周贵妃却有一子，即朱见深。这情形跟当年胡皇后与孙贵妃的情形极其相似，所以，钱皇后非常同情前朝的胡皇后。不过，钱皇后却非常幸运，她并没有因无子而被朱祁镇废黜皇后之位。

朱祁镇与钱皇后也算是苦难夫妻了。想当初朱祁镇被也先逮走后，钱皇后就把自己的家底全拿出来祈求瓦剌使者去营救朱祁镇。她因为担心朱祁镇，天天趴在床上哭泣，结果把一只眼睛哭瞎了。当朱祁镇回来却被朱祁钰囚禁起来时，钱皇后经常去开导他，才让他终于守得云开见月明。

钱皇后不仅人品好，也很识大体。她虽出身低微，但当朱祁镇要为她的家人加官晋爵时，她极力反对，这种大无畏的精神让朱祁镇想起了太祖的马皇后，因此，他对钱皇后一直很是敬重。即使后来朱祁镇立周贵妃之子朱见深为太子，也依旧让钱氏居皇后之位。

朱祁镇怕自己死后，钱皇后会受周贵妃的欺负，所以在临终前遗命："钱皇后千秋万岁后，与朕同葬。"明朝惯例是一帝一后同葬，他这是要告诉周贵妃：即使你的儿子做了皇帝，钱皇后的太后地位也是不可动摇的。果然，朱祁镇死后，周贵妃就闹着独称太后，但大臣以"先帝遗命"反对。最后，朱见深被自己老娘闹得头疼，只好两宫并尊，周氏与钱氏同为太后。

朱祁镇的一生并不算光彩，他宠信过奸邪小人，打过败仗，当过俘虏，做过囚犯，还杀过忠臣，连鬼都不信他是个好皇帝，但他却是一个好人，他几乎相信了身边的每一个人，从王振到徐有贞、再到石亨、李贤，尽管这些人有忠有奸，可这并不能完全抹煞他的能力与贡献。

朱祁镇还在天顺年间开始任用了李贤、王翱等贤臣，又先后平定了石、曹之乱，显现了一代英主的风采。朱祁镇曾对首辅李贤说过他每天的起居情况："吾早晨拜天、拜祖毕，视朝。既罢，进膳后阅奏章。易决者，即批出，有可议，送先生处参决。"

我们总是想着未来要……，计划着将来……，但很可能今晚睡梦中的一场地震或一场火灾，会让我们立马消失。把每天当成最后一天来过，你的问题就不是问题了。正是本着这种做人的原则，朱祁镇做了一件打破传统祖制的事情，也正是这件事，给他的人生添加了最为亮丽的一抹色彩。

自朱元璋起，明朝皇帝制定了一项极为残酷的规定，每逢皇帝去世，后宫都要殉葬，朱元璋和朱棣自不必说，就连宽厚仁道的朱高炽和朱瞻基也没有例外，现在这一毫无人性的制度终于被历史上有名的差劲皇帝废除了，不能不说是一种讽刺。

天顺八年（1464年）正月，朱祁镇在弥留之际召见了他的儿子——同样命运多舛的朱见深，将帝国的重任交给了他，并说出了最后的遗愿："自高皇帝以来，但逢帝崩，总要后宫多人殉葬，我不忍心这样做，我死后不要殉葬，你要记住，今后也不能再有这样的事情！"朱见深郑重点头："好。"就这样，朱祁镇走完了他三十八年的复杂人生之路。

第五章

畸形之恋

——爱情是我的一切

正统十二年(1447年)，朱见深出生。

正统十四年(1449年)，皇太后立朱见深为皇太子。

景泰三年(1452年)，朱见深太子之位被废。

天顺元年(1457年)，朱祁镇重新夺得皇位，朱见深又一次被立为太子。

天顺八年(1464年)，朱祁镇驾崩，朱见深登基。

成化元年(1465年)三月，流民起义并建立了自己的政权，但很快被镇压。

成化二年(1466年)，万妃生下皇子，被封为贵妃，不久皇子夭折。

成化六年(1470年)，朱祐樘出生。

成化八年(1472年)，伟大的明代哲学家王守仁出生。

成化十一年(1475年)，朱祐樘被立为太子。

成化十二年(1476年)，万贞儿被立为皇贵妃。

成化二十三年(1487年)春，万贵妃因病去世。

成化二十三年(1487年)八月，朱见深在乾清宫去世，时年41岁。

天顺八年(1464年)正月,英宗朱祁镇两腿一蹬,双眼一闭优哉游哉地去了西方极乐,把治理大明王朝这个重担丢给了朱见深。这可真难为了朱见深这娃,想他年方十八,正值青春年少,玩的时间还不够、哪有那么多闲工夫听一群大臣整天在自己耳边唠唠叨叨。

一般的皇帝的童年或许不快乐,但也不至于悲惨,可咱们的宪宗皇帝朱见深就不一样了。这哥们刚出生时,他爸爸朱祁镇是皇帝,他是长子,按老朱家的规矩,长子将来是要继承皇位的,所以在当时他老兄可以算得上是众星捧月般的人物,但是当时国内的情况并不乐观。

英宗正统十二年(1447年)朱见深出生。朱见深出生时,朝政混乱,一些地区起义连连。如果这时咱们的见深兄弟能说话,他一定会说"我亲爱的子民兄弟,在老兄我出生的日子,你们都不会消停一下。闹,闹什么闹?吵死了,你们的声音都淹没了我如天籁之音的哭声了。"除了内忧,还有外患,北方的瓦剌对中原虎视眈眈。

明朝卫所日趋破坏、士兵大量逃亡。写到这我就要说了,咱们的明朝士兵兄弟也忒不爱国、忒不争气了点!这点小挫折就退缩了,真不像个汉子!言归正传,打仗的士兵都逃走了,军事力量自然日益薄弱。于是乎,瓦剌大军终于在朱见深兄弟还不到两岁的时候,对大明王朝发起了进攻。

这时出现了个人,叫王振。他原是一个教书先生,可是这王先生跟一般先生不一样,尽教学生一些奇奇怪怪的东西,最后被学生赶下了讲台。被轰下台后的王振羞愧难当,妻子听说他丢了工作毅然决然地回到了娘家,周围的兄弟也不太厚道,整天在王振的背后指指点点。

王振是一个脆弱的人,他不能忍受眼前的一切,慨然长叹"天下之大,竟没有我王振的立锥之地!苍天啊!大地啊!你有没有长眼啊?"

也许是受到了重大的打击,王振决定自阉入宫。

瓦剌大军进攻明朝时,王振为了扬名四方,建功立业,力劝英宗亲征。可是让王振和所有人都没想到的是,对军事一窍不通的英宗刚到土木堡就就被瓦剌俘虏了。看着瓦剌军黑压压的人,英宗那个悔啊! 可是,即使现在后悔也没用了,只有期待着早日脱离人间炼狱。

国不可一日无君,英宗被俘了,"让谁当皇帝"这个主要问题一时间成为朝廷内外关注的焦点。在这个时候,还叼着奶瓶的两岁小娃朱见深被光荣地立为皇太子, 他的叔叔朱祁钰顶替了英宗的皇位。同时,大家顺便解决了罪魁祸首——王振,谁让你撺掇咱们的皇帝去打仗,要不是你小子,咱们的皇帝能去领兵打仗吗? 不去打仗能被俘吗? 归根结底都是你的错,所以王振被砍头了。

意外当上皇帝的代宗被这个天上掉下来的大馅饼敲昏了头,坐在皇位上的他还不敢相信这是真的, 一个劲地问他身边的宦官:"俺不是在做梦吧?"他身边的宦官回答说:"陛下,您不是在做梦。奴才恭喜陛下荣登大宝,愿吾皇万岁万岁万万岁!"这位宦官脸上的表情虽然没有变,但是在内心已经鄙视他无数回了,因为这是新皇第N次问他这个问题了。咱们的新皇也太没见过世面了,不就当个皇帝吗? 至于那么兴奋,至于吗?

朱见深当上了皇太子,皇帝不是他爹,而是他叔叔,这就使得他的身份比较尴尬。代宗即位后虽然乐了几天, 但突然有一天回过味来:"不对啊,虽然俺当了皇帝。可是,俺的皇帝哥哥英宗还活着呢,保不齐,哪一天瓦剌人抽起疯来又把他放回来,那俺算个啥?"代宗在心里不断地问自己,突然灵光一闪,拍着自己的大腿笑道:"俺不让他回来就是了,他回不来,俺永远都是皇帝。恩,好。就这么办,天才啊,俺咋那么聪明呢! "

有个大臣叫于谦,祖籍考城(今河南省民权县)。于谦的曾祖叫做于九思,在元朝时离家到杭州做官,遂把家迁至钱塘太平里,故史载于谦为浙江钱塘人。于谦可谓是少年立志,当他还是七岁的小娃时,有个和尚对他的相貌感到十分惊奇，说："所见人无若此儿者，异日救时宰相也。"

英宗被俘，太子年幼，敌寇将至时，于谦等大臣请皇太后立郕王为皇帝。郕王一再害怕地推辞道："你们别再难为我了，我胜任不来啊！"于谦知道他是在推脱，便大声说到："我们完全是为国家考虑，不是为个人打算。"郕王知道不能再推脱，就半推半就地受了皇太后的任命，随后即皇帝位，成为明代宗。

代宗召见于谦，于谦进去回答问话，正谈得高兴的时候，于谦忽然情绪激动地哭着说："陛下，瓦剌那伙贼人如今挟持着英宗皇帝，想必这会儿正在嘲笑我们大明朝呢。"代宗剑眉一挑说："他们敢，赶明我灭了他龟孙子去。"于谦心里想："就你还灭人家呢，不走英宗的老路就算好的了。"

于谦向代宗进言道："咱们当下应该先迎回英宗，这迎回英宗皇帝事小，挽回我们大明的面子是大。而且我保证英宗皇帝回朝绝不会危及到陛下您的地位，您才是我们大明朝的真命天子，是我们臣下心目中的皇上，英宗算啥？他什么都不算，他是过去时，而您是咱们大明王朝的将来时啊！"

于谦的马屁在代宗那的确很受用，这会儿他那个心花怒放啊！代宗有点不好意思地问："于爱卿，此话可当真？"于谦立刻毫无迟疑地回答道"那可不！"于是于谦趁热打铁忙问代宗，"那迎回英宗皇帝的事？"代宗这在兴头上，爽快地答道："准奏"。于谦见目的达到，心里那个偷笑啊……

这印证了那条亘古不变的真理"马屁要拍，但也要会拍才行"。其实对于迎回英宗皇帝一事，于谦的马屁其中的一个原因，作为大明王朝的前任皇帝，不管他前任还是现任，对外来说都是大明王朝的皇帝，就这样留在外国人之手，总让人感觉面子上过不去，更何况是代宗呢？他虽然是皇帝，但也有民族自尊感。

于谦等大臣费尽了千辛万苦，终于迎回了英宗。英宗虽然已经被迎接回来了，但成为了太上皇，因为现在大明朝已经有皇帝了。回朝后的英宗的待遇好不到哪里，从英宗回朝的迎接礼上，就可以看出。真是江山易主了，英宗内心无限凄哀！

代宗下令将英宗软禁在南宫内，这会儿英宗刚回朝，还没喘口气和他的老婆孩子亲热一番，这位皇帝弟弟实在太不人道了。看来代宗还是不放心英宗，他担心英宗复辟，把自己从皇位上拉下来。

代宗打算易储，即废掉太子朱见深，另立他的亲子朱见济为太子。可怜见的，朱见深就这样被踢出局了。世态炎凉，被废掉的朱见深可真算体验到了，虽然以前大家对地位不稳的朱见深不甚热情，但现在已经被废掉的他，更没有人搭理了。

万贞儿，山东诸城人。她的爸爸叫万贵，是县衙中一名普普通通的小吏，不知是因为办事不力还是得罪了人，宣德年间被发配到边防充军，家产被抄，家人被送入官府为奴为婢。机缘巧合下，万贞儿被送到宫中孙太后的身边。这个孙太后正是英宗皇帝的妈妈，也就是朱见深的奶奶。

太上皇英宗被迎回之后，代宗派人严加看管，结果果然如于谦所说，英宗的回归没有影响到他的帝位。现在原太子朱见深被废了，自己的儿子朱见济当了太子，一切的进展都让代宗很满意，如今他做梦都能时常乐醒。

孙太后深知深宫之中，人心叵测，保不齐哪一天代宗朱祁钰来个斩草除根，到时她那可爱的孙子可就毁了。这可不成，绝不能让这种事发生。孙太后做出一个决定，派自己身边最得力的宫女——万贞儿，去照顾她的孙子。当年，朱见深两岁，而万贞儿已经二十一岁了。从年龄上看，我们断不会想到这两个人会发生什么故事的。

朱见济还没当几天太子就早夭了，代宗听到消息，顿时天昏地暗，昏了过去。醒来后，他还是不能相信这个事实，拉着身边的人一遍遍询问，当得到确定的答案后，他彻底崩溃了，不禁嚎啕大哭道："我那苦命的孩儿啊，你咋就那么命苦呢……"至此，代宗在精神上受到了严重的打击。

被废的朱见深算是最可怜的娃了：失去太子之位的他被封为沂王，然后被赶出皇宫，以往身边的人，此时大都离开了他，另寻出路去了。面对这一突变，刚五岁的朱见深惊慌失措，孤零零地看着这混乱的局面，一时手足无措。

就算全世界的人都会离开他，唯独一个人不会离开他，朱见深对这一点深信不疑，这个人就是万贞儿。这不，此时万贞儿将朱见深紧紧地抱在怀中安慰道："宝宝，不怕啊，有贞姐姐在，贞姐姐永远会陪着你的。"有了这句承诺，本来还战战兢兢的朱见深顿时放松下来，不一会儿就窝在万贞儿的怀里睡着了。

朱见深被强行搬出宫外，开始了沂王的生活。这是他人生中最黑暗的一段时光，搬出宫外的他无法与母亲、祖母见面，身边布满了代宗朱祁钰的眼线。一旦被抓住把柄，没准他会从废太子变成早逝的废太子。所以，他整天战战兢兢地生活着。

五岁的小娃朱见深，不能承欢父母膝下，也不能享受皇子应该享受的荣华富贵，只能身处危险境地，过着过了今天不知道明天会怎样的生活。这样的生活对于一个才几岁的孩子来说，是莫大的折磨。而万贞儿，一直默默在这种环境中陪伴着他，照顾着他，无论遇到什么困难都不离不弃。

代宗突然得了重病，立储的问题又成了热点问题(不知咋回事这几年代宗一直没生出儿子，着实令人着急)。这不大臣们今天把这问题摆上了朝堂，可众人的意见并不统一，有的主张复立沂王朱见深，有的主张立襄王，一时之间争执不下。

代宗听到有人在打他皇位的主意，一下子就被气醒了："哼，我好好地坐在皇位上，谁敢打我皇位的主意。"正当大臣们如打了鸡血一样亢奋对阵时，内宫传来了景泰帝病体好转的消息，这下大臣立刻都作斗败状。

景泰八年(1457年)一天的夜里，爆发了历史上有名的"夺门之变"，英宗被拥立复辟，听说英宗复辟的消息后，代宗一气之下，一命呜呼了。代宗死后依照亲王礼葬在北京西山，于谦、王文被杀。至此，明朝代宗的统治时期就这样宣告结束了。

英宗复辟，朱见深又被重立为太子，从此，他的美好时代开始了。在朱见深当太子的日子里，万贞儿一直跟在他身边，形影不离，日渐成熟的朱见深对大他十九岁的万贞儿的情感产生了微妙的变化，他们的关系也发生了特殊的变化。这一切都落入了英宗夫妇眼中。

万贞儿是朱见深生命中最重要的人，没有她，他不知道自己该怎样生活。在危险、压抑的环境中长大的朱见深，不仅落下了口吃的毛病，而且明显早熟。所以，他对长期陪伴他的万贞儿产生恋情，是情理中的事。

英宗夫妇为朱见深挑选好了皇后的人选，只等朱见深登基后挑选册封，万贞儿是绝不可能成为皇后的。他们想："万贞儿比自己的儿子大那么多，等他长大了，万贞儿肯定都年老色衰了，到那个时候，朱见深自然就会离开她了。"朱见深见自己的父母不干涉他与万贞儿的感情，心里感动得一塌糊涂，世上只有爸妈好啊……

天顺八年(1464)，英宗朱祁镇病逝，太子朱见深即位，是为宪宗。朱见深即位后，立即封万贞儿为万妃，从此，卑贱宫女万贞儿飞上枝头变凤凰，人生发生了一个巨大的转变，进入了皇妃的美好时代。被封为妃时万贞儿已近三十七岁，快到不惑之年了，但让众人大跌眼镜的是朱见深几乎把所有的宠爱都给了她。

吴氏是宪宗朱见深的皇后。她是顺天府人氏，是一个大家闺秀。此人能歌善舞，知书达理，女工特别突出，长相也是十分出挑，冰清玉洁，国色天香，在当时被称为京城第一美女，后来入宫，被选为皇后。朱见深即位时十八岁，而她十四岁。就是这个十四岁的女娃此时已经挑起管理六宫的重任。

万贞儿对小吴皇后很是不满，凭什么让一个十四岁的小女娃当皇后，这对她简直太不公平了。自己陪皇帝受苦时，她指不定在哪吃奶呢,想让我服她,门都没有!后宫的一场暴风雨即将来临,朱见深兄弟,你的好日子不长了!

小吴皇后对于宫女出身的万妃自然是看不上眼,心想:"你不就仗着皇上宠你、爱你吗?拽什么拽?再过几年你人老珠黄了,皇上还要你不?"但她认为自己眼下还是要忍辱负重,料她万妃也得意不了多久。于是,她平时对万妃的无礼行为是睁一只眼闭一只眼,只求相安无事。

万妃给小吴皇后请安,行礼的时候,面沉如水,问安的声音也冷得吓人。想到万妃这老女人竟然给皇帝吹枕边风,挑唆她与皇上的夫妻感情,让皇上这阵子都不理自己,小吴同志十分窝火,于是怒喝道:"大胆的万妃,你藐视皇家规矩,不懂礼数,你知罪不?"

万妃很厉害,面对小吴皇后的怒喝,回击道:"你才不懂皇家礼数呢?我在皇宫二十年,吃的盐比你吃的饭都多。这会儿你竟敢教训起老娘来了。"如此一来二去两人的战争不断升级,在场的嫔妃、宫女、宦官个个吓得面如死灰。

吴皇后毕竟太年轻,一时气怒竟忘了忍辱负重。她对下人下令道:"来人啊,万妃藐视皇家规矩,给我杖责二十大板。""你敢打试试。"万妃轻蔑地说。"给我打,怎么还不动手?"小吴皇后此时都快被气疯了,也不管后果不后果了。下人看自己的主子要动真格了,只能奉命行事。

万妃见到朱见深后立刻告了状,又添油加醋了一番。朱见深一听立刻火冒三丈道:"竟敢欺负我的人,真是太岁头上动土,不想混了咋地。想当初你怎么爬上皇后之位的,别以为我不知道。好,今天我就叫你得瑟不起来。"于是,朱见深有了一个决定,就是废掉吴皇后。

朱见深去了仁寿宫,他去仁寿宫干什么呢?当然不是单纯地去给太后请安,他要告知太后一件事,只是告知。因为他已经做好决定了,他要废掉吴皇后,一定要废掉吴皇后,不达目的,他誓不罢休。一则他不喜欢这个小皇后,二则她竟敢欺负自己的万妃,这口气他着实不能忍。所以,吴皇后必废不可。

朱见深料到两位太后不会同意自己废掉吴皇后。果不其然,两位太后听到皇上要废吴皇后,异口同声道:"不行。"于是他说道:"如果不废掉吴皇后,这个皇帝我也不当了,谁爱当谁当去。"两位太后听罢是又气又急,喝道:"这说的是什么糊涂话,别当我们不知道,你心里打的小九九。你想废掉吴皇后,然后让你的万妃当皇后是不是?"

朱见深一副委屈的表情站着。他知道立万妃为皇后是不可能的,但是吴皇后今天非废不可。于是他说道:"儿子不孝,今天如果不废吴皇后,儿子就出家当和尚去。"说完,拂袖而去,留下错愕于当场的两位太后。一番僵持后,两位太后败阵来,同意废掉吴皇后。几天后,吴皇后被打入冷宫,朱见深改立王妃为皇后。

成化元年(1465年)三月,刘通、石龙、冯子龙等流民不甘忍受大明王朝的欺压,学习前人立起黄旗起义抗明。起义军很快建立了自己的政权,他们定国号为汉,年号为德胜,并任命了将军、元帅等职。他们以自己的十万之众,分兵进攻襄、邓、汉中等地,并且全部都获得了胜利。

大明朝廷对于地方流民的小骚乱一直不放在心上,但没想到他们这次闹得那么凶。于是朱见深立刻派抚宁伯朱永为充兵官,兵部尚书白圭为提督军务,太监唐慎、林贵为监军,外加湖广总兵李震、副都御史王恕去镇压流民。经过一段时间的艰苦战斗,大明朝廷最终战胜了小流氓,所以这次起义以失败告终。

成化元年(1465年)四月一日,曲阜孔子第五十六代孙以子孙繁衍,人口众多,生活难于维持为由,向朝廷请求减免他们应交的田租。朱见深下诏:孔子有功于千秋后世,他的子孙理应好好优待。于是把他们的田租减掉三分之二。

万妃怀孕了,听到这个消息,朱见深非常高兴,从此之后,对万妃更加宠爱了。转眼间,几个月过去了,万妃一朝分娩,为朱见深生下一个儿子,这位皇帝父亲喜极而泣,立刻封孩子的母亲万妃为贵妃,立小皇子为皇太子。一时间,百官朝贺,普天同庆。

可怜才当了一个多月皇后的吴皇后就这样被打入冷宫,和孤独、寂寞作伴去了。随着吴皇后的被废,她的家人也遭到了万妃的打击报复。吴皇后的父亲吴俊被罢免官职,发配边关。可怜吴老爹这么大把年纪还得受着颠簸!吴皇后的哥哥,曾经前途无量,现在也被罢官和他老爹一块去守边关去了。

继任皇后王妃,也就是现任的王皇后,有了吴皇后的前车之鉴,小心翼翼地做起她的皇后来。对于万妃她百般忍耐,任其肆意妄为。就这样王皇后做着她的挂名皇后,和万妃相安无事地生活在后宫中。

朱见深命人去五岳名山,四大佛教仙山求神保佑小太子平安、健康,长命百岁。可这一切并没有任何作用,因为第二年这位小太子就不幸患病夭折了,而万妃也因为高龄产子,接生婆医术不高而永远丧失了生育能力。失去孩子的万妃悲痛非常,一时间竟神智失常,疯疯癫癫。

朱见深对万妃的宠爱依然只增不减,每天陪在万妃身边,仿佛对于这个日渐老去的万妃永远都不会厌倦似的。此时的朱见深,才二十一岁,正是少年风流的时候,却对一个老女人一往情深,着实令很多人大跌眼镜。但是,咱们的朱见深皇帝可不管别人怎么想,他认为我的爱情我做主,何必管别人怎么想。

万妃不能生孩子了,于是怕别的嫔妃生子,从而抢走皇上对她的宠爱。她想方设法将皇上控制在自己的身边,不让皇帝宠幸其他的嫔妃、宫女。可是,朱见深毕竟年轻,血气方刚,常常瞒着万妃在外头偷腥。虽然万妃知道,但皇帝毕竟是皇帝,她不能管太紧,于是只能睁一只眼闭一只眼。

万妃不能容忍其他的嫔妃怀孕,每当听到有谁怀孕,她就立刻派人送上堕胎药,若有谁不愿意堕胎,便赐其死罪,如此一来,朱见深纵然有三宫六院,佳丽三千,但却没有一个儿子。

大臣们联合起来给他们的皇上上了一道奏折,奏折里写的是什么东西？大概就是："亲爱的皇帝陛下啊，放眼后宫，您有三千佳丽，可是您现在却还没有一个儿子，这可是一个奇怪的现象！当然臣下不敢怀疑您的能力。臣下猜想应该是您只宠信一个人的结果吧！所以，臣下望请陛下为了大明的社稷着想，请陛下雨露均施！"

朱见深坐在镜子面前看着自己已经不复年轻的容颜，不禁感伤道："我已经不年轻了，但我连一个儿子都没有啊！"此时，正在为朱见深梳头的宦官张敏突然手上一僵。他在纠结是不是要告诉皇上一件事，这件事关系到下一任皇帝的生死存亡，他在赌，赌注是自己的命和背后很多人的命，但他又不得不赌。

张敏对皇上说："皇上，您已经有儿子了。"朱见深一时没有回过神来，张敏见皇上怔住了，又复说道，"其实，皇上您已经有个儿子了，已经六岁了。"朱见深惊异地望着张敏，仿佛不认识他一般，激动地问："你说的是真的？他在哪？"张敏这次跪在地上，不言不语。朱见深见他不答话，又急又怒，骂道："你这狗奴才，怎么不回话？"

张敏跪在地上，不敢抬头，回道："皇上，奴才知道我很快就要死了，但是只要皇上您为小皇子做主，护他周全，奴才就是死也无憾了。"皇上怔怔地看他半响，然后说："我的孩子，我一定用尽全力保护他的。快告诉我，他在哪？"得到朱见深的保证后，张敏一五一十地告诉了他有关小皇子的事了。

六年前的一天，朱见深闲来无事去内藏室逛着玩，忽见一美女，一时色心大起，一个把持不住就宠幸了她，事后就忘记了她。纪氏没想到这一次意外的宠幸竟然让她怀孕了。按常理来说，这是一个好消息，俗话说"母凭子贵"，这纪氏虽然出身低微，但她身怀皇子，不管怎样说也能混个贵妃当当。

朱见深宠爱万妃已经是众所周知的了，万妃的孩子早夭，最见不得的就是宫中别的女人生孩子。她若知道谁怀了孕就会立刻除了谁，绝不会心慈手软。所以，纪氏此刻十分危险。很不幸的是，万妃很快就知道纪氏怀了孕，并且派亲信来给纪氏送堕胎药。

纪氏喝药后没有感到任何的腹痛和不适，很纳闷：为什么会没有任何反应呢？难道是堕胎药失灵？还是那送药的宫女怜悯她，让她喝的不是堕胎药？不管过程怎样吧，反正纪氏肚子里的皇子不仅没有死，还一天天在纪氏的肚子里长大，也许这就是人们常说的"命不该绝"吧！

纪氏的孩子出生了，是个男孩。这并没有瞒过万妃的法眼，她像母狮子一样咆哮道："为什么她有孩子，我没有。为什么我的儿子死了，她的孩子却好好地活着。这不公平，这太不公平了，把他杀掉，把他杀掉……"

万妃派了一个叫张敏的人又一次来到纪氏那里，此时，纪氏正沉浸在初为人母的喜悦中，但是她的幸福是短暂的，看到万妃派来的杀手，她苦苦哀求他放过自己刚出生的孩子。张敏看着这对可怜的母子，一时动了恻隐之心。

张敏从纪氏手中接过孩子，说道："孩子在这里不安全，先交给我吧，我会时常安排你们母子见面的。"纪氏用复杂的眼神看着他，张敏说道："放心，我不会伤害他。"然后，他径直抱着孩子走了。张敏找了一间空房子，把孩子偷偷地放在里面养了起来。孩子没奶吃，张敏就和几个要好的宫女宦官省下自己微薄的工资给孩子买营养品。

这个孩子非常聪明，大家都非常喜欢他，一闲来无事就会逗他玩，这给宫人们的单调生活增添了无限的乐趣。但是，随着孩子的渐渐长大，大家越来越感觉力不从心了，因为宫中万妃耳目众多，他们担心迟早有一天万妃会知道这个孩子的存在。

吴皇后因得罪万妃被废，一天在冷宫中无意间得知纪氏生子的事。想到自己的遭遇，她不禁与纪氏有种惺惺相惜的感觉，于是决心尽自己所能帮助纪氏与她的孩子。甭看人家是一个废后，瘦死的骆驼可比马大！

在小皇子六岁的生日聚会上，大家做了一个重要的决定，这个决定就是让皇子认祖归宗。大家都知道这是在冒险，但是不能不去做，于是就推选张敏去完成这个光荣而艰巨的任务。

朱见深得知自己有一个六岁的儿子,心里简直乐开了花,他巴不得立刻见到孩子。于是,他立刻派人去接自己的儿子。终于,他等来了一个孩子, 这个孩子头发很长一直垂到地上, 正跌跌撞撞向自己走来。他立刻上前抱住孩子,嚎啕大哭,一边哭一边大笑道:"对,这是我孩子,这是我亲生的儿子,他像我。"

朱见深命内阁起草诏书,颁行天下,又命礼部召开全体成员会议让大臣们替他的儿子起一个名字。很快这个已经六岁的孩子有了自己的名字,他叫朱祐樘。朱祐樘终于认祖归宗了!

大学士商辂率领群臣上疏:皇子是国家的根本,教养这么重要的事应该交给他的母亲纪氏比较好。其实,朱见深也是这样想的,纪氏不容易,独自养了皇子六年,劳苦功高,现在也应该让她好好享享福了。于是,朱见深封纪氏为淑妃,移居永寿宫,之后又临幸了几次。

朱祐樘进宫才一个月, 他的母亲淑妃就不明原因在后宫突然死亡。不用说大家也都知道她是怎样死的,那心狠手辣的万妃恐怕早已恨她入骨,岂能留她在这人世间与自己争宠?淑妃才没死两天,从后宫中又传来宦官张敏吞金自尽的消息。

周太后为了保护自己的小孙子免遭万妃的毒手, 主动提出将朱祐樘接到仁寿宫和自己生活在一起。朱见深也很宝贝这个儿子,怕他有所不测,便把孩子交给母亲照顾。万妃忌惮于太后,一时不敢轻举妄动。

一次,万妃邀请朱祐樘去她的宫中吃饭,周太后不好拒绝,但在朱祐樘去之前她郑重地对朱祐樘道:"乖孙儿,去了那里,千万记住什么都不要吃。"朱祐樘果然很听话,到了万妃那里无论见到多么美味的佳肴,也饿着肚子硬是不吃。万妃的这一计划就这样以失败告终。

朱祐樘进宫的第二年就被立为太子,万妃把这个太子视为眼中钉肉中刺,想方设法地要除掉他。只要一有机会她就向朱见深吵闹,要废掉皇太子朱祐樘,皇帝对这个女人是又亲又怕。这个万妃后又勾结朱见深身边的宦官梁芳一起攻击太子,宪宗终被说动了。

朱见深这糊涂皇帝竟去找司礼部宦官怀恩提出要废掉太子,怀恩一听就知道这是万妃在背后挑唆,极力反对废太子,朱见深非常生气,竟然不辨忠奸地把怀恩贬到凤阳去守皇陵。就在朱见深准备再和其他大臣商量废太子的事时,东岳泰山发生了地震,朝廷内外一时忙得人仰马翻,朱见深也顾不上提废太子的事了。

成化二十三年(1487年)春,万妃因病去世。她一直处心积虑要废掉太子,可惜老天帮着朱祐樘,她不免肝火攻心,得了肝病。明朝医疗条件还很落后,所以这肝病就等于是绝症。万妃死后,朱见深痛不欲生,亲自为万妃主持丧礼——按照皇后的规格。不久,朱见深因过度伤心随着她的万妃而去了。

第六章

弘治中兴

——我爹是我的前车之鉴

成化二十三年(1487年)三月,朱祐樘结婚。

成化二十三年(1487年)九月,朱祐樘继承皇位。

弘治元年(1488年)二月十三日,孝宗朱祐樘带领百官祭祀先农。

弘治元年二月(1488年),朱祐樘举行耕籍田活动。

弘治四年(1491年),孝宗皇帝的继承人朱厚照出生。

弘治六年(1493年),朱厚照被立为皇太子。

弘治十一年(1498年),唐寅参加科举考试,

弘治十七年(1504年),朱祐樘修建正寿塔。

弘治十八年(1505年)五月初七,36岁的孝宗与世长辞。

朱祐樘是明朝第九位皇帝,明宪宗朱见深的第三个儿子。他在即位之前深受自己父亲的宠妃万妃所害,能平安长大并坐上皇位,大概是老朱家八辈子烧高香积得阴德所致!他在位期间,勤于政事,励精图治,驱除宫内奸臣,任用王恕、刘大夏等为人正直的贤臣,使明朝再度出现了中兴盛世,史称"弘治中兴"。

成化二十三年(1487年)三月,朱祐樘结婚了,新娘是当时著名大学(国子监)的学生——张峦的女儿。张氏温柔贤惠,是一个难得的好女子。按照惯例,朱祐樘要带着新媳妇去给她的婆婆们敬茶。这时的万妃虽然身患重病,但还是接见了他们,她要再看自己最讨厌的朱祐樘一眼。

朱祐樘这兄弟当上皇帝后,真是一刻工夫也不闲着。童年那惊险万分的生活,他现在想想还心有余悸,他不想像自己的父亲那样软弱无能,任由一个女人摆布。他要改变,改变父亲留下的昏暗的政治面貌,打造属于自己的美好时代。

当上了皇帝的朱祐樘,很快下旨抄了万贵妃的家,罢免了万妃弟弟的官,把他关进了大牢。当时很多大臣上奏要严惩万妃的弟弟万喜,朱祐樘却淡淡地说了一句"算了吧!"弄得大臣们面面相觑,摸不着头脑,他们想:这不应该啊,万妃害死皇上娘亲,这等血海深仇,岂能就此不了了之?

李孜省在宫中宣扬修道成仙,到处糊弄人,祐樘兄弟就先拿他开刀了。虽然他老兄不想丢了这个好差事——既赚钱又风光,可咱的皇帝老大可不管你想不想走,我是皇帝,我的地盘听我的,你不想走也得走。话说这个李孜省也太不中用了,还没开审,就熬不住了,死在狱中。

传奉官头目梁芳,和一帮官员勾结操纵官员进退。朱祐樘即位后,立刻拿他开刀了。头目一死,立刻树倒猢狲散,几千名传奉官被罢免了。如此一来,官员的任免、进退就公正得多了。天下贫寒的学生们又迎来了他们的春天。

怀恩为了保住朱祐樘的太子地位,不惜直言犯上,与老皇帝朱见深据理力争,终于,朱见深被激怒把他贬到凤阳去当苦力,才发泄了自己的一腔怒火。朱祐樘对这位大臣可是一直心存感激,好容易等到自己当皇帝了,所以要好好感谢这个老大臣,把他从凤阳调回京城,让其官复原职。

　　吴皇后在朱祐樘还很小的时候,倾尽所有保护他、照顾他,也许当时她的动机不纯,但她对自己的关心与爱护却是真真切切的。曾经的她是个风风光光的皇后,只因为得罪了万妃而被废,从此被打入冷宫,一住几十年。她曾经的花容月貌就这样消耗在冷宫之中,天杀的朱见深,黑暗的封建社会!朱祐樘感念吴皇后的养育之恩,将她从冷宫接出,把她当做亲妈妈来奉养。

　　朱祐樘的皇后是张氏,张皇后是朱祐樘唯一的一个老婆,自打结婚后他们两人一直相敬如宾。孝宗和张皇后是一对患难夫妻,婚后两人每天是同起同卧,读诗作画,听琴观舞,谈古论今,朝夕相对。几年后,孝宗朱祐樘和张皇后的独子降生了,这就是后来的明武宗朱厚照。

　　皇后张氏,兴济(今河北沧州市北)人。身处粉黛成群的后宫中,孝宗朱祐樘为什么会独宠张皇后?这样的情形着实令人费解,但我们仔细想一下便可之其原因:朱祐樘幼年为避万贵妃的迫害,六岁以前一直被秘密养育于宫中的安乐堂内,对于嫔妃之间的争宠吃醋以及随之而来的宫闱斗争,可谓体会深切,有切肤之痛。

　　张皇后这个人的性格比较活泼,对孝宗朱祐樘有很大的吸引力和约束力。历史上有些史学家对她的评价是:张后"骄妒",也就是说张皇后是一个喜欢吃醋的主,她若看见朱祐樘多看哪个美女一眼就会醋性大发,朱祐樘畏妻也就不敢寻花问柳了。而且这个张皇后不是一般人,我们可以从她后来在政治斗争中扮演的角色看出。

　　弘治元年(1488年)二月,御马监左少监郭镛请皇帝预选淑女,等孝宗服除后在其中选两名女子为妃。当时的左春坊左庶子兼翰林院侍读谢迁就上言,大意是说,皇帝您老选妃,自然是应当的,但是,您爸爸宪宗的陵墓尚未完工,皇帝居丧的草庐还是新的呢,怎么就谈起选妃的事来了?孝宗号称以孝治天下,也就不再谈选妃之事了。

　　弘治元年(1488年)二月十三日,孝宗朱祐樘带领文武百官去祭祀先农。二月的天,虽然还有点寒冷,但这个时候已经是春天了,有点乍暖还寒的感觉。老百姓从四面八方不远万里地聚集到朱祐樘去往祭坛的道路两旁,等待着朱祐樘通过时,好一睹这个新皇帝的尊容,感受一下皇家天子的气派。

弘治元年二月(1488年),孝宗朱祐樘决定举行耕籍田活动,用来表示他对农业的关心,同时也希望百姓更加重视农业,慢慢提升大明王朝的国力。自古以来"国之本,民也。民之本,农也。"从这一点来看我们不得不说朱祐樘是个聪明人!

李东阳,出生于明英宗正统十二年(1447年)。李东阳四岁的时候就能写直径为一尺的大字,看到的人都惊呼道:"不得了啦,这小子是个神童呢。"后来有官员把李东阳推荐给代宗(当时是代宗做天子),这小娃子当即写下"龙、凤、龟、麟"等大字,代宗看后也大呼惊奇,很高兴地赏给他很多珍奇异物。

明英宗天顺八年(1464年),李东阳十八岁就考中进士,殿试二甲第一。聪明人就是聪明人,他的头衔一变再变,官是越做越大了。到了朱祐樘当皇帝时他已经成为了重要的内阁成员。

刘建,也是朱祐樘重要的内阁大臣之一。据说刘建小的时候是一个很木讷的人,喜欢读书,但成绩却不太理想,于是江湖上的人送他一个雅号叫做"书呆子"。这个书呆子其实并不呆,他在思考,思考人生。这位具有超凡思考力的人同样具有超凡的判断能力,他能预知事物的未来走向,并提前做出应对,不可谓不是一个神人啊!

谢迁生于明正统十四年,成化十一年(1475年)中状元,于弘治八年(1495年)入内阁。他不仅读书读得多,而且能言善辩,这也是他的与众不同之处——能侃。这兄弟的口才不是一般的好,只要他一说话,连靠口才吃饭的言官都不是他的对手,真是打败天下无敌口啊!

孝宗朱祐樘是大明王朝难得的好皇帝,善于纳谏,但是,就算是再圣明的皇帝也会被那些曲意奉承的奸佞小人给迷惑。内阁大学刘吉就是这样一个人,他善于溜须拍马,是一个典型的披着羊皮的狼。朱祐樘被他的伪装所迷惑,一时没有看清他的真面目。

刘吉善于讨好朱祐樘，以至于在朱祐樘当皇帝的初期他很受宠，当时有人偷偷给他起了个外号——刘棉花，意思是越弹越发。刘吉刘大哥听后很生气，后果很严重，于是找到给他起外号的人，好好打击报复了一番。后来，朱祐樘看出老刘大哥背后搞的小把戏，十分窝火，一气之下把他赶回了老家。

有个人叫唐寅，字伯虎，后人都称他为唐伯虎。想必大家对这个人都耳熟能详吧！唐寅这小子，是一个比较特别的人，他特别在哪里呢？特别在这个人很聪明，而且不是一般的聪明。如果把一般聪明的孩子叫做神童，那么，他就是超神童。

唐寅小的时候，读书悟性极高，且有过目不忘的本领。他无论做任何事情不用付出太多努力，就能成功，而且他的成功要远远高于付出他十倍努力的人，真是天理不公！但这个天才般的人物却不把考取功名放在眼里，整日饮酒作乐，不思进取。

祝枝山是唐寅的好朋友。一天他来拜访唐寅，和唐寅进行为期许久的促膝谈心，聊天的内容咱们不知道，但是不久唐寅竟变了个人似的，谢绝了来访的所有客人，开始了闭门苦读的生涯。

弘治十一年（1498年），十八岁的唐寅打算去参加南京应天府举行的选拔考试，考试前他的一帮哥们为他践行。喝酒喝到高兴的时候，唐寅突然口出狂言："今年的解元一定是我。"他的朋友们听后一笑了之，因为唐寅有这实力。

唐寅在乡试中得了第一名，主考官觉得他的文章写得太好了，就把他的文章留了下来。主考官不仅自己欣赏了一番，还把这篇文章拿给了另一个人看了，这个人就是程敏政。程敏政一看不得了，这唐寅的文章写得太漂亮了，将来必定是个有前途的人，于是，他把唐寅这个人的名字牢牢记在了心里。

程政敏，据传也是一个天才般的人物，后来他做了李贤的女婿，飞黄腾达，平步青云。最近他又得到了一个好差事，做了此次科举考试的主考官。作科举考试的主考官便可以拉拢门生啊！

许经，在历史上是一个毫不起眼的小人物，正是这个小人物改变了两个大人物的命运。许经同唐伯虎是同届考生，不是才子而是个财子。他家最不缺的就是钱，有钱能使鬼推磨，所以这次他也是信心满满地来应考。

朱祐樘很重视科举考试，特别是今年的科举考试，听说今年的考题很难，只有两个人做出来，而且两人答得都非常好，特别是有个叫唐寅的，文章写得简直叫一个绝，将来必是大明的栋梁之才。可是，成绩正准备发下去的时候，忽然有人举报这次科举有舞弊现象。朱祐樘立刻下令严查严打，绝不姑息。

唐寅他很狂，说他狂是有原因的。他这个人太有才了，又太年轻，又有才又年轻的人自然就很狂。当他考完试后，他就很狂地放出一句话："今年的会员一定是我。"正是这句话改变了他的命运。很快一个消息传来了"唐寅落榜了"！由于涉及科考舞弊，他被贬为小吏，不得为官。

许经认为这次他准能考中，为什么他那么自信呢？原来他发挥了金钱的万能性，用钱买了考题，虽然说科举考试的考题是国家一级机密，但是有钱能使鬼推磨。他用银子买通主考官程政敏家的下人，这不，考题很容易就到手了。可是，他千算万算竟没算到自己竟落了榜，这还不算，自己的小动作也被上头查出来了，被贬为小吏，不得做官。

程政敏的前半生可谓风光无限，不想却因为一场科举考试毁了自己的半生清誉。都怪那个许经，既然无才就别学别人做官，还敢贿赂自己的下人张三偷考题，这下事情败露大家跟着他背了这么大的黑锅。最冤的莫过于程政敏和唐寅了，程政敏还好点，唐寅那么有才就这样被贬还不得为官，真是天理不公！

王恕是大明王朝响当当的好官，为官清正廉洁，名声很好，别人不敢干的他敢干，别人不敢惹的他敢惹。正因为刚正不阿，所以他得罪了很多的人。这些人对他怀恨在心，想方设法地要将王恕赶出京城。

弘治十五年(1502年),历时六年的《大明会典》修订成功。这部书共有180卷,记录了大明王朝建立后所走过的风风雨雨的一百多年的历程。在这一百多年的历程中,国家的各项典章制度日趋完善,《宪纲》《诸司职掌》《御制官箴》等都相继颁布。

孝宗皇帝朱祐樘对盐法进行了多次的改革,弘治十六年(1503年)其又将代支盐的范围进行扩大。大家都知道,自古以来盐业都是一个炙手可热的行业,无论是盐商还是各级官员都趋之若鹜,因而治理盐业是一件很困难很棘手的事情。但是孝宗经过一段时间的整治,取得了一定的成效。

朱祐樘信奉佛教,弘治十七年(1504年),其决定在朝阳门外修建一座正寿塔。由于前期的努力,国家一片大好形势,孝宗朱祐樘渐生骄奢之气,再加上自小受身边人的影响,其对佛教颇为偏爱。长大后坐上皇位的他对佛教的兴趣不减反而越加强烈。他身边的人投其所好,不断鼓动他建立很多佛塔、佛坛。

弘治十八年(1505年)五月初七,年仅三十六岁的孝宗朱祐樘去见先祖了。这位皇帝还没出生时就磨难重重,虽然有幸活了下来,但是自幼身体羸弱,加上为国为民终日操劳,在三十出头的时候他的头发就已经掉了一大半。以后几年,他的身体更是一年不如一年,最后油尽灯枯。

第七章

荒唐皇帝

——爱玩是我的天性

弘治十八年(1505年),孝宗朱祐樘驾崩,他的儿子朱厚照即位。

正德元年(1506年)八月,朱厚照大婚。

正德二年(1507年),朱厚照命人建豹房。

正德三年(1508年)九月,刘瑾建立特务组织——内行厂。

正德三年(1508年),朱厚照住进豹房。

正德四年(1509年)十一月,刘瑾严禁商人私贩夹带官盐和用空文虚引支盐。

正德五年(1510年)八月,安化王朱寘鐇因发动叛乱被处斩。

正德五年(1510年)十月,刘五、刘六起义。

正德六年(1511年)三月,小王子入侵河套地区。

正德七年(1512年)七月,刘六、刘七起义失败。

正德九年(1514年)九月,小王子进攻宣府。

正德十二年(1517年)十月,朱厚照亲征打败小王子。

正德十三年(1518年),朱厚照抢占晋府乐师杨腾的妻子。

正德十六年(1521年)三月,朱厚照病入膏肓。

正德十六年(1521年)三月的一个夜里,武宗朱厚照驾崩。

朱厚照生于弘治四年(1491年),既是明孝宗朱祐樘的长子又是独子。朱祐樘一生只钟爱张皇后一个人,夫妻俩对这个独生子非常溺爱。溺爱到什么程度呢?如果朱厚照想要天上的星星,明孝宗恨不得立刻去摘,当然他是不会去自己摘的,他老兄是皇帝,身边想讨好的人多的是,所以这点小事是用不着他老兄亲自动手的。

朱厚照的妈妈张皇后夜里做梦梦到一条白龙进入她的肚里,后来就生下朱厚照,巧合的是朱厚照的生日也很特别,他的出生年月日时用干支表示正好是:辛亥年甲戌月丁酉日申时。按照时、日、月、年的顺序读恰好与地支中的"申、酉、戌、亥"的顺序巧合,这在命理上被称为"贯如连珠",是大富大贵之兆。

朱厚照两岁的时候,他老爹就迫不及待地立他为太子了。朱厚照这厮小的时候十分聪明,两眼炯炯有神,怎么看都透着一股子灵气。他无论学什么,从来都是一点就通,简直就是一个小天才。朱祐樘和他媳妇看着自己聪明伶俐的儿子,简直乐开了花。唯一美中不足的是这孩子太活泼,太爱玩了。

朱厚照八岁的时候,大臣们集体建议朱祐樘让太子朱厚照出阁读书。此后,朱厚照的身边每天都会有十几个官员陪着,这些人都出自翰林院。朱厚照也确实聪明,老师前一天教给他的东西,他第二天就能倒背如流。没过几个月他就把宫中各种礼仪全都学会了,并且现场操作时也没有任何失礼的地方。

弘治十八年(1505年),明孝宗朱祐樘死了,年仅十五岁的朱厚照继承了皇位,从此这个贪玩的孩子换了一个新的工作——皇帝。皇帝这个工作虽然风光,但是不自由,大臣们会每天在他身后唧唧歪歪,告诉他这不能干,那不能玩。这对于生性爱玩的朱厚照来说简直比要了他的命还痛苦!

朱厚照童年时有一帮很好的玩伴,他们有一个统一的名字叫做宦官。这些人不但不会阻止朱厚照做任何事情,而且会让任何事都顺着他的心意,他说去东,宦官们不会去西。这些宦官每天陪着小太子变着法地玩,时间久了就结成深厚的革命感情。这就是正德一朝后宦官专权的原因所在。

朱厚照这小子从小就懒散惯了,突然当了皇帝很是不习惯,每天不仅天不亮就要爬起来上早朝,而且还要定期举行经筵。所谓的经筵就是群臣向皇帝做一些说教和讲学,告诉皇帝该做什么和不该做什么。对于朱厚照来说,这项活动简直是无聊透顶。于是朱厚照就以发热、头疼等为借口不去参加经筵。

正德元年(1506年)八月,按照大明皇室的礼节,新皇帝朱厚照和他的老婆夏皇后举行了婚礼。夏皇后是一个温柔美丽的女人,不过朱厚照好像对于这个皇后不太感冒,刚结婚没多久就又娶了两个小妾。这老兄对新事物的挑战性太强,没过多久,就对两位新小妾失去了兴趣。

在明代,皇帝登基后是必须住在乾清宫的,但是对于朱厚照来说,乾清宫就是一个又大又冷的房子,既不热闹又不好玩,于是,他想建一个理想的游乐场。经过一番考察,他决定在西华门建一个大型娱乐场所——豹房。豹房是朱厚照亲自设计的,不仅是娱乐场所,还有佛寺、校场等。

朱厚照好玩乐,整天醉心于玩乐之中,无心打理朝政。大臣们每天天不亮就要起床入宫,他却总睡到日上三竿还不起床。好不容易来上朝了,还没等大臣们开始上奏国事,他就三言两语打发几句宣布散朝了。不仅如此,他还经常宣布停朝。新皇帝的这些行为引来大臣们的连连意见。

刘瑾,陕西兴平人。这位老哥本来姓谈,后来投靠了一位姓刘的宦官才得以入宫做起宦官,所以他卖姓求荣,自改刘姓。这个刘瑾可不是一般人,他自幼与朱厚照朝夕相对,形影不离,是朱厚照的忠实玩伴。朱厚照即位后对刘瑾是青睐有加,委以重任。

朱厚照爱闹,他身边的宦官朋友就顺着他,陪着他闹。朱厚照一时心血来潮,命宦官们将宫殿布置成京城集市的样子,并和他们一起穿上平民的衣服,摆个摊做起生意来。他还命宦官们在宫中开设酒店,里面不仅有杂耍人在斗鸡逐狗,还有一些宫女在弹琴跳舞,各种活动应有尽有。

朱厚照在位期间广收义子,短短十几年的时间内,共收义子一百二十多个,他把这些义子一律全赐朱姓。这些义子来自于全国不同的地方,但无一例外都是品行不端的奸佞小人。在这些人中最受朱厚照宠爱的就数江彬了。

刘瑾是朱厚照身边的红人,充分取得了皇帝朱厚照的信任。但他并不是只有一个人,他的身边还有个七个人,这七个人尽得刘瑾的真传,溜须拍马、阿谀奉承无一不通。于是,这志同道合的八个人组成了一个组合,组合的名字叫做——"八虎"。

焦芳,河南泌阳人,进士出身。这家伙也不是一个简单人物,万安还在内阁管事的时候,由大学士彭华推荐晋升的学士人选,不知怎的,他一不小心漏了焦芳。这兄弟知道之后,放出狠话:我要是当不了学士,就拿刀在长安道上等着他彭华,不捅死他就不算完。彭华一听,害怕了,赶快把他的名字给加了上去。

焦芳中进士之后,很快就加入了刘瑾的"八虎"组合,只是没有编号,成为秘密的幕后成员。这厮也算是一个八面玲珑的人物,人在江湖混哪能不玲珑呢?他凭借着自己混世功夫在朝廷内外混得是风生水起。

豹房建好后,朱厚照干脆直接从乾清宫搬到豹房来住,把朝廷大事都交给了自己的亲信刘瑾,完全沉浸于玩乐中。豹房真是一个好玩处,可以分为五个部分:居住用的密室、办公用的公廨、游戏娱乐用的豹房、训练近卫队用的教场、进行宗教活动的佛寺。因为在豹房里没有王公大臣的唠叨,所以朱见深更加肆无忌惮地玩乐了。

马文升和刘大夏两位大臣因看不惯朱厚照皇帝的荒唐行为,并自认为自己是老资格了，有威望，自信自己的话朱厚照会听，便去见皇上，好言相劝一番，可这对朱厚照好像不起任何作用。这下两位老臣火了，硬的不行咱来软的，他们表示如果皇帝不改正自己的行为他们会一直上书。

刘瑾对朱厚照说："陛下，这两个老匹夫这样逼您，简直太不像话了。您是皇上啊，您想干吗，咱就干吗，何必受他们威胁。"朱厚照听了以后很高兴，抖起自己皇帝的威风来。于是他下了一道圣旨，大意是：我不想让你们干了，你们两个年纪不小了，也该下岗了，赶快收拾收拾东西，走人吧！

刘瑾把持朝政，收受贿赂。每位进京汇报工作的大臣都必须给刘瑾送见面礼，不然的话没等来人回到家，朝廷的罢免令就已经到他家了。所以，每位官员进京之前必须准备一大笔见面礼。当然这见面礼肯定不是官员们自掏腰包，他们以朝廷的名义向百姓征收，几年下来，搞得百姓哀怨连连，对朝廷日益不满。

大臣们对以刘瑾为首的"八虎"日益不满，他们害怕如果不有所行动，任"八虎"肆意嚣张，大明王朝的未来堪忧。刘健等文官集团决定铲除"八虎"，但是这不是一件容易的事，他们要做一个周密的计划才行，否则，不仅不能成功的铲除"八虎"，还会使自己身陷险境。

朱厚照收到了一份奏折，他本来打算按老规矩把奏折扔进垃圾桶，不想送奏折的宦官提醒他这一份奏折非比寻常，是文官集团联名上书。他以为发生什么大事了，打开一看竟是检举刘瑾的奏折，奏折中列举了刘瑾及其"八虎"所有成员的累累恶行，众大臣集体要求立刻杀掉刘瑾。

朱厚照这个小皇帝虽然平时无法无天，天不怕地不怕，但是毕竟是小孩子，经不起全体大臣集体上奏的攻势，只得暂时妥协。于是刘瑾被抓起来了，这厮虽然平时猖狂惯了，但是一看这架势就立刻蔫了。

大臣们召开了一次会议，刘健和谢迁等人主张立刻处决以刘瑾为首的"八虎"集团,以绝后患。沉默很久的李东阳,此时发了言,他表示对于刘瑾集团不必严打狠抓,只需给一点教训即可(他怕逼急了狗会跳墙)。毫无疑问他的提议被愤怒的大臣们立刻否决了,他们忽略了太多问题,但是清醒的李东阳此时却别无他法。

焦芳其实是刘瑾安插在敌人内部的奸细,众大臣秘密商量如何处置刘瑾的时候,焦芳就在旁边。焦芳把大臣们的计划一五一十地告诉了刘瑾和另外七个成员。人多力量大这话一点都不错,这八个人最后决定求朱厚照,朱厚照挡不住"八虎"的感情攻势和巧言令色,把他们给放了。

刘瑾坐上了司礼监的位置,刘健、李东阳和谢迁看到得意洋洋的刘瑾,气不打一处来,立刻向朱厚照递出了辞职报告,很快报告就被批下来了,刘健和谢迁的报告被批准了,李东阳的报告被驳回了,朝廷也就是刘瑾(此时的朱厚照更不管事了)挽留他继续留京做官。

很多大臣上书挽留刘健、谢迁,刘瑾对所有上书的大臣处理的方法是一样的,那就是廷杖。几十个大臣是上书一个打一个,一直打到没人敢上书为止。其中最惨的一个是侍中戴铣,被活活打死了。

刘瑾的权力越来越大,掌控着锦衣卫、东厂、西厂,但是人的欲望是一个永远也无法填满的沟壑,正德三年(1508年)九月,他又设立了一个由自己掌控的特务组织——内行厂,这个厂不用经过任何组织、任何个人的批准就可以对一些人进行逮捕、关押、没收财产、处死等。

有些商人通过买通刘瑾,以达到从他的手中获得盐引的目的,从而从中谋取个人私利。一时之间朝廷的盐政大为混乱。在正德四年(1509年)十一月,刘瑾却提出"疏通盐法四事",严禁商人私贩夹带官盐和用空文虚引支盐,这也许是他做的最有良心的一件事了。

今天大家都叫王守仁为王阳明。王守仁是浙江余姚人,生于成化八年(1472年)。他的父亲叫王华,成化十七年(1481年)中状元。此时的王守仁已经九岁,和全家人跟随父亲离开浙江到北京上任了。王华对他的宝贝儿子管教很严,希望自己的儿子长大后能够有一番作为。

王守仁也是一个聪明的孩子,十岁的时候就开始读四书五经了。他的领悟能力很强,总是能举一反三。但自古以来,聪明孩子都不是令人省心的主,王守仁自然也不例外,据他的老师反应,这孩子聪明倒是很聪明,但是不老实,在教室里坐不下来,总是喜欢舞枪弄棒,读兵书。

王守仁十二岁的时候作了首诗,诗的内容为:"山近月远觉月小,便道此山大于月。若人有眼大如天,当见山高月更阔。"他的老爹看了这首诗后,觉得儿子非比寻常,决心要好好引导这个儿子。

王华决定带儿子王守仁到关外转转,这里的关外是指居庸关。当时的关外经常有蒙古骑兵出没,王华一介书生带着年幼的儿子前去是一件非常危险的事,即使如此王华为了让儿子长点见识,还是带着儿子去了。到了关外,王守仁被关外辽阔的大漠和一望无际的草原震撼了。

王守仁严肃地对他老爹说:"经过慎重考虑,我决定向皇上请命,自愿为国效力,扫平外敌,只需给我两三万人马就行。"他老爹一听,立刻火冒三丈骂道:"就你一个小屁孩,知道个啥,还报效国家?到了战场小命都保不住。"王华越说越生气,随手拿起身边的书打道,"就你小子敢想,我让你狂,我让你狂。"

十七岁时,王华为王守仁定了一门亲。他老人家没有精力再管这个离经叛道的儿子了,得给儿子找个老婆,让他老婆管他,看他还敢做什么出格的事。这个王守仁还真是一个不让人省心的主,结婚当天该他出场的时候人们却找不到他的人影了,原来这位老兄闲逛到一个道观和道士学打坐,这一打坐就把结婚的事给忘了。

弘治十二年(1499年),王守仁考中进士,被封为兵部主事。太监张忠因为王守仁一个文人却做了兵部主事,很不把他放在眼里。一次张忠让王守仁当众射箭,想让王守仁出丑。王守仁再三推辞,张忠自然不同意。守仁只得提起弓箭,拉弯弓,唰唰唰射出三箭。三发全中红心,全军欢呼,张忠十分尴尬。

王守仁在京城官场上混了三年,就因为反对宦官刘瑾,在明正德元年(1506年)被刘瑾赏了四十个廷杖,然后贬到贵州龙场。前往龙场的途中他历经无数波折,凭着自己的聪明才智,才得以成功逃脱锦衣卫的追杀。

张永,河北新城人,是"八虎"成员之一。他脾气暴躁,很自大,有时候连刘瑾都不放在眼里,这样一来两个人不免产生了矛盾。但是这个张永还算是一个有良知的人,他对刘瑾的有些做法很不赞同,经常还会提一些反对意见。就这样他与刘瑾的矛盾越来越大了,最后刘瑾一个生气,决定让张永回家养老。

张永找到皇帝朱厚照,告了刘瑾一状。朱厚照一看这两兄弟闹别扭了,就赶紧叫人把刘瑾叫来,好让这两兄弟当面把误会解释清楚,谁知这两个人见面还没说话就直接打起来了。朱厚照一看情形不对,立刻喝止住他们,好言相劝,两人看在皇上的面子上最终握手言和了。但是,这只是表面上的,破镜难圆,感情已经破裂了,再无力挽回了。

杨一清,生于明景泰三年。他的父亲叫杨景,景泰年间,任化州同知。杨一清这小子也是一个聪明娃,七岁的时候就能写文章,被称为奇童,十一岁的时候跟随他的父亲迁居巴陵,十四岁中解元,十八岁中进士。

明孝宗弘治十五年(1502年),大臣刘大夏举荐杨一清任都督院左副都御史,督理陕西马政,也就是负责养马。也许大家都认为这工作不是好活,没有什么前途,可在明代养马的工作也很重要,因为在明代的时候,蒙古人十分不安分,明兵总不能骑驴去打仗吧。

刘瑾知道独木不成林的道理,所以想拉拢杨一清入伙。杨一清哪里会看上他那种人,毫不犹豫地拒绝了。被拒绝后的刘瑾恼羞成怒,决定好好整治整治杨一清。终于机会来了,杨一清的几个手下闹事逃跑了,虽然这件事杨一清当机立断处理得很好,但刘瑾却紧抓不放告了杨一清一状。杨一清无奈,提出辞职。

李东阳是杨一清的老朋友,当初刘建、谢迁愤然离职,只有李东阳忍辱负重留了下来。这次老朋友杨一清被刘瑾这帮奸人陷害,身陷囹圄,李东阳不能放任不管,于是,决定营救杨一清。李东阳经过一番努力,终于救出了杨一清。杨一清被救出后,李东阳让他立即找一个地方躲起来,以防刘瑾再找麻烦。

杨廷和,四川新都人,是著名文学家杨慎之父,于成化十四年中进士。朱祐樘当皇帝的时候他是太子朱厚照的老师,因为学识渊博,太子朱厚照很尊重他。

刘瑾把持朝政大权,看谁不顺眼就整治谁,这次他看不顺眼的是杨廷和。于是他把杨廷和调到南京当户部侍郎,这其实是一个闲职,没有什么权力。这边杨廷和刚被发配到南京,朱厚照就开始找人了,他一听自己的老师被发配到南京去了,哪里还愿意,于是,刘瑾只得把杨廷和给调回北京。

王守仁逃过刘瑾的暗杀,终于到了贵州龙场。但是不来不知道,一来吓一跳,这个地方简直比想象的还要差劲,穷山恶水,荒无人烟,简直就不是人待的地方!王守仁当时简直不敢相信那里就是他以后要工作的地方,但是老得不能再老的上届驿丞肯定地告诉他,眼前的地方就是他的单位,他以后就要在这上班。

王守仁在驿站开始了他艰苦的工作。他和带来的几个下人一起修葺房子,亲自种植瓜果蔬菜以供自己所需,不然他们可能会被饿死在这里。他们周围的人都是苗人,这些人不懂汉语,无法沟通。于是,王守仁耐心地用手语一遍又一遍地和他们交流。他还在这里开设书院,教这些苗人读书写字,学说汉语。

王守仁已经三十七岁了,眼看就要到不惑之年了。看着自己目前的状况,他不禁悲从中来,少年时的年少轻狂,在今天想来竟让自己感觉到很可笑。对镜看着自己渐渐生出的白发,他有种时不我待的感觉。成为圣贤是此时支撑他活下去的唯一动力,但痛苦与内心的煎熬让他痛不欲生。最终,他顿悟了,中华伟大的哲学"心学"由此诞生。

刘瑾想为国家做一点好事，原来作为军屯的土地现在基本都被高级官员中的贪官给霸占了，于是他向朱厚照进言要公开清查土地，重新划分，从而增加政府的粮食收入，提高士兵的生活水平。朱厚照一听是好事也就高兴地同意了。

安化王发生叛乱了，为什么好端端的会发生叛乱呢？原来这一切都是刘瑾闯的祸。他奏请皇上收回高级官员霸占的土地，可是这些高级官员都是有兵有枪的厉害主，哪里是一般人能镇得住的。宁夏都指挥使何锦与安化王不满朝廷的这种做法，就起兵造起反来。他们还为自己找了个理由：杀死刘瑾，为民除害。

朝廷重新起用杨一清，命其率兵平反，杨一清从此又登上了历史的大舞台。张永在这次平叛中担当监军。杨一清很快就平了叛乱，叛乱平了之后，杨一清将所有的犯人交给张永，让他亲自押送回境。在共同相处的这段日子里，两人互相了解，最后结成同盟要铲除大奸臣——刘瑾。

张永在回京的路上打算把成化王造反的缘由告诉皇上，如此一来刘瑾必死无疑。但是刘瑾好像有预感似的，紧紧盯着张永，不给张永与朱厚照单独谈话的机会。最后，张永佯装喝醉了酒，刘瑾这才放松了警惕。张永趁着这个机会，把一切都告诉了朱厚照，朱厚照派人立刻在内勤房抓住了刘瑾。

刘瑾被抄了家，查抄的金银珠宝不计其数。张永鼓动朱厚照亲自前去观看，朱厚照看到如此多的金银财宝，不禁吓了一跳。查抄的过程中还发现了一枚伪造的玉玺，上千幅盔甲武器和刘瑾经常使用的扇子中竟藏有凶器。看到这一切，朱厚照骂道："这个死奴才，是真的想造反啊！"于是，刘瑾被定了19条大罪，判凌迟处死。

正德五年(1510年)八月，安化王朱寘鐇因发动叛乱被处斩了。朱寘鐇一直有异心，同宁夏生员孙景文、孟彬来往十分频繁。有一次一个叫王九儿的男巫称朱寘鐇为"老天子"，说他有帝王之相，迟早会是九五之尊，朱寘鐇听后十分高兴，加快了密谋反叛的步伐。

杨一清平叛有功，被调入中央，担任户部尚书，不久之后又接任吏部尚书，从此成为朝廷重量级人物。而焦芳等人被赶出朝廷，朝廷官员进行了一次大换血，刘党被一扫而空。李东阳看到刘瑾被铲除了，心愿也就了了，于是他请求告老还乡，获得了批准。他辞职之后由杨廷和接任他的位置。

朱厚照这小子爱玩，且不是一般的爱玩，他总是爱玩那些十分冒险的游戏。这一次他玩的更大了。要说他去哪玩了，打死你都猜不到。这一次他去了关外，老臣杨廷和不在，这个皇帝就越发胆大了。他趁着夜色，偷偷跑到昌平附近的居庸关，可是守门大将死活不开门，最后，随之而来的大臣又哭又跪地才把他给劝了回去。

正德五年（1510年）十月，刘六、刘七，大概是两兄弟吧，率领贫苦百姓和"响马"反抗"捕盗御史"的追捕。正德七年（1512年）七月，义军在狼山寡不敌众，刘六、刘七起义失败。

朱厚照的贪玩之心并没有随着刘瑾的死而有所改变，随着年龄的增加，他对以往的游戏渐生厌倦，不断地追求更为惊险刺激的游戏。正德七年（1512年）九月，他命人增建新豹房二百余间，下令太监们捕捉活虎豹供自己玩乐。他最喜欢看的游戏是勇士与猛兽空手搏斗。

这时出现了个人叫钱宁，是一个武夫。钱宁是一个狡猾的人，因为善于射箭，朱厚照非常喜欢他，赐他国姓，并把他收为义子。从此之后，钱宁就寸步不离朱厚照的左右。他仗着皇帝对自己宠爱有加，在朝廷内外作威作福，一时间，大臣们争相讨好他。

江彬是一个非常勇猛的人，善于骑马射箭，而且在用兵上非常有能力，常常陪伴朱厚照在豹房里作乐。一次，朱厚照看别人斗虎，不禁眼馋，也想要试试，想让大家见见他的天子雄威。可没想到他刚一上去就被老虎给咬了，这个时候太监们都吓傻了眼，只有江彬飞身前去营救，从此以后朱厚照越加亲近江彬，而远离钱宁了。

朱厚照基本上都在豹房居住，朝中的事都交给司礼监太监魏彬和大学士杨迁和、梁储等人打理。朱厚照很喜欢喝酒，和太监们常常在豹房内一起畅饮，喝得大醉。这些太监们常常趁着朱厚照喝醉酒的时候，把一种叫做"罂罄"的药放入他的酒中，使其整日沉醉于其中。

朱厚照喜欢大兴土木，宫中的宫殿他虽然不常居住，却被装饰得十分奢华，其中乾清宫装饰的最为奢华。朱厚照有一个喜好就是每年的正月，把宫中布置成灯的海洋。那时，仅宫灯这一项明政府每年就得花费数以万计的银两。

有一年，看管宫灯的人一个没留神，宫中的灯火把炸药给引爆了，因此引发了火灾。这场火灾整整烧了一夜。看到宫中起火朱厚照竟不管不顾，带着人径直去了豹房玩乐去了，临走的时候他还回头看了一眼大笑道："这真是一场大火焰啊！"

宁王朱宸濠是朱元璋第十七个儿子朱权的曾孙。他心怀不轨，刘瑾在位时，常常贿赂刘瑾，刘瑾在朱厚照面前常常说朱宸濠的好话，后来被分派了护卫职务。刘瑾死后，朱宸濠的护卫职务又被剥夺了。朱宸濠又极力拉拢朱厚照身边的人，不久又恢复了护卫职务。

朱宸濠极力讨好皇帝朱厚照，朱厚照喜欢宫灯他就投其所好，每年正月不惜花费金钱买几百盏各式各样的灯参加一年一度的灯节，果然这让朱厚照对他大有好感。朱宸濠在当护卫期间，抢夺他人的土地，收敛钱财，盗窃抢劫无恶不作，却无人敢管。

朱宸濠用横征暴敛的钱到广东购买皮帐、做皮甲，私制盔甲、刀枪及火器等。不仅如此他还勾结强盗、土匪、无赖等人员。朱宸濠意图不轨，经常安插亲信到皇宫打探消息，还时常聚一些人在自己的府中密谋。朝中很多人对朱宸濠的所作所为心知肚明，虽然有人向皇上告密，却并没有取得什么效果。

朱宸濠知道朱厚照没有儿子，便想让自己的长子在朱厚照死后继承大统。他的如意算盘打得倒是响，只可惜他的靠山钱宁与朱厚照身边的红人江彬有过节，他没能如愿。正德十四年（1519年）朱宸濠叛乱。朝廷派王守仁前去征讨，没过多久朱宸濠一干人等就被活捉，后来朱厚照将朱宸濠烧死,骨灰撒落荒野。

王守仁在平宁王叛乱的过程中可谓立下了汗马功劳,江彬等人因嫉妒王守仁的功劳,竟诬陷王守仁同朱宸濠是同党。幸好太监张永算一个正义之士,在朱厚照面前极力替王守仁说好话。朱厚照这厮被搞得有点糊涂了,不知该相信谁好。王守仁一生气弃官进山当道士去了,朱厚照此时才相信王守仁。

朱厚照可不是一般的爱闹腾,听说朱宸濠造反了,这厮要亲征。其实亲征是假,他就是想出去玩,宫中的游戏他早已玩腻歪了。当亲征的大军刚到良乡时,王守仁的捷报就已经传来了。朱厚照此行的目的在于游玩,自己刚出来,岂能这么轻易地回宫,于是他对捷报秘而不发。一路上捕鱼打鸟朱厚照是玩得不亦乐乎,可这却苦了沿途的百姓们!

江彬这厮真不是什么好鸟,他为了进一步控制朱厚照,抓住朱厚照贪玩的弱点不断诱惑其外出,不断向其夸耀宣府的女乐工如何美若天仙,宣府边镇可以尽情地骑马玩乐。经他这样一诱惑,朱厚照便长时间在外游玩而不回宫。

朱厚照在宣府江彬为自己修建的"镇国府第"中,玩的不亦乐乎,称那里为"家里",荒唐之极。有时他会在夜间闯入民宅,或索要美酒佳肴,或强抢民女,无恶不作。

芫荽总兵马昂因为犯罪而被免官后,知道皇帝朱厚照喜欢美色,就把自己已经出嫁的妹妹夺回,让江彬将之献给朱厚照,没过多久马昂不仅官复原职了,而且很快就升官了。后来朱厚照听说马昂的小妾长得十分漂亮,想要到马昂家去观看。起初马昂不愿意,后来见朱厚照生气了,便主动把小妾献给朱厚照了。

正德十三年(1518年),大明朝最爱闹腾的皇帝朱厚照在游玩的过程中相中了晋府乐师杨腾的妻子,于是她成了皇帝的女人。朱厚照回宫时也把她带回去了,称她为刘娘娘。朱厚照对这个刘娘娘的感情可不一般,爱着她、宠着她,凡事都依着她,凡事无论大小只要刘娘娘开口他会一律答应。

一次朱厚照打算去南巡，本想带着刘娘娘一起去玩，不凑巧的是刘娘娘在这个时候生病了，无奈朱厚照只得先出发了，走之前刘娘娘把自己头上的一支玉簪交给朱厚照作信物，两人约好等刘娘娘病好后，凭着这个玉簪来接她与朱厚照相见。

这个刘娘娘也真够死心眼的，朱厚照在游玩时一不留神把玉簪给弄丢了，无论如何都找不到了。弄丢了玉簪，朱厚照又惦念着刘娘娘，于是派人去接刘娘娘，但这刘娘娘不见玉簪，死活不跟来人一起走。朱厚照得知后，只得回去亲自去接刘娘娘，两人这才相伴出发。

得到刘娘娘以后，这个风流成性的皇帝仿佛变得专情起来，每天和刘娘娘同出同进，就好像是新婚夫妇一般。朱厚照这一生所拥有的女人无数，但是只有这位刘娘娘最得其宠爱。

朱厚照四次巡游到"家"还没有一个月，就打算去南方游玩。大臣知道后，集体劝阻皇帝，从上午七点一直跪到下午五点。可是，朱厚照假装有病，对这些大臣不理不睬。有大臣对皇帝的行为不满，发泄了一些牢骚，没想到这些话传到了朱厚照的耳里。朱厚照大怒，罚相关的107位大臣跪在午门之外。最后，在群体的竭力劝阻下，朱厚照取消了南巡计划。

小王子是鞑靼部落最为优秀的人才，也是一位优秀的军事指挥官。正德六年(1511年)三月，小王子率领部下五万人入侵河套地区，击溃大明边军逍遥而去。十月小王子率领部下六万余人入侵陕西，抢夺大明人口及牲畜无数……这个小王子可以说是把大明的名将打了个遍，从没遇到过敌手，厉害程度可见一斑。

后来这个小王子越来越猖狂了。正德九年(1514年)九月，小王子率领部下五万人进攻宣府，然后攻破怀安、蔚州、纵横百里，烧杀抢掠，无恶不作。

朱厚照喜欢舞刀弄枪，对于军事十分热衷，他听说小王子是一个厉害的角色，尚武的热血便在体内沸腾着，打算去和小王子PK一下。

可他的大臣们一听说皇帝要御驾亲征，立刻变了脸色，因为他们想到了"土木堡"。他们深知御驾亲征是一件十分危险的事情，所以坚决反对。

但朱厚照还是以最快的速度跑出了居庸关。到了关外的朱厚照一直期待着小王子的出现。正德十二年（1517年）十月，蒙古鞑靼小王子终于出现了。朱厚照一听立刻兴奋了起来，派王勋主动迎击蒙古小王子。在这场战争的指挥中，他运筹帷幄，机智勇敢，显示了非凡的智慧，一改平时的胡闹态度，最终成功的击退了蒙古小王子。

宁王朱宸濠的叛乱被平后，朱厚照在返回北京的途中纵情享乐。有一天在苏北清江浦捕鱼作乐时，朱厚照一不小心落入水中。朱厚照身体本来就弱，加上这次落水，便生起病来。在这种情况下，江彬还诱惑朱厚照继续游玩，但是朱厚照的身体实在撑不下去了，于是一行人决定回京。

正德十六年（1521年）三月，朱厚照已经病入膏肓。这个荒唐皇帝一生只重视玩乐，对朝政不管不顾。他在位前期宠幸刘瑾等宦官，使朝政处于极端黑暗之中；后期更加会玩了，宠幸江彬，频频外出，浪费大量金钱。

朱厚照这一生是不幸福的，虽然玩了几十年，但这些年玩的一点都不痛快。他是皇帝，他的一举一动都有人盯着，不能像其他人那样可以随心所欲地玩，想干什么就干什么。如果他不是生在帝皇家，又或者老爹多有几个儿子，他的人生就会完全不同。

正德十六年（1521年）三月的一个夜里，武宗朱厚照这位喜好玩乐、荒唐至极的皇帝终于走到了人生的尽头。虽然这个皇帝贪玩、好乐、无赖、尚武，做过无数荒唐的事，但不可否认他是一个极聪明勇敢的皇帝，所以，后人评价他是大明历史上最具有个性色彩的皇帝。

第八章

世宗修道
——哥修的不是道,是寂寞

正德十六年(1521年),朱厚熜即位,即明世宗。

嘉靖元年(1522年),大议礼之争开始。

嘉靖二年(1523年),朱厚熜"八潦"他的生父。

嘉靖三年(1524年)七月,发生血溅左顺门事件。

嘉靖五年(1526年),杨慎回家看望病重的老父亲杨廷和。

嘉靖七年 (1528年),怀孕的陈皇后被朱厚熜一脚给踢流产了,大出血而死。

嘉靖八年(1529年),杨廷和病逝,享年71岁。

嘉靖十七年(1538年),严嵩写《庆云赋》、《大礼告成颂》,拍皇帝的马屁。

嘉靖十八年(1539年)二月夜间,陆炳救嘉靖帝脱离火海。

嘉靖十八年(1539年),张璁生病去世。

嘉靖二十一年(1542年),壬申宫变。

嘉靖二十四年(1545年)年初,鞑靼首领俺答递交求贡书。

嘉靖二十六年(1547年)十一月,皇后寝宫着火,方皇后被烧死。

嘉靖二十八年(1549年),海瑞中举。

嘉靖二十九年(1550年),蒙古俺答骚扰北京。

嘉靖四十四年(1565年),海瑞上书批评皇上,被抓。

嘉靖四十五年(1566年)十二月,世宗朱厚熜驾崩。

朱厚照这厮只顾着玩，没有时间给大明朝留下一个子嗣继承大统。现在他老兄玩够了，拍拍屁股走人了，留下一大摊子破事，可怜了杨廷和这帮老臣了，想当年武宗朱厚照活着的时候就没少折腾，死了以后还不让人省心，这年头当个官咋就那么难呢？

上一任的皇帝没有留下儿子，这接下来让谁当皇帝呢？这可是个大难题，国不可一日无君，大臣们忙着寻找下一任皇帝的人选，这可不是一件小事，不能像找演员一样在大街上看见谁合适就拉谁，皇帝不是一般人，是以后要掌管天下的人，选不好可能会祸害一个国家，所以得慎重。

明太祖朱元璋留下一本《皇明祖训》，这本书是大明朝皇帝的百科全书，列举了若干条当皇帝可能会遇到的疑难问题，且配以详细的答案解析。这朱元璋也太有才，要不然一个农民出身的他怎么能当上皇帝？当然书中也谈到了如朱厚照的这种情况，该情况有一种解决办法叫做兄终弟及，其实很多王朝都是这样解决的。

朱厚照是个独生子(他弟弟很早就死了)，没有兄弟，所以只能找孝宗皇帝朱祐樘的兄弟了。可大家都知道朱祐樘的二妈是个狠角色，朱祐樘的小命差点就丢在她的手里，朱祐樘的哥哥们没他那么幸运，都早早地去见了阎王，而弟弟们也都是不长命的主，都已经不在人世了。

杨廷和想起一个合适的人选，这人是孝宗朱祐樘的弟弟朱祐杬的儿子——朱厚熜。朱厚熜出生的时候，他的父亲梦见有一个道士飘然而至，堂而皇之地进入他王妃的寝宫中。朱祐杬大怒而醒，这个时候有下人来告诉他王妃生了，而且是一个男孩儿，这个孩子就是后来的明世宗——朱厚熜。

朱厚熜爸爸兴献王在两年前去世了，当时朱厚熜才十二岁，之后家中大小事都由他掌管，所以这个孩子少年老成。武宗朱厚照死后，杨廷和就找到了他。杨廷和考虑到朱厚熜从血脉上来看与朱厚照最为亲近，而且他年龄虽小，看起来却很持重，是个能挑大梁的主。

杨廷和大臣们决定以迎立皇太子即位的形式迎接朱厚熜，但朱厚熜不干了，因为这种形式的潜台词是：朱厚熜你要当你堂哥武宗朱厚照的儿子。朱厚熜很有骨气，不要随便认爹，他有爹而且他老爹十分疼爱他，虽然他人已经不在了，但他只有一个爹。即使以皇帝的宝座为诱饵，他也只有一个爹。

朝臣们很固执，一直认为自己是对的，所以坚持让朱厚熜以皇太子的身份登上皇位，双方陷入僵持阶段。最后，朱厚熜拿出自己的杀手锏——你们若不同意，那我就回家了，不陪你们玩了，我做我的王爷可比做皇帝潇洒、快活得多。这帮老大臣一听立刻傻了，于是大家一合计也就勉强同意让朱厚熜以皇帝的身份进宫登基去了。

杨廷和在新皇上任前，独揽朝政37天，现在朝廷内外基本上都是他的人了。他没有想到自己千挑万选的新皇帝竟不是一个省油的灯，刚进宫就给大家一个下马威，看来这小子不是一个简单的人物！

正德十六年（1521年）四月二十二日，朱厚熜从大明门进入紫禁城，顺利坐上许多人梦寐以求的龙椅。大明门，可不是一般门，是皇帝只有在登基、大婚、祭天、出征时才可以用的门，所以可以说这个门是皇帝的专用门，一般人不能用，否则要被杀头的。朱厚熜走进了这个门，也就进入了帝王生涯。

朱厚照死了，江彬看形势不对就打算逃走，于是他带着家眷、金银逃亡去了。可是，大家都知道朱厚照的不幸早逝都是这个江彬害的，所以岂能让他跑掉。很快，江彬被追上了，等待他的自然不是什么好结果，正德十六年（1521年）六月初八，江彬及其他的四个儿子一起上了断头台。

皇帝要登基，在这以前有很多繁琐的事要做。首先要拟定新年号，大臣们帮朱厚熜拟定的新年号叫做"绍治"，但是朱厚熜对这个年号不满意，于是自己取了一个"嘉靖"的年号。在一些繁琐的宫廷礼仪中,朱厚熜登基,成为大明皇帝嘉靖帝。

嘉靖帝朱厚熜向大臣们提出要接自己的亲妈妈进宫,合情合理,大臣们无法反对就只有同意了。但当时他的妈妈的身份还只是"兴献王妃",朱厚熜思母心切没意识到这个问题,但是该问题很快就来了。

朱厚熜是一个十分有孝心的人,登基没有几天他就向朝臣们提出要给自己的爸爸上一个封号。这本来是一件好事,但是大臣们不同意,因为朱厚熜现在是皇帝了,他不能称呼兴献王——他的爸爸为爸爸了,根据规定要改叫叔叔,他也不能称他的妈妈为妈妈了,而要叫婶婶。

汉成帝不知什么原因也是没有儿子的,于是他决定在宗亲中选择共王的儿子定陶王立为皇太子,这个皇太子就是后来的汉哀帝。为了延续共王这一脉,汉成帝又从楚孝王那里选择了一个孩子过继给成王。所以,以前代事例为参照,朱厚熜要尊孝宗朱祐樘为爸爸,武宗朱厚照为哥哥。

朱厚熜可不是一个一般人,别人可以为了自己的前途改爸改妈,可他不能,他是一个大孝子,不能也不愿为了当皇帝而不要爸爸妈妈。他不愿意,以杨廷和为首的一帮老大臣们,自然也不会轻易让步,所以这必将是一场持久战。

大臣们很通情达理,他们想朱厚熜如果认孝宗皇帝做爸爸的话,那么兴献王这一脉就后继无人(因为兴献王只有朱厚熜这么一个儿子)。于是他们仿照前代的例子想了一个自认为是两全其美的方法,他们建议让益王的儿子朱崇仁代替朱厚熜过继给死去的兴献王做儿子,顺便侍奉朱厚熜的妈妈。朱厚熜对于这个建议很生气,因为他不要换爹。

老臣杨廷和是个权威级的人物,他坚决地说道:"敢有异议者,当诛。"自然大臣们都不敢有什么异议,但是朱厚熜有异议,他坚决表示不要换爹。作为一个新的领导人,朱厚熜告诉自己要淡定,于是他驳回大臣们的奏疏并让这些老大臣再找些前代的案例(潜台词就是不同的案例）。

毛澄是杨廷和的心腹，他装模作样地等待了几天，用来表示他确实和众大臣努力找过了所有的案例了，但找来找去还是这几个案例。这帮老家伙还夸张地描述这一决定如何如何符合古礼，如何如何地两全其美。朱厚熜不傻，他知道这帮老家伙做事的玄机，但此时也没有办法，只好把怒气暂放在心里。

朱厚熜决定拉拢杨廷和。要说朱厚熜这小子真是一个天才，他知道拉拢了一个杨廷和，剩下的大臣自然就好应付了。可是，他没有想到这个杨廷和是个油盐不进的主，无论自己用什么优越的待遇诱惑，其都不为所动。杨廷和可谓是一个正直的人，连皇帝的面子都不给，真有个性。

毛澄是礼部尚书，一天他放假在家闲来无事，这个时候皇帝身边的太监造访，二话没说就对他又跪又拜。毛澄一下就懵了，他边拉太监起来边说："这可使不得啊，您是皇上身边的人哪能向我下跪，这不是折杀我吗？"太监哭道："这是皇上让奴才做的，请大人体谅皇帝为人子的一片孝心。"说着还从怀里掏出一包金子，毛澄一看急了，坚决不收。

张璁会试考了七次，但七次都落榜了，这让他彻底的灰心丧气，不想再考了。这时候走出一个人，他姓萧，是都察院监察御史。这个萧御史还有个副业——算卦。他来到张璁面前对他说："你再考一下，准能考中，而且你会从此大富大贵。"

正德十六年（1521年），张璁又一次走进考场，这是他第八次参加会试，这一次他终于如愿以偿考中进士。虽然名次不高，但张璁是个容易满足的人，看完成绩得知自己中举很是高兴。中举的张璁被分配到礼部做一个看看书，喝喝茶的闲职。

张璁给朱厚熜上了一道奏折——《正典疏》，这个张璁上学时的专业是"礼学"，也就是说他对礼学的知识烂熟于心。他利用自己的专长对杨廷和的观点进行了强有力的反驳。朱厚熜看见张璁就像看到了救命稻草一般，认为自己一直苦苦坚持的不换父亲的事情不再是梦想。

张璁认为汉哀帝等都是早就被选作皇帝的人选，而被寄养在宫中生活的，都是以过继的形式做皇帝的，世宗朱厚熜不一样，他是先皇死后按照祖训而即位的。因此，他主张"继统不继嗣，请尊崇所生"。也就是说，世宗有可以自由认爹的权利。

朱厚熜写了一封手谕，命令内阁立刻写出文书，封自己的父亲为兴献皇帝，封自己的母亲为兴献皇后，封自己奶奶为康寿皇太后。但是首辅大臣杨廷和坚持自己的原则，拒绝了皇帝的诏令。由此可以看出明朝内阁大臣的权力是多么的大，竟敢连皇帝的旨意都敢拒绝，确实让人大为惊奇。

朱厚熜的妈妈本来打算来京城当太后的，但在半路上得知自己不但当不成太后，连儿子都要变成别人的了，不禁大怒，当即就决定不走了。她表示在没有名分之前她绝不进宫。朱厚熜听到后，也附和着说："如果不给我爸妈一个名分，这个皇帝我也不当了。"这么一闹腾，大臣们终于决定封朱厚熜的父母分别为兴献帝和兴献后。

张璁被分配了一个新工作——南京刑部主事。这是杨廷和在故意整治他，谁让他多言趟这趟浑水呢？其实杨廷和已经算是很厚道了，如果是其他人，张璁那厮估计小命都不保了，更甭提做官了。所以从某种程度上说，张璁还得感谢一下杨廷和。

朱妈妈——朱厚熜的娘亲，并不是一个好打发的主。她对于自己的称号并不满意，她表示：不在她的称号里加一个皇字，她坚决不罢休。这下杨廷和说啥都不愿妥协了，他说："要加皇字也可以，除非我老杨不干了，你们爱咋地咋地。"这下轮到朱厚熜慌了，他刚上班没几天内阁首辅就罢工了，可让他怎么混啊，没有办法，这下他只能妥协了。

张璁的离去使朱厚熜陷入了孤立无援的境地，杨廷和要的就是这种效果：你即使想闹，孤身一人也掀不起什么风浪。所以，自从张璁被调走之后，一出现支持朱厚熜的大臣，杨廷和就立刻把他调到外地做官。

朱厚熜开始在朝中发展他的自己人，鉴于以前的失败经验，此时的他做事越加小心谨慎了。礼部尚书毛澄因重病请求回家养病，皇帝很高兴地批准了。后来朝中有一些大臣因为一些主观或客观的原因而离职或贬迁时，朱厚熜总会把握时间进行调整。

张璁被调到南京后，终日郁郁寡欢，他以为他这辈子都将与自己的梦想——入阁无缘了，但是他在这里遇见一个人，这个人叫做桂萼。这桂萼也是一个不得志的人，他虽然很早就中了进士，但是成绩不怎么好，只考了个三甲，官当得自然不能如意，只做了个小县令。

王守仁不在京城混后，改行做了老师，做起孔子老先生的行业来。他是一位主张人性解放的老师，所以他的学生也尽得他的真传，闲来无事就去管一管闲事。王守仁有很多学生，如黄宗明、霍韬等，这些人相继加入了张璁的团队。

朱厚熜回家祭祀他死去的老爹——兴献帝，在祭祀的时候不顾大臣们的反对，坚持以祭祀皇帝的"八潝"大礼进行祭祀。这种祭祀礼仪就等于在事实上承认了朱厚熜生父的"皇考"地位。

嘉靖二年(1523年)十一月，桂萼向皇帝上书，表示现有对皇帝生身父母的称谓是不合适的，他认为应该重新议礼。皇帝朱厚熜看到这份奏折自然很高兴，于是找来杨廷和，让他谈谈自己的看法，这个时候杨廷和没有再反对，反而说出一句让他颇为意外的话：皇上，我老了，请允许我辞职吧！朱厚熜当场傻了。

杨慎是杨廷和的儿子，正德六年(1511年)中了状元。这个杨慎从小就是个神童，少年的时候就已经在江湖上小有名气。他有一个外号——无书不读，由此可见他不是一个等闲之辈，所以，他中状元是理所当然的事。当他得知他老爹辞职的时候，很惊异地问道："为什么？"他老爹却淡淡地说了一句："到时候你就知道了。"

杨廷和回老家带孙子去了，他是应该好好休息休息了，他生命中几乎所有的时间都消耗在了朝堂之上。他累了,不想再陪朱厚熜这个小皇帝折腾了。而他的儿子——杨慎,这个学富五车的年轻人,将继续自己父亲的未竟事业。

吏部尚书汪俊上书议礼,而这并不是他一个人的上书,这是73位大臣的联名上书。他们声称如果皇上再不听劝,还有八十多封奏折和二百五十多人等着呢。朱厚熜一看这阵势,那是一个火大,是可忍孰不可忍。于是他下令让桂萼、张璁二人进京,他这一次决定和大臣们对抗到底了。

汪俊等人面见皇帝朱厚熜,表明大臣们愿意退一步,让皇帝在他的爸爸兴献帝后名号前加一个"皇"字。嘉靖皇帝朱厚熜听到这个答案满意地笑了。汪俊见皇帝满意了,便提出自己的要求,那就是让张璁和桂萼不要再来北京了。皇帝高兴,事情就好办,于是朱厚熜派人让张璁和桂萼打道回府。

张璁给皇帝写了一封奏折,大意是:皇上您被汪俊那帮小老儿给忽悠了,如果您就这样退让的话,那么以后大家仍旧不知皇上您的爸爸是谁!朱厚熜一看奏折突然醒悟道:"原来我中计了。"于是让张璁、桂萼继续进京。

朝中大臣决定用武力解决张璁、桂萼,选择的地点是皇宫左顺门。因为在左顺门打死人不用偿命,那里曾经有过先例,当年大臣们曾在那里群体合作打死过弄权宦官王振的三个同党,事后代理皇帝代宗也没有过问,这事就不了了之了。因此大家都默认左顺门是一个特殊的地方,就算打死人也不会有人来管。

张璁得知一帮大臣正设计害他们,于是就加倍小心来。到京城后,他并没有急着进宫见皇帝,而是先躲了起来。而桂萼在张璁之后到达京城,不知道宫中的情况,刚进京就进宫面圣。他不曾想到当自己到左顺门就遇见一群大臣操着家伙向自己聚来,幸亏他机灵跑得快才得以脱离险境。

大臣们纷纷上书要求皇上罢免张璁和桂萼,皇帝得知这帮大臣对张璁、桂萼行凶很生气，于是反其道行之，利用这个机会给张璁、桂萼升了官，并且严厉批评了那些上书的大臣。

朱厚熜在左顺门接见各位大臣，并宣读了一个决定，他决定把自己生身父母的尊号去掉"本生"二字。听到这个消息，大臣们的大脑立刻短路了。大臣们还没反应过来呢，张璁、桂萼当即站出来附和皇帝并且大肆指责大臣们没有人性，不顾皇上的个人感情等等。

大臣们递交抗议书，可皇上连理都不理。这些老臣一看这架势，立刻悲愤难耐，数百名大臣一起跪在左顺门大哭不止。皇帝一看这情景慌了，即刻命太监传旨劝退，可是这帮老臣坚持让皇帝给他们一个说法，否则长跪不起。大臣们强硬，皇帝也不是软柿子——任人捏。

小皇帝发怒了，这一次后果很严重，皇帝命令把为首的八个人送进大狱，但其他大臣照样哭跪不起，这下皇帝彻底怒了，他把所有人都送进了大狱。几天后，处理结果出来了。杨慎等人被发配边关，四品以上官员罚俸禄，五品以下官员每人赏一百八十个大板，这一打下来，有十几个人被活活打死。

嘉靖三年（1524年）九月十五日，皇帝朱厚熜怀着激动的心情昭告天下，称孝宗皇帝为"皇伯考"，他的父亲兴献帝为"皇考"，母亲为"圣母"。本来他还打算把他爸爸兴献帝的灵寝迁到北京，但官员们劝道"帝魄不可轻动"，他才没有行动。

杨慎因为是"左顺门事件"的头号人物，因此被朱厚熜狠狠地给惩治了一番，两次御赐的板子打得他是皮开肉绽，幸亏命大才活了下来。经过一番波折他终于到了湖北江陵。朱厚熜对杨廷和父子心存恨意，一有时间就会问杨慎在边关生活如何，大臣同情杨慎，被问到的时候就会告诉他杨慎的情况很糟糕，朱厚熜听了很高兴。

嘉靖八年（1558年），杨廷和因病在老家病逝了，享年71岁。杨廷和为国为民劳碌一生，晚年有子孙在旁享尽天伦之乐而逝也算幸运的了。杨廷和死后一年，朱厚熜感念他在位期间功高劳苦为他正式恢复名誉，使他得到了应有的承认。

杨慎的心态比较好,他认为人生在世名利金钱都是浮云,最重要的是怎样让自己的人生更有意义。他被流放三十余年,游历于四川与云南之间,专心写作著书,研究学问,有很多优秀著作流传于后世。从整个大明王朝来看,杨慎恐怕是学问最为渊博的人了。

朱厚熜问内阁学士李时:"老时,这几年连年出现天灾,粮食歉收,咱们国库的存粮还能支撑多久?"李时很有底气地回答道:"皇上,咱们国库还有很多存粮,再支撑个几年是没问题的。这都是皇上您的功劳啊!"朱厚熜迷茫地看着李时,李时忙答道,"皇上您刚登基那会下令裁减机构,把闲散人员都淘汰掉,所以才省下那么多的粮食啊。"

朱厚熜刚当上皇帝那会儿,杨廷和为了给国家节省资源,曾下令裁减机构。他知道这样做会得罪很多人,尤其是黑道上混的兄弟们,但是,他不得不这样做,为了国家的繁荣稳定,他个人的荣辱得失又算得了什么。于是他果断下令,遣散闲散人员,为国家节省下不少开支。

朱厚熜在闹饥荒的时候,终于知道杨廷和先生的好了。以前为了给自己的父母争名分,杨廷和一直和自己对着干,那个时候朱厚熜真恨这个杨廷和。可是现在他知道当时如果没有杨廷和,哪里会有这么多存粮,民以食为天,没有粮食再加上连年闹饥荒,恐怕今天这天下会大乱。所以,他从心底感谢杨廷和。

杨慎和他妻子的感情很好,杨慎被流放的时候。不忍心妻子和自己一块受苦,杨廷和又退休在家需要有人侍奉,所以二人只能分开。没有在一块儿的时候,他们经常会写点缠绵的小诗,倾诉相思之苦,他们写的诗句很多被后世流传下来。

嘉靖五年(1526年),杨慎的父亲杨廷和病重,杨慎从单位告假回家看父亲。他在家侍奉父亲直到父亲的病完全好了,才带着妻子一同回到云南。在云南杨慎和他的老婆一同游玩于山水之间,宛如一对神仙眷侣,简直羡煞旁人!

张璁恐怕是议礼事件中最大的受益者,当杨慎被流放时,他被急速升为二品大臣。认爹成功的朱厚熜此时当然要好好犒劳一下他的有功之臣,虽然他很快地给张璁等人升了官,但他很想让自己的亲密战友能够进入内阁。

明朝入内阁是有条件的,入阁候选人要有一定的学历,最低标准是进过翰林院。而且内阁并不是你有知识有能力就可以进的,要想进还得有内阁成员推荐,毛遂自荐是不行的。但是具备了这些并不代表你就能进内阁了,最后还需要皇帝大人的批准盖章才能成功。

张璁资历不高,是个复读七次的半大老头了,而其他人就更不用提了,很显然朱厚熜的自己人资历是不够的。皇上虽然可以下旨让张璁进内阁,但是内阁同样有权力驳回皇上的旨意,朱厚熜是极要面子的人,这一招不能轻易使用,否则皇帝的面子就要大损,这个他可伤不起啊。

杨一清是个名人,曾经在歼灭刘瑾中立下很大功劳。也许是机缘巧合,张璁在南京时遇见了同在南京的杨一清,他得知张璁要帮朱厚熜认回亲爹,对他大力支持。虽然以前他和杨廷和是战友,但是今天他对杨廷和逼着朱厚熜不认自己的亲爹非常愤慨, 所以他毫不迟疑地和张璁站在同一个战线上。

张璁做梦都想自己也可以进入内阁,可是苦于无门路。正当他绝望,想要放弃的时候,想起了一个重量级的人物,这个人就是杨一清。他向朱厚熜推荐杨一清进内阁,结果可想而知。张璁和桂萼成功地把内阁里对他们有最大敌意的人给逼走了。他们又利用一些手段使杨一清当上内阁首辅,然后经杨一清的推荐他们成功的进入内阁。

张璁这个人是一个典型的忘恩负义过河拆桥的小人,杨一清曾经那么真心实意地帮他,这小老儿转眼间就全忘了。他跑到朱厚熜的面前告杨一清的黑状,可没想到这一招无异于搬起石头砸自己的脚,杨一清在皇帝朱厚熜心里可是超实力的重臣,岂是你张璁能诽谤的?于是,朱厚熜一个生气把张璁削职查办了。

朱厚熜是一个重感情的人,他回忆起张璁曾经与自己并肩作战,不禁后悔起自己不该一时糊涂把张璁给削职查办。于是他又下了一道旨意召回了张璁。张璁一回来不仅不思悔改还更加变本加厉地加害杨一清,最后他给杨一清安了个贪污罪,杨一清听到后一激动就病了,从此一病不起。

张璁因为议礼发家致富,世宗朱厚熜对他青睐有加,因此得以步步高升。随着官位的升迁,张璁的政治野心越来越膨胀,他积极扩大自己的势力,疯狂打击反对他的大臣,一时间权倾朝野。

夏言(1482-1548)江西贵溪人,据说他是一个大帅哥。张璁靠议礼发家,于是有很多人学张璁,一时间天下学士闲来无事就一边捧着礼学书研究,一边嘴里哼着"书中自有黄金屋,书中自有颜如玉",夏言也是其中的一员。

夏言给皇帝朱厚熜上了一份奏折,奏折中他建议皇帝改变祖宗古板的旧制,特别是在祭祀的时候要把天、地、日、月分开来祭。朱厚熜看后十分高兴,这正是他心中所想的,他讨厌那些和他对着干的大臣,正想改革传统礼仪制度,这个夏言就上来这么一份奏折,真是正合他心意啊。

朱厚熜召见张璁,给了他一份奏折说"你好好看看",张璁不看不知道一看简直是吓一跳啊,这份奏折是一个叫夏言的写的,奏折的内容是建议皇帝分开祭祀。这对于别人就是一个无关紧要的事,但是对张璁却是天大的事。关于礼学他张璁是专家,啥时候轮到他人插足,好你个夏言竟敢抢你爷爷的饭碗。

霍韬是张璁的同党,在张璁的授意下,他写了一份奏折给皇帝朱厚熜。这份奏折不是议礼的文章而是一份骂人的文章,据考证这份文章骂人语言水平之高堪称前无古人后无来者。所以皇上看了之后立刻问"这是谁写的?"霍韬以为皇上要赏他,于是屁颠颠地来到皇上面前回奏道:"这是微臣写的。" 随即小皇帝怒道:"来人啊,把他抓起来。"

朱厚熜升夏言为四品官员,张璁对皇帝的做法很是不理解。他不知道皇帝唱的是哪一出,他原认为自己的计划天衣无缝,借用霍韬的奏折来骂夏言后，皇上会给夏言的印象大为减分，自然就不会采纳他分祀的建议了。

朱厚熜采纳夏言的建议，决定祭祀时采取分祭的方式。他命人广建祭坛，浪费严重，在祭祀中各种祭祀的礼仪更是繁多而复杂。而后他又更改太宗庙号为成祖，尊他的生身父亲献皇帝的庙号为睿宗。

张璁因为自己的名与朱厚熜的名同音，为了讨好朱厚熜，他主动请求朱厚熜为他改名。于是朱厚熜给他改名为"孚敬"，字茂恭，并且亲手写下他的名字赐给他。可见，朱厚熜对张璁这一举动很高兴，认为他忠心可嘉。

夏言因建议分祭得到朱厚熜的宠爱，从此官运亨通，升官的速度可以与火箭相媲美。这个时候一向得宠的张璁醋兴大发，一闲下来就找夏言的事，但这夏言也不是省油的灯，一时间两人拿出十八般武艺决斗了一番。

嘉靖十年(1513年)，夏言又升官了。夏言是个帅气的美男子，不仅女人们喜欢看，男人们恐怕也不会讨厌吧！你要问为什么？答案只有两个字：养眼！这个夏言不仅帅还很会说话，所以朱厚熜喜欢他也就不足为怪了。

张璁嫉妒夏言，嫉妒他帅，嫉妒他夺了皇帝对自己的宠爱。最近皇帝老是当着张璁的面夸奖夏言，他从皇帝的语气中听出其要重用夏言的意思便转嫉妒为恨，常常在皇帝朱厚熜的面前说夏言的坏话，一次两次皇帝没理他，后来次数多了，皇帝就不乐意了，出言斥责了张璁。

朱厚熜以外藩的身份继任大统，当皇帝后由张太后做主给选中远城县学教授陈万年的女儿为皇后。陈皇后长得端庄漂亮，又知书达理，结婚之后朱厚熜非常宠爱她，两人每天形影不离，就这样过了几年幸福的二人生活。

陈皇后生性善妒，于是朱厚熜慢慢地疏远了她。皇帝的选择比较多，加上朱厚熜生性风流，所以很快后宫中有了很多嫔妃，不仅如此，他还看上了一个宫女,时常宠幸她。陈皇后得知后,醋性大发,利用自己皇后的权力把那个宫女赶出了皇宫,不仅如此她还跟皇帝朱厚熜大吵大闹了一番。这样让朱厚熜很失面子,他决定从此之后再也不去看陈皇后了。

嘉靖二年(1523年),太监崔文等人在钦安殿修设醮供,请朱厚熜题写青词。时年才十几岁的小皇上感觉这个很有意思,开始对道教产生了兴趣。后来,嘉靖皇帝因为进宫很久仍然没有皇子,十分苦恼。这时有人推荐邵元节,说他很厉害。朱厚熜听了之后十分高兴,便急召邵元节进宫。邵元节进宫之后,马上建祈嗣醮,装神弄鬼了一番。

京师大旱,一连几个月不下雨。朱厚熜知道邵元节做法灵验,便要他做法求雨,没想到几天之后果然下起了雨,从此朱厚熜对邵元节更加信任了,他加封邵元节为真人,让其主管朝天、显灵、灵济三个道观,总领天下道教。他还派人在邵元节的家乡贵溪建造道院,取名仙源宫,花费了大量的银子。

邵元节是一个道士,可他不是一般的道士,他是皇帝朱厚熜身边的道士。朱厚熜十分迷恋修道,为了长生不老,他对道士邵元节的话言听计从。陈皇后得罪皇帝后,贿赂邵元节让他在皇帝身边替自己美言几句。邵元节自然是拿人钱财替人消灾,他告诉皇帝如果想要儿子就应该多到陈皇后那,不出多久皇后必生儿子。

嘉靖七年(1528年),陈皇后怀孕了。朱厚熜十分高兴,希望陈皇后为自己生下一个儿子,如此大明江山就后继有人了。所以,陈皇后怀孕后朱厚熜几乎日日去看望陈皇后,两人仿佛又回到了新婚的时候。

朱厚熜正在和他老婆陈皇后高兴地谈论他们未来的孩子时,有两个宫女给帝后倒茶,朱厚熜看见其中一个宫女伸出来的手十分漂亮,不禁老毛病又犯了,他一边抚摸一边称赞道:"好漂亮的手啊!"陈皇后一看立刻火冒三丈,于是推了那个宫女一把,那个宫女手中的热水倒了朱厚熜一身,陈皇后不仅不道歉反而生气地对皇帝说道:"请皇帝自重。"

陈皇后很泼辣，皇帝朱厚熜也不是善茬。他身为皇帝被陈皇后这样侮辱，立刻就火大了，皇帝很生气，后果很严重。于是他抬起高贵的脚，赏给陈皇后一个飞脚。这一脚下去可不得了，正好踢在陈皇后的肚子上，很快陈皇后肚子里的孩子就一命呜呼了，而陈皇后也因失血过多随之而去了。

朱厚熜在名义上是过继给孝宗皇帝做儿子的，以孝为名义与众大臣斗智斗勇，为自己的爸爸妈妈争取身份，可他对朱厚照的妈妈张太后可没有那么孝顺，他时常没事就虐待张太后。而他的皇后陈氏因为感念张太后选她为皇后的恩德，常常劝朱厚熜要好好善待张太后而得罪了他，以致渐渐被冷落。由此可见，朱厚熜是个小心眼的人。

朱厚熜踢死妻儿不仅不自责，反而对死去的陈皇后心怀怒气。陈皇后死后，他给了陈皇后一个"悼灵"的谥号，同时表示决不让陈皇后入自己的陵墓。大臣都看不过朱厚熜的这种做法，劝他改变主意，可他不听。事隔几年后，大臣又上书劝朱厚熜给已逝的陈皇后改谥号，此时朱厚熜的怒气消了一点，于是改谥号为"孝法"。

小气皇帝临死之前还在遗嘱中吩咐他的子孙不要让陈皇后和他合葬，事隔几十年，朱厚熜这个小气皇帝还如此耿耿于怀，真是让人匪夷所思。可是他的子孙并没有遵照他的遗嘱，把他们合葬在了一起，想必死后的朱厚熜如果地下有知的话，一定会跳出来大骂他的子孙。

张皇后是朱厚熜的第二个皇后，就是那个长着漂亮手的张宫女。陈皇后死后，她就被封为顺妃。顺妃出身宫女，性格温顺，有了陈皇后的前车之鉴，她对皇帝是言听计从。朱厚熜十分沉迷于迷信活动，顺妃就投其所好，常常陪朱厚熜一起出席活动。

邵元节一直很得朱厚熜的尊敬，顺妃就尊称他为"邵太师"。这个邵元节想利用皇上身边的这个宠妃，于是又利用老把戏，说顺妃有旺夫相。朱厚熜一向听这个道士的话，就把顺妃封为皇后。

朱厚熜太爱搞封建迷信了，不管是什么神，什么庙，他反正是见神就拜，见庙就烧香。这可坑苦了小张皇后了，她每天陪着这个迷信皇帝穿着礼服陪祭，叫苦不迭。

祭祀蚕神的活动又要到了，这可真让小张皇后为难的了，因为这次祭祀在北京东郊举行，这距离皇宫相当远，她必须徒步去，祭祀的当天还要穿上笨重的特质礼服。这让我们想想都累，真可怜小张皇后了。更倒霉的是去祭祀的中途，突然下起大雨，小张皇后被淋成了落汤鸡，回去就感冒了。

小张皇后向皇帝朱厚熜发出了她生平的第一次抗议。朱厚熜看一向逆来顺受的小张皇后竟然也敢抗议了，黑着脸说道："你翅膀硬了是不是，也有胆子忤逆皇上了。"小张皇后实在被折磨的快要疯了，对皇帝说："皇上已经够心诚了，如果各路神仙有知定会赐福皇上您，可是皇上您连一个皇子都没有，可见您所做的都是徒劳的。"

朱厚熜是一个阴险的皇帝，小张皇后得罪了他，他表面上并不动声色，但在背后暗暗搞鬼。当时官员们为了讨好皇帝纷纷从各地进献灵芝，朱厚熜这个腹黑的皇帝，竟然欺骗小张皇后说灵芝是强身健体、延年益寿的好宝贝，硬逼着她吃。小张皇后吃后，出现了很多不良反应。小张皇后知道皇帝的险恶用心，不禁暗自神伤。

朱厚熜以小张皇后诅咒皇帝为理由，说她不足以母仪天下，于是下旨废了她，并打入冷宫。可怜见的小张皇后，在冷宫只待了两年就悲伤地死去了。

严嵩是江西新余市人，小的时候非常喜爱读书，而且非常聪明，在当时被称为神童。神童的成长历程一般情况下都会与正常人不同，严嵩当然也不例外，他很小的时候就进入县学，就在他准备迎接新一轮的考试时，他的爸爸——严淮去世了，按照规矩严嵩要在家守孝三年。

严嵩参加了两次科举考试都不幸名落孙山，但他是个坚强的孩子，不抛弃、不放弃，继续考。终于功夫不负有心人，严嵩考中了，并很快进入翰林院，做了一名编修。

严嵩的母亲去世了，于是刚做官没几天的严嵩就向皇帝告假，开始了他又三年的守孝生活。所以，不得不说古代的守孝制度是有弊端的。三年的守孝可能会使一些人失去很多机会，尤其是做官的人。

徐阶生于弘治十六年（1503年）十月，浙江宣平人。这小子小的时候可谓是历尽艰险啊，他掉过井掉过崖，但最后都神奇般地活了下来，所以说大难不死必有后福！在未来，等着徐阶的将是更大挑战，是福是祸，只有天知道。

正德十四年（1519年），徐阶要去考试了，这是所有读书人都要走的一条道路，就像今天的学生要参加的升学考试一样，这一次徐阶要参加的考试是乡试。徐阶虽然是个聪明的孩子，但是这次不知是竞争太大还是不小心的失误，他落榜了。可徐阶不灰心、不丧气，他决定明年继续考。

聂豹是徐阶家乡的知县，机缘巧合下徐阶与这个年轻的知县相识了。聂知县对徐阶很欣赏，并死皮赖脸地要收徐阶为学生，于是徐阶尊他为老师。聂老师不是一般的老师，他教徐阶的东西都是徐阶以前闻所未闻、见所未见的，而这些知识在徐阶以后的人生中对他起着十分重大的影响。

之后，徐阶在乡试中名列前茅，所以说如果一个人有实力是挡不住的。一鼓作气，紧接着徐阶又去了首都北京参加了会试。接下来他很顺利地参加了殿试，见到了传说中的皇帝。要说徐老兄也真够淡定的，见到天子并不像其他考生那样激动得说不出话来，而是镇定自若，表现的非常好。

徐阶金榜题名，中了一个第三名。那个时候杨廷和还在世，并且还在内阁首辅的位置上。杨廷和十分喜欢这个小探花，认为他以后必定有一番大的作为。有领导的欣赏，探花徐阶自然有前途了，很快他被破格选入翰林院。

朱厚熜喜欢搞封建迷信活动，而且和大多数皇帝一样，对长生不老药的追求几乎到了疯狂的程度。他听从道士的话用女子的经血、童子童女尿制药丸,并坚持每天食用。为了得到更多的经血,他让宫女们服用活血的药,折磨的宫女们苦不堪言。

有个叫蓝道行的道士告诉朱厚熜露水能够强生健体、延年益寿。对长寿痴迷的朱厚熜命宫女们天不亮就起来收集露水,长年累月,宫女们大多都病倒了,朱厚熜不仅不怜惜她们还一不如意就随意处罚,并且时不时想点坏主意整治她们。

张皇后死后,朱厚熜又选了一位嫔妃当皇后。这个新皇后姓方,江宁人。方皇后是朱厚熜的第三个皇后,鉴于前两任皇后的悲惨结局,这个新皇后更加小心翼翼地侍奉着皇帝,事事顺着皇帝的心意,不敢有一点违逆。

曹妃是朱厚熜比较宠幸的一个妃子,长得沉鱼落雁,闭月羞花,她是个美人胚子。而且懂得狐媚之术,会唱歌,声音婉转动听,是当时任何一个妃子都不能比的。所以,她理所当然地得到了朱厚熜的独宠。

王宁嫔在曹妃受宠之前也十分受宠,自从曹妃受宠后皇帝就再也不理她了,于是嫉妒、诅咒随之而来。所以说,有女人的地方就会有嫉妒,何况后宫是那么多女人的集聚地?曹妃向朱厚熜说了王宁嫔的坏话,朱厚熜一听很生气便罚王宁嫔去采露水。这下,王宁嫔更加恨曹妃了。

朱厚熜得了一个五色神龟交给四名宫女养着,不想第二天宫女去喂神龟时,发现神龟四腿一蹬,死了。这四名宫女当时就傻眼了,心想完了,这下小命不保了。她们一边哭一边哀叹自己命苦,这时候一个大胆的宫女站起来对姐妹们说道:"横竖都是死,倒不如拉着那个可恨的狗皇帝和我们一起陪葬。"

皇帝朱厚熜对待宫女是十分残忍的,日常不是打就是骂,还变着法地折磨她们,宫女们对这个皇帝早已经深恶痛绝,只是迫于无奈一直隐忍。今天皇帝的神龟死了,想必她们也要陪葬了。可她们有恨,不甘心就这样死去。于是她们合谋杀死皇帝,不仅是为自己也是为其他死去的姐妹报仇。

　　王宁嫔无意中得知这四名宫女的计划，于是立刻向她们大吐苦水，表明自己是和她们站在同一战线上的，现在她们五人结成五人帮，共谋大计。王宁嫔恨皇帝的薄情寡义，更恨曹妃抢走了自己的一切，于是准备报复。她们决定在曹妃的宫内杀死皇帝，栽赃嫁祸曹妃，从而达到一石二鸟的效果。

　　嘉靖二十一年（1542年）十月二十一日的这天夜里，朱厚熜来到曹妃的寝宫就寝。朱厚熜入睡后，曹妃没有睡意，便起床去欣赏了一下紫禁城的美丽夜景。可她这一走就出了大事了，王宁嫔等五人就盯着她呢，只等她一出去，就开始实施计划。

　　王宁嫔等人拿出事先准备好的绳子，结了个绳套把它挂在朱厚熜的脖子上，然后一个人拉，其他四个人分别按住朱厚熜的手脚，不让他动弹。可是一个意外情况发生了，绳套打成了死结，怎么都收不紧。偏偏这个时候朱厚熜又醒了，他一看这情形，心里那个害怕，立刻开口喊救命。

　　一个宫女突然闯进坤宁宫，跪在皇后寝宫门外大声说："皇后娘娘，大事不好了……"此时皇后已经睡着了，听到有人在门外大声吵闹不悦道："是谁在门外大声吵闹？"她的贴身宫女回答道："是曹妃的贴身宫女，说有事要见皇后娘娘。"方皇后想了想说："宣她进来。"

　　曹妃有两位贴身宫女，一个姓吴一个姓张，吴宫女跟着曹妃一起看紫禁城的夜景去了，张宫女被曹妃留在寝宫等着随时伺候皇帝。正当她想打瞌睡的时候，忽然听到有人喊救命，仔细一听竟是皇上的声音！于是她扒着门缝偷偷一看，吓了一跳，她看到几个宫女在谋杀皇上，于是她火速来到方皇后这求救。

　　曹妃在宫女太监的陪伴下在宫中闲逛了好一会儿，才准备回去。她还没回到自己的寝宫，就听见寝宫中传来嘈杂的声音，她那个火大啊，拿出皇妃的气势道："嘛呢？这是干吗呢？在我宫中吵什么吵？"可她一进屋就立刻傻眼了，皇帝气息奄奄地躺在她的床上，皇后怒气冲冲的看着她。她一看心想"这下玩完了！"

方皇后当机立断，先给皇帝传了太医救命，随即又命人把行刺的几个宫女给抓起来(这个时候王宁嫔早就逃之夭夭了)。经过严刑逼迫，这几个宫女把同伙王宁嫔给供出来了，王宁嫔很快就给抓起来了。王宁嫔痛恨曹妃，于是供认曹妃是她们的同谋，这便是要死也得拉个垫背的。

方皇后救驾又立功，成功地把所有同伙都给揪了出来，其中包括皇帝最得宠的妃子曹妃。这个曹妃仗着皇上对她的宠爱将其他人都不放在眼里，方皇后早就看她不爽了，这次正好借着这个案件除掉她，谁让她平时那么嚣张。于是方皇后下令：所有同伙无论主犯还是从犯全部凌迟处死。当然这包括曹妃。

这次朱厚熜虽然没有丢了性命，但是在床上足足躺了两个月。当他身体养好之后，方皇后才告诉他他最宠爱的曹妃也参与了谋杀案，并被凌迟处死了。朱厚熜根本不相信曹妃会要害他，并且认定是方皇后诬陷曹妃并杀死了她，所以对于救他的方皇后不但不感谢，反而记恨在心。

嘉靖二十六年(1547年)十一月，皇后寝宫着火。太监请示皇上朱厚熜，朱厚熜迟迟不下令救火。后来方皇后被救出，烧伤很严重，朱厚熜却不闻不问。方皇后知道后，明白这是皇上有意想让她死，心生绝望，很快就死了。方皇后死后，朱厚熜突然良心发现下令厚葬了她，并亲自拟好谥号"孝烈"。

道士邵元节病死，死前推荐了自己的好哥们陶仲文来代替自己。朱厚熜马上加封陶仲文为"忠孝秉一真人"，加礼部尚书衔，食一品俸禄，命他马上进宫侍奉自己；同时下诏封自己四岁的儿子为监国，自己则退居后宫专门体验陶仲文的房中术和金丹。嘉靖对陶仲文的宠信已到了"见则与上同坐绣礅，君臣相迎送，必于门庭握手方别"的程度。

朱厚熜出巡游玩，陶仲文也同他一块儿去了。路上他们遇到了旋风，朱厚熜马上问陶仲文这种现象的吉凶，陶仲文回答道："宫中将会发生火灾。"当天晚上行宫果然起火，朱厚熜十分惊叹，赞叹道："陶仲文真是个神仙啊！"于是又加封他为少师兼少保、少傅，位登三孤。

张璁做梦都想除掉夏言，可是皇上喜欢夏言，所以即使他再恨夏言也没有办法下手。张璁在朝中有权有势，相信只要自己继续努力，终有一天将让夏言成为自己的手下败将。可是夏言对于张璁的挑战，视而不见、充耳不闻，真是一个淡定哥啊！

一天张璁突发神经表示要除掉孔夫子和老子的封号，降低它们的身份，因为他认为这两位老人家没有对社会作多大贡献，大家不用再向以前那么尊崇他们了。这是一个多么荒唐和无聊的提议，可是满朝那么多大臣竟没有一个人敢提出异议，除了一个年轻人，徐阶。可是这个勇敢的年轻人很快就付出了代价——贬官。

张璁整天挖空心思地想着绊倒夏言，一天他花言巧语地忽悠一个叫薛侃的大臣，说要给薛侃一个升官发财的机会。这个薛侃还真傻，人家说什么他就信什么。于是他乐呵呵地答应了，末了还说了一句："谢谢啊！"

嘉靖十年（1531年），朱厚熜只顾着整天搞迷信活动，炼制丹药，忘了一件重要的事——传宗接代。也就是说，此时的朱厚熜还没有儿子。俗话说"皇上不急太监急"，这次朱厚熜没着急，大臣们倒是急了。有个叫薛侃的大臣给皇帝上了一道折子大意就是：皇上您现在还没儿子，以防不测（万一您出现啥意外了好有人接您的班），请皇帝过继一个儿子。

男人的面子很重要，更何况是皇帝的面子？他一看完这个大臣给自己上的这道折子，立刻就火了，追问道："这是谁写的？"这个时候张璁站出来指控："这是薛侃写的，但主谋是夏言。"很快直接罪犯薛侃就被抓去蹲大狱了，但是这小子死活不交代幕后主谋是谁。

薛侃这小子当过官，到底还不傻。他知道上了张璁那个小老儿的当了，于是决定报复一下张璁。又是一次受审，这次陪审的官员可真不少，张璁也在场。法官大人问道："薛侃你的同伙还有谁，主谋是谁？"

薛侃这次倒爽快招认道:"是张璁。"一语吐出,全场皆惊,张璁在心中大叫:"我汗!"

薛侃咒骂皇上没有儿子,死罪可免,活罪难逃,最终判决:免官为民。可怜的薛侃,十年寒窗苦读,好不容易当个官就被这样弄丢了。张璁到底是跟皇帝有交情,皇帝既没罢他的官,也没有处分他,他依然是首辅大人,所以要想混得好还是要有关系啊!

张璁渐渐失去了皇帝朱厚熜的欢心,这下他又失去了皇帝的宠爱,朝中便没有人愿意理他了,很快他就到了孤家寡人的境地。张璁向皇帝朱厚熜请归了好几次,皇帝最终同意了。嘉靖十八年(1539年),张璁因病在家去世。

嘉靖十五年(1536年),原任吏部尚书的夏言被升为太子太傅,进入内阁。他是一个真正做实事的人,为官廉洁,对待强权毫不惧怕,所以不得不说是一个好官。

张延龄是明孝宗朱祐樘的小舅子,仗着自己是皇亲国戚横行无忌,贪赃枉法,欺压百姓,什么事都敢干,朝廷上下无人敢管,夏言也是一个天不怕地不怕的主儿,别人不敢管的事他敢管。这次张延龄又犯事了,还正好碰到了夏言,这下热闹了,两个人估计要斗上一番了。

朱厚熜早就看不惯张延龄这小子了,但是一直没有借口惩治他。这次夏言把他告了,朱厚熜正好抓住机会好好修理修理他。就这样张延龄被关进了大狱,但由于张太后还在世,所以朱厚熜并没有杀他。

孝宗皇帝的皇后张皇后可以称得上是一个完美皇后,但是有一点不好,那就是她喜欢"护犊"。她护的不是别人就是她的弟弟,张延龄。孝宗皇帝与张皇后非常相爱,因而爱屋及乌对张延龄十分偏爱,纵容他的各种不法行为。

张太后得知自己心爱的弟弟被皇帝朱厚熜给关起来了,便以最快的速度找到朱厚熜,求他放过自己的弟弟。朱厚熜当然不肯,对于名义上的母亲他没有半分亲情,任张太后苦苦哀求,不为所动,从此之后张太后长病不起。

夏言权力愈来愈大，最终坐上内阁首辅的位置。俗话说"高处不胜寒"，夏言的官大了，自然官架子就出来了，加上他这个人本来就耿直，得罪了很多人。于是说他坏话的人就多了起来，时间一久皇帝肯定对他没什么好感了。最后，因为奸臣的诬陷，一代大臣终于走到了人生的尽头。

嘉靖十七年（1538年），严嵩已经是58岁的小老头了，曾经的理想、立场都变成了浮云，所以他要改变自己的立场，改变自己的人生方向。他现在要的是权力，唯有权力才是最实在的东西。要想得到权力，最重要的是要讨得皇帝的欢心。找到目标后，他就开始行动了。

严嵩很快写了两篇文章《庆云赋》《大礼告成颂》，这两篇文章有个最大的特点就是溜须拍马。果然，这两篇文章朱厚熜看到后十分高兴。很快严嵩的第一步计划就十分完美成功地实现了，他成功地得到了朱厚熜的欢心，但是此举却遭到了大臣们的指责，大臣们在背地里偷偷骂他，画圈圈诅咒他。

朱厚熜信奉道教，而且不是一般的信奉，简直到了痴迷的程度。皇帝上朝都是戴金冠，可朱厚熜很另类，他戴一个奇奇怪怪的帽子，美其名曰"香叶冠"。他把"香叶冠"分别赐给夏言和严嵩各一顶，夏言是个比较正直的人，坚决不戴，可是严嵩不一样，他为了讨好朱厚熜，欢欢喜喜地戴上了。因此，朱厚熜对严嵩越发有好感了。

夏言是严嵩实现理想最大的阻碍，除去夏言成了严嵩最棘手的事，这项工作需要一个周密而详细的计划，且等他慢慢计划，慢慢准备。经过长时间的酝酿他终于出手了，这一出手就出了死招，很快夏言死了，自此严嵩成了权倾朝野的大人物。

徐阶守孝回京后，被任命为国子监祭酒，在这个位置上屁股还没暖热呢，他就被调到礼部担任礼部右侍郎，随后又改吏部。徐阶在自己的职位上廉洁奉公，谦虚有礼，所以拥有很多拥护者，为以后的职业生涯打下了良好的基础。

夏言是徐阶的老师（私下里拜的师），夏言被严嵩搞死后，徐阶的日子就没那么好过了。因为徐阶能有今天都是由夏言一手提拔的,严嵩害死他的老师,这个仇他不能不报。但是报仇要冷静,冲动与意气用事是没有用的,他要做卧薪尝胆的勾践,如此才能为他的老师报仇。

嘉靖十八年(1539年)二月一日夜间,不知道是天灾还是有人放火,皇帝居住的行宫忽然着火了,眼看火势越来越大,但是就是找不到皇帝,周围的宫女、太监、侍卫急得团团转。这个时候有个人背着皇帝朱厚熜跳出了火海,大家一惊以为是奥特曼出现了呢,定睛一看原来是赫赫有名的陆炳!

陆炳的妈妈是朱厚熜的奶妈,陆炳从小和朱厚熜一块长大,可以说他们俩是发小。陆炳和朱厚熜的关系就像康熙帝玄烨和曹寅一样。朱厚熜进京当皇帝后,陆炳也一直跟在他的身边。

陆炳文武双全是个难得的人才,而且长相俊美,举止优雅,因此,他一直很得朱厚熜的赏识。嘉靖十八年那场大火后,朱厚熜对陆炳更加器重,因而陆炳的升迁之路更加顺利了。

严嵩的儿子严世蕃是一个非常聪明的孩子,他有一个独门绝技是其他人都望尘莫及的,这门绝技叫做青词。他老爹严嵩也很想学青词讨好皇帝,可是总也学不会,所以便找自己的儿子严世蕃代替。出人意料的是皇帝看过之后,连连赞赏严世蕃写得好。

严世蕃当官后非常贪,有一次他贪得太过分了,有一些人看不惯了,就把他给告了,而且告到了夏言那里。严嵩父子得到消息后,心想这下完了,夏言是个刚正不阿的主,这下犯到他的手中,一定会把自己当典型给处理了。他们思前想后决定亲自上门求夏言,于是父子俩又哭又跪地求夏言,夏言心软,又念在同乡的情谊就放了严世蕃一马。

海瑞是大明朝的政治家,皇帝朱厚熜时期的著名清官。正德八年十二月二十七日(1514年1月22日),海瑞出生于海南,一个美丽的地方。他的爷爷曾经当过知县,伯父做过监察御史。海瑞的爸爸海瀚是正德年间的廪生,读书能明大义,安贫乐道。海瑞四岁的时候,他爸爸因病去世,从此家道中落。

海瑞的母亲性格很刚强,海瑞的父亲死时,他的母亲年仅二十八岁,但她坚持不改嫁,独自抚养海瑞长大成人。长大后的海瑞非常孝敬母亲,做官遇到难题时常向母亲讨教。在母亲的亲自督导下,海瑞自幼即诵读《大学》《中庸》等书。由于母亲早教教得好,海瑞很早就有了报国爱民的思想。

嘉靖二十八年(1549年),海瑞中了举人,被派往福建南平任县学教谕。他和另两个训导迎接提学御史时只有他坚决不下跪,他说这是学校,不是衙门,不应跪接,得到了"笔架博士"的美名。嘉靖二十九年(1550年)二月,海瑞进京参加会试,结果榜上无名。嘉靖三十二年(1553年)二月,海瑞又参加了几次考试,依然名落孙山。

海瑞当了淳安知县后,首先对淳安进行了大规模治理。他首先惩治了那里的不法之徒。那时的县官很多都是贪赃枉法之徒,审判案件时,谁贿赂的钱财多,谁就有理,造成了很多冤假错案。海大人来到淳安后,把过去积压的案件查得清清楚楚,老百姓都哭着说淳安来了个"海青天"。

海瑞海大人的生活极为简朴,完全不同于当时官场上铺张浪费的官员。明朝的俸禄在历代各朝中算是比较低的,官员们因为俸禄远远不够养活老婆孩子,所以总想方设法从百姓身上捞取钱财。可海大人坚决不多取一分一毫,而是安于贫寒。有一年他的母亲过生日,家里没钱了,就向朋友借了些钱,到市场买了二斤肉。

胡宗宪是海瑞的顶头上司,这厮因有严嵩当靠山,鱼肉百姓,敲诈勒索,做尽了坏事。他的儿子也不是什么好东西,平日只知道为非作歹,寻欢作乐。有一次,他带着一帮人路过淳安,海瑞用普通饭菜招待他,他看不上眼就把饭菜给掀了,命令随从把送饭的差役绑起来毒打了一顿。

胡宗宪曾装模作样地对下属说:"各县招待过往官吏不得铺张浪

费。"于是海瑞利用这句话想出了一个对付胡宗宪儿子的好方法。他对下属说:"总督一向为政清廉,吩咐各县招待过往官吏不得铺张浪费。现在来的这个人要吃要喝,态度蛮横,一定是个冒牌货。我可不能让一个不知从哪里来的无赖坏了大人的清誉,一定得重重惩办这个奸徒。"

胡宗宪的儿子被海大人带来的随从给抓了起来,带回县衙审讯。任凭胡公子如何张牙舞爪,暴跳如雷,海大人都咬定他是假冒公子,将他行囊里的银子全部搜出来充公,又狠狠地教训了他一顿,才把他给赶出县境。

京城里的一位御史来到浙江视察。这位御史也是依靠着严嵩的势力,一路上到处敲诈勒索,闹得地方官吏都怕他到来。但他又偏要装出一副清廉的样子,预先通知各地官员,说是接待不准铺张浪费。海瑞接到了这位御史的通知,看透了御史虚伪丑恶的嘴脸,于是故意装着不明白御史的意思,把这位御史大人气得吹胡子瞪眼。

嘉靖四十四年(1565年)海瑞任户部主事时,边境很不安宁。此时朱厚熜已经从小皇帝变成了老皇帝了,但唯一不改的是一如既往地崇信道教,移兴土木,劳民伤财,刚愎自用,喜欢别人对他阿谀逢迎,拒绝廷臣劝谏,以致国事日非,民不聊生,怨声载道。

海瑞为民请命,写了一道《治安疏》托人上呈给朱厚熜。在这份奏疏中海瑞直言指控皇帝昏庸无道,要求皇帝整治朝纲,被后人称为《直言天下第一事疏》。此疏一出,震惊朝野,极大地触怒了嘉靖皇帝。海瑞这小子也真是个硬汉,不怕掉脑袋,早早就为自己买好了棺材,告别妻子儿女,遣散僮仆,并托人帮他料理后事。

海瑞被定罪为"骂主毁君,悖道不臣",朱厚熜下旨将海瑞捕入狱中,打了六十大板,又转到刑部大牢等待处置。结果朱厚熜当年就挂了,他的儿子隆庆皇帝即位以后大赦天下,海瑞获释并复官为户部主事,后来被任命为应天府巡抚。此后,他仍然打击豪强,爱民如子,大力减轻人民负担,亲自带领百姓修筑了吴淞江水利工程,为民造福。

仇鸾,陕西镇原(今属甘肃)人,字伯翔。他出身将家,封咸宁候,任甘肃总兵,其后他因为阻挠军务被总督曾铣给告了,因此被革了职,被抓进了大狱,从此开始了大狱生活。这小子真是坏,为了出狱他诬陷曾铣,出狱后又贿赂严世蕃,从此投靠了严嵩,认严嵩为亲爹,后来被封为太子太保,担任总兵官镇守大同。

嘉靖二十九年(1550年)蒙古俺答侵扰北京,眼看着就要打到北京城了,情况十分危急。因为这一年是农历庚戌年,因此这一事件被称为庚戌之变。

俺答汗又称俺答,在明成祖五次北征之后曾一度强大起来,但是自从他的祖先也先死之后,就没落了。此后的鞑靼部随之兴盛。在弘治年间,鞑靼部依靠侵略别的部落使自己的部落日益强大。

嘉靖二十九年(1550年)俺答调集十余万众挥兵南下。仇鸾这厮用重金贿赂俺答使他们攻打蓟镇,之后又跑到京城向朱厚熜主动请缨,于是朱厚熜封他为平虏大将军,命他速速前往战场抵挡俺答。

仇鸾这厮在战场上大肆抢掠,却畏敌如虎,割死人头向朝廷邀功。在古北口迎战鞑靼国俺答军时,明军大败,但幸运的是他们保全了性命。当敌军带着胜利回家时,仇鸾向朱厚熜撒谎说自己的大军取得了胜利。朱厚熜也真够傻帽的,竟然相信了他而且给他升了官,升他为太子太保。

嘉靖三十一年(1552年)八月,陆炳揭露了仇鸾在背后做的所有小动作。朱厚熜很生气,后果很严重。朱厚熜把仇鸾的官给罢了,让他回家种红薯去了。谁知这个仇鸾胆子太小,被皇帝一吓没过多久就在恐惧中死去了。他死后又被朱厚熜以"叛逆"的罪名开棺戮尸,这就是自作聪明,欺骗皇帝的代价!

嘉靖二十四年(1546年)年初,朱厚熜刚过了一个舒心的春节,朝廷就接到大同军镇急报:鞑靼首领俺答递交了求贡书,并派他的第二个儿子黄台吉为使,带着总人数三百多人的使团要进入北京进行纳贡。

　　蒙古各部朝贡的惯例是在四、五月份，这次竟突然提前到正月里。黄台吉虽然生在茫茫的大草原，但对中原文化有着浓厚的兴趣和孜孜不倦的学习精神，因而很懂礼貌，知道春节是中原人最注重的一个节日，所以就热情地派出使团给明朝道贺送礼——要真的这么简单就好了。

　　嘉靖二十三年(1545年)十一月，鞑靼军队久攻北京但没有攻下，不久大同又被明军收复，俺答担心后路被断而导致全军覆没，就向明朝求贡议和。这个时候明朝京城刚刚发生了薛陈谋逆之乱，朝局动荡，人心惶惶，既无力也无法专心抗敌，朱厚熜想答应议和却拉不下面子，就让内阁商议。

　　明朝内阁的大臣们都是比猴还精的阁老，哪敢在这比天还大的事情上帮皇上拿主意？他们纷纷上疏请皇帝决定。就在这帮君臣玩心眼相互推卸责任的时候，荣王阿宝突然入朝，带来了江南叛乱的消息，明朝上下迅速确立了"攘外必先安内"的战略方针，内阁大学士、礼部尚书严嵩奉命出使鞑靼军营，于是双方因为不得已的原因很快就达成了和议。

　　俺答很不仗义，依约退出塞外之后，见自己没有了生命之忧就开始算账，当发现自己得到的那点赏赐还不够支付这次纠结各部出动二十万大军大举进攻的军费开支时，就觉得自己被明朝给忽悠了，这时他们又得知了明朝江南叛乱的消息，也就不忙着解散各部联军，而是屯兵于关外，随时准备趁火打劫。

　　嘉靖二十三年(1545年)十二月月底，俺答率领休整了还不到一月的大军到达大同城下。大同守军向耗子一样守在城中死活不出来，并且利用天寒用水浇城，让整个城墙蒙上了厚厚的一层冰。这冰不但坚固无比，而且滑溜溜的无法攀登，俺答一看就立刻蔫了，连试探性的进攻都没有做直接撤军走人了。

　　兵部尚书曾铣曾在三边驻守多年，经常与蒙古各部交手，所以对鞑靼部用兵习惯很熟悉。他认为鞑靼熬不了多久了，因为这个时候时值隆冬,关外飘着鹅毛大雪,道路上都结了厚厚的冰,马蹄踏在上面会打滑,还怎么保证机动性?

鞑靼各部军民在隆冬时节都会窝在帐篷里煮茶越冬,俺答却强令他们在其他地方屯兵,并违反常规在冬季用兵,于是内部战、和两派整日在他的面前争吵不休,俺答不胜其烦,也有了回军的打算,但他还想再试一次,能捞一把当然最好,若是捞不到什么好处,自然会罢兵求和。曾铣认为朝廷没有必要调动禁军增援大同,否则会打乱了整军操练的全盘计划。

朱厚熜采纳了曾铣的意见,一方面抽调宣府、蓟辽等镇少量兵马加强大同镇的守卫,严令各边镇加强戒备,各处军镇卫所加紧督率军民百姓整修城池关隘,一方面继续有条不紊地加紧编练禁军。果然不出曾铣所料,春节刚过,俺答就装作没有大同那回事似的,按照此前和严嵩的约定,派人向大同军镇递交了求贡书,还迫不及待地派出了贡使。

鞑靼首领俺答是个有雄才大略的人物,很会审时度势、随机应变,他清楚地知道蒙古松散的政治体制和薄弱的经济基础决定了他们不可能与明朝这么庞大的一个国家长期处于战争状态,所以主动议和封贡。但是,如果朝廷倾师南下,他一定不会放过这个好机会,所以就屯兵塞外待机而动,还派出了贡使来窥探虚实。

内阁几位阁老与兵部尚书曾铣一合计,想出的点子令朱厚熜不禁叹为观止,但他认为上门即是客,不能失了天朝上国、礼仪之邦的风度,明确指示专门负责接待各国使节的礼部远人司按照外国藩王的最高标准接待,赏赐物品由户部直接从抄没薛陈逆党集团的浮财中挑选,列出详单报内阁签批。

黄台吉带着鞑靼使团到了京师,礼部远人司郎中在丰台迎接了他们一行人,并在馆驿中设宴为他们接风洗尘;第二天又由内阁大学士、礼部尚书严嵩代表朱厚熜以鸿胪寺的国宴的规格招待了他们。

严嵩来到鞑靼军营的时候,黄台吉将他迎到军营。两人也算是熟人了，酒过三巡之后，严嵩便用眼神示意陪侍左右的随从退出去，并且让人从外面关紧了房门，然后直截了当地问他："二殿下此次出使朝贡，除了求贡，可还有事？"蒙古汉子都很直率和坦诚，黄台吉也不跟严嵩兜圈子，很干脆地回答："当然有。我父汗让我问贵国大皇帝和严阁老，可否将那神龙炮卖给我们？"

德胜门一战，御制神龙炮大放异彩，那山崩地裂震耳欲聋的轰鸣声，那无坚不摧的强大冲击力，还有那方圆十丈人马俱亡的威力，给蒙古军将留下了深刻的印象，更留下了难以抹去的心理阴影。退出塞外之后，他们总结了此次南侵大战的成败得失，觉得第一大失利原因便是明军拥有威力巨大的新式火器。

严嵩不是一个傻子，他怎么会把自己国家的宝贝给人呢？于是他与俺答巧妙周旋，软硬兼施，三言两语就把俺答给忽悠了，老子都不是对手，何况这一个乳臭未干的儿子？随后，严嵩微微一笑，说："二殿下，令尊还有什么话，请一并说于我。"

黄台吉的智商也挺高，听完严嵩的一席话后他说："难怪我父汗说你严阁老是大明朝一等一的聪明人，您老是火眼金睛，我什么都瞒不过你。瓦剌这帮贼孙子一向桀骜不驯，不服朝廷教化，也时常与我们争抢牧场水源，是贵国和我们共同的敌人。我父汗想请贵国与我们共同出兵，讨伐瓦剌。"

嘉靖二十九年的正月十六，户部前前后后忙了一个多月，总算是把嘉靖二十八年各部开支核算清楚了，与年初的预算相比，礼部、兵部都大大超支了，其中，礼部超支了150万，兵部的超支高达340万。

各部结算账单报到内阁集议，四大阁员谁都没异议，严嵩笑嘻嘻地拈着那支"枢笔"递给了徐阶："少湖兄弟啊，我管礼部，李老他分管兵部，马老他掌管户部，这个票只有请你来拟了。"一向滑头的徐阶毫不犹豫地接过了"枢笔"就拟了票，内阁阁员兼户部尚书马宪成看也不看就提起笔签上了自己的名字，然后交给皇帝。

在御前财务会议上，先由户部报告当年各项赋税收入，审核去年的各项开支。按照朝廷规制，结算的账单与年初的预算不符，户部有权提出疑问，责令超支各部做出说明。尽管大家心里都十分清楚礼部、兵部超支的原因，但程序还得照着朝廷的规制走完。

嘉靖二十八年（1549年），朝廷喜事接二连三，礼部超支的150万两银子中，有30万两是用于应付朝廷各项礼仪大典，一是册封皇十子朱载基、皇十一子朱载埘为亲王。皇十子朱载基为惠妃许氏所出，生于嘉靖二十三年（1544年）年底，因为他妈妈怀孕的时候受了惊吓，所以他出生后身子一直不好。

皇十一子朱载埘是荣妃陈氏在嘉靖二十五年（1546年）生的，长得虎头虎脑，十分聪明可爱，所以皇帝朱厚熜十分喜欢。春意和春情是两位刚封的嫔妃，虽说这两位新晋妃嫔年纪很小，但是都是有福之人，并且不久都怀上了龙种。

大明王朝财政状况大为好转，当年节余高达350万两银子，朱厚熜高兴之余，想小小地奢侈一把，他厚着脸皮跟马宪成商量，能不能再拿出10万两银子赏赐宫眷及内臣。按理户部太仓存银只能用于开边、治河、抚民、兴教等军国大事，皇上要赏赐宫眷内臣只能从内库中开支，动用国库是不合规矩的。

朱厚熜上体国难，下忧民困，从嘉靖二十二年（1543年）起，就将宫中的消费标准一减再减，即使逢年过节，赏赐也是少的可怜，诸多妃嫔的首饰很多年都没有换过新的式样，寒酸得还比不上那些豪强富户家中的女眷。即便如此节省，宫里的开销也是入不敷出，把内库的存银花得干干净净。

朱厚熜的"奢侈"要求自然没有人反对，但是还是有很多人偷偷地说："咱们的皇帝可真小气啊，遇到这么大的喜事，他还是那么小家子气，一共才拿出10万两银子，几百个宫人、几千个大臣，这10万两银子具体分到每个人手中才分到几两几钱？堂堂一国之君，未免有点小家子气了……"

嘉靖二十九年的预算开支，其实跟走过场差不多——户部早在两个月前就让各部报来预算项目,汇总后呈送御览,户部兑付到期国债、兵部整修军备、工部治理黄、漕两河等等大项的预算开支都征得了皇上的同意。今日御前财务会议开过之后,内阁要根据会议决议拟票,皇上披红,司礼监用印之后明发上谕,户部要从太仓拨出银子,嘉靖二十九年财政年度才算正式开始了。

会议的最后,照例是朱厚熜做总结讲话,算是给御前财务会议画上一个圆满的句号:"年年难过年年过,仰赖我大明列祖列宗护佑和诸位爱卿实心用事,嘉靖二十八年总算是过去了。说实话,朕一直没有顾得上总结回顾,方才听诸位爱卿奏陈,朕才意识到,过去的一年朝廷还真是办成了不少大事情。

"组织军事演习,耀兵异域,宣我大明国威,使四夷臣服,群虏归顺,为我大明和平发展奠定了坚实的基础;开办飞钱汇兑、办理民间邮驿、上利国家、下利百姓,又给我大明经济建设插上了腾飞的翅膀,如今天下太平,百姓安乐,商贸繁盛,百业兴旺,形势可谓是一片大好,我大明朝中兴有望,盛世可期啊!"

皇上定下了调子,与会诸人都不敢另持一辞,跟着严嵩跪了下来,齐声说道:"上天庇护,祖宗保佑,明君在位,天下归心,只要我等臣子尽忠职守、实心用事,我大明必定如日中天!"

朱厚熜笑道:"中兴伟业,朕与诸位爱卿共创之;盛世,朕亦与诸位爱卿共享之!"众人再度望阙叩拜:"谢皇上恩典!"朱厚熜说:"诸位爱卿快快请起。不过,革命尚未成功,同志仍需努力……"

朱厚熜的"同志"、"革命"两个词让大臣们着实大惊了一下,如果因共创大明盛世而论,需君臣和衷共济、同心协力,勉强能说得过去;但所谓"革命",多指改朝换代,如商革夏命、周革商命等等,岂是能随便使用的?如果说话的人不是皇上本人,只怕难逃抄家灭族之祸!

朱厚熜问他的臣下有关的具体政务,身为内阁首辅的严嵩赶紧表态道:"皇上圣明。增产丝绸关键是蚕丝,有了蚕丝,只要增加织机织工即能多产丝绸。气候使然,只有浙江适宜种桑养蚕,历来江苏的丝绸也多靠浙江供应蚕丝。近年来，江南各地推行改稻为桑的国策，浙江走在了前面，各地百姓有种桑养蚕缫丝的经验。"

朱厚熜问道："农田都改了桑田，浙江百姓吃粮怎么办？""回皇上，从外省调拨。"严嵩说，"这几年里，每年从外省给浙江调拨的粮食高达二百万石；又加上北方粮食连年增产，对江南的依赖已大为缓解，浙江稻田改为桑田，每年再增调粮食就是。至于外省调拨粮食一定比本地产出的贵，针对这一问题，每亩桑田的收益本就比稻田要高出至少三成。"

严嵩拍马屁道："皇上您如天之仁，在朝廷推行改稻为桑国策之时早已明发上谕，所改桑田仍按稻田起课征税，不许增加赋税，百姓得了这么大的好处，都颂扬您的恩德，并且积极种桑养蚕，有了丝源，江南各个省都增加几千架织机，每年增产二十万匹丝绸自然不成问题。"

朱厚熜早就提出了改稻为桑的国策，只不过是因为嘉靖二十三年江南发生叛乱，需要休养生息、恢复元气，这两年里才没有大力推行而已，此刻听严嵩侃侃而谈，把各种问题都考虑到了，心里十分高兴，就说："好！这件事就依严阁老的意思去办，内阁下去议个详细的方略来，然后给坐镇江南的夏阁老下廷寄，让他主抓此事。一船船的丝绸运出去，一定会给我大明运回一船船的银子来！"

严嵩对他的儿子非常溺爱，称自己的儿子为东楼，也许今天的人会觉得这种称呼很正常，但是这种称呼在明代却是绝无仅有的。严嵩不仅对他的儿子十分溺爱，对他的下属也十分放纵，由于其权力越来越大，所以他的下人也成了别的官员奉承的对象，可是他对他的下属却从来不加以节制。

严嵩渐渐对朱厚熜也傲慢无礼了起来，他把朝廷的各个主要机关都安插了自己的亲信。朱厚熜渐渐觉察到了严嵩的狼子野心，逐渐对他产生厌恶感，转而对徐阶亲近起来。严嵩却依旧我行我素，丝毫不知收敛。

吴时来、张明中、董传策等人上书弹劾严嵩，严嵩知道后十分生气，所以秘密地告诉朱厚熜要好好教训一下他们，于是朱厚熜就把他们关进了大牢。但是令人失望的是，严嵩无论怎么问都问不出个所以然来，朱厚熜就把人给放了，严嵩对此很不高兴。

徐阶利用朱厚熜对严嵩有成见这个机会开始排挤严嵩。嘉靖四十年（1561年），吏部尚书吴鹏辞职了，严嵩推荐自己的亲戚欧阳必进，而朱厚熜讨厌这个人，就不同意用这个人。赵文华也是严嵩的人，他竟然违抗圣旨，于是朱厚熜把他给炒鱿鱼了，而严嵩只能干瞪眼却无能为力。

严嵩八十二岁了，人老不中用，这话的确说的不错。随着年龄的增加严嵩对许多问题逐渐失去了正常的思考和判断能力。从前他的儿子是他的得力助手，可自从他的老婆死后，他的儿子就回家守孝去了，不能给他及时有效的帮助了。因此他频频出错，让朱厚熜对他越来越不满了。

朱厚熜迷信道教，对道士的话言听计从。徐阶利用这一点让道士蓝道行帮皇帝占卜，蓝道行说今天有奸臣要奏事，正巧严嵩那天给朱厚熜上了一道奏折，从此朱厚熜开始怀疑严嵩的忠心。后来又有大臣举报严嵩父子的不法行为，让朱厚熜决定解决掉严嵩。最后朱厚熜让严嵩回家养老，把严嵩的儿子严世蕃发配到边关去了。

李时珍是个有名的神医，朱厚熜很欣赏他，请他到宫中一游。李时珍到东暖阁之后，刚要跪下行觐见大礼，朱厚熜已疾步上前，用双手将他搀扶起来，说："李先生不必多礼！朕方才与马阁老议事，劳你久等，失礼、失礼啊！"

李时珍虽然是个神医，是个见过世面的人，但见了一国之君的皇帝还是不免有些紧张。朱厚熜看他跪着，于是拉他坐上了绣墩。李明珍虽生性淡泊，从不对权贵折腰，但此刻他面对的是大明王朝百官万民的君父，被如此礼待，仍让他无比激动。于是，他小心翼翼地将半个屁股落在座位上，朝着皇上的方向半扭着身子，不敢抬头直视天颜，这样的姿势,真比站着或跪着还要难受。

自西汉"罢黜百家、独尊儒术"以来,医学就被人视为杂学,医生社会地位低下。因此,李时珍的父亲李言闻在家乡虽小有名气,却不主张李时珍学医,而是让他埋首书斋,攻读《四书》《五经》,想让其靠八股文章谋个出身。

李时珍十四岁中了秀才之后,接连三次都没有考中举人,到了二十岁才不得不打消科举出仕的念头,改儒为医,传承家学。他学医的天分非常高,很快就成为当地名医,被楚王召去武昌给当家庭医生,后来楚王又举荐李时珍到太医院任职。就这样年纪轻轻的李时珍成了太医,算是医生中的顶尖人物了。

嘉靖二十六年会试,朱厚熜增开制科广取贤能之士,除开了贤良方正能直言极谏科之外,还增开了很多时务学科,如农经、医理、算学、格致、经济等科。李时珍知道后十分高兴,于是决定去考试,没想到一考就考中了,而且被钦点为医理科进士。

李时珍了却了老爹当年的一大心愿,想必他老爹在九泉之下可以瞑目了。此后,李时珍奉旨到山东莱州救治灾民时,不避瘟疫,凭着一手精妙医术救活了无数百姓。皇上念他劳苦功高,特赠父荫,追授他的父亲为正五品太医院院正。一门两代同受封赏,这让李时珍更对皇上感激涕零了。

自嘉靖二十二年起,京城之中就流传着一个惊人的消息,说当今圣上上膺天命为九州共主,是古往今来难得的一位明君圣主,所以上天派了许多忠臣良将来辅佐皇上中兴大明,连姓名都托梦给了皇上。皇上如今正在按图索骥,一一把这些人招到身边为朝廷效力。

李时珍是个医生,自然不信那些怪力乱神。他在太医院供职,头顶"御医"的炫目光环,治好了不少疑难杂症,所以经常有人来找他求医问药。那些王公卿相自己或内眷有恙,不可能屈尊移步到李时珍的寓所,就请他到府上诊脉,对他这样有本事的人十分客气,少不了要闲谈叙话、设宴款待。

李时珍办完了山东莱州的差事，回京被擢升为太医院院判，因为在莱州之时曾感染瘟疫，九死一生虽保住了性命，但身体健康却受到极大的损伤，皇上特下恩旨，准他不必到衙门理事，一边静养，一边安心攻读医书钻研医术。

吕芳悄悄找到李时珍，请他给太子治病。那段时间，他每日悄然进宫为太子请脉，亲自煎汤熬药，还翻遍了古今医书，可谓是穷其所学，耗尽精力，却只能使太子的癫狂之症稍微缓解了一点，未能根治。

李时珍没有治愈太子的病，皇上不但没有怪罪于他，反而让他不必在太子身上耗费太多的精力和时间，命他抽调太医院太医为奉调进京整训的宣府、大同两军医护兵传授医术。一边是被视为国本的太子，一边是寻常兵将，皇上虽做出这样本末倒置的安排，但李时珍却不认为皇上淡漠天亲、冷落太子，而认为这是个仁慈的皇上。

李时珍认为人们虽然都有善良的心，却会犯很多大错，这是因为历代本草著作内容多有错误，药物分类未经精心审查，品数既繁，名称多杂，或一物析为二三，或二物混为一品，其中不少药物本身有毒，用的时候要十分小心。

李时珍向朱厚熜提出要辞官，朱厚熜笑了起来："辞官做什么？要重修本草，也不必非要辞官啊！"李时珍没有想到自己的心思竟被皇上一语道破，不禁怔怔地看着皇上，不知道该如何回话。

李时珍在太医院任职的时候，目的并不在于做官，而是要饱览皇家典藏的古今医书脉案。从山东回来之后，他不但经常出入太医院药房，还求着吕芳给他个宫里的腰牌，能随意出入内廷御药库。他就是因为要立志重修本草，所以才会整天钻在药库里不出来。

李时珍的家境并不宽裕，每当他行医的时候，从不索取酬劳，被人传诵为"千里就药于门，立活不取值"。朱厚熜怕他辞了官，将无法生存，以至于一日三餐不继，不能专心致志地完成重修本草的千秋功业。

朱厚熜让李时珍去培训大同、宣府两军医护兵，就是在为李时珍亲自去采药做准备。李时珍从他们之中挑选了二十名忠厚老实的做自己的助手。这些人既懂医术，又身强力壮，与李时珍同行，能够很好地照顾他。朱厚熜授予这些人八品医正之职，因此他们中没有人是不愿意去的。

高拱是朱厚熜身边的近臣，深得朱厚熜的宠信，封疆入阁只是时间的问题。朱厚熜让高拱给李时珍的《本草纲目》作序。李时珍虽说官职不显，名气却不小，高拱给他的大作作序也不算失了身份，更何况皇上已经赐名赐墨，他更不敢矜持，一边侧身避让，一边拱手还礼，说："能为李先生大作作序，高某荣幸之至。"

李时珍为写《本草纲目》走遍两京一十三省，把前朝诸家本草中所收的1518种药物逐一考证，并补充收纳各类能入药之物。在药物分类编目上，李时珍舍弃自《神农本草经》以来，沿袭千年的上、中、下三品分类法，把药物分为水、火、土、金石、草、谷、莱、果、木、器服、虫、鳞、介、禽、兽、人共16部……

戚继光，山东人，出生在一个世袭军官的家庭中。戚继光的父亲老来得子，所以对戚继光的要求很高，让他从小读书识字，学习武术。戚继光出身将门但是家境十分贫寒，父亲退休后他们的生活变得更加困难。

嘉靖二十三年（1544年），戚继光的父亲戚景通身患重病，知道自己活不了多久了，于是让戚继光迅速到北京办理袭职手续。还没等戚继光回到家，他老爹就永远离开了他，可怜的戚继光一把鼻涕一把泪地把父亲安葬了，守孝完毕后，他开始了自己为期四十五年的漫长军旅生涯。

戚继光是世袭军职，年纪轻轻就被皇上拔擢到营团军任职，南征北战，东讨西伐，一直也没有机会参加科举，捞个武进士的功名。

嘉靖中叶以后，东南沿海一带的倭寇越来越猖狂，特别是浙江、福建两省由于官兵的征剿不力，倭寇出没得更加频繁。当地百姓对这种情况非常恐惧，朝廷也非常担忧。基于这种情况，朝廷于嘉靖三十四年(1555年)七月把戚继光调往东南,管理那里的屯政。

嘉靖三十六年(1557年)中旬,倭寇像潮水一般涌来,向南掠扬州、高邮,向北侵略淮安。七月汪直在杭州投降,后来汪直因投降罪被关进大狱,并最终被处死。倭寇愈来愈多,虽对戚继光等进行四面围攻,但久攻不下。

嘉靖三十七年(1558年),倭寇又进行了大规模的进攻,胡宗宪面对那么多的敌人吓得早已失魂落魄,于是接连送了几头白鹿给爱迷信的朱厚熜,避免了朱厚熜对自己的责任追究。

嘉靖三十七年(1558年)四月,戚继光得到上司的命令率军由舟山渡海防守台州,取得了小规模的胜利。那个时候倭寇头子汪直被胡宗宪给诱杀了,余部占领了岑港。大明的军队在胡宗宪的领导下,分几路强攻,这个时候虽然戚继光率兵加入了战争,但是倭寇的老巢久攻不破,就这样敌对两方你进我退相持了半年之久。

朱厚熜认为久攻不下是将帅失职,再加上有小人的挑唆,朱厚熜下令将总兵俞大猷、参将戚继光等革职,并让他们戴罪立功,限期一个月让他们把岑港给荡平了。不久戚继光又被复职,他用尽全力杀敌立功,先后在桃渚、海门等地取得了一连串的胜利,充分显露了自己的军事才能。

之后倭寇基本被剿灭了,剩下的像乌龟一样躲在孤悬东海的几个小岛上,成不了什么气候。戚继光奏请朝廷恩准,将兵权交于副手汪宗瀚,自己来到京城应试武科。与他同行的除了东海舰队麾下那些也要应试武科的军官之外,还有前年才由东海舰队经历官升任参谋长的徐渭。

朱厚熜一心想创造机会,让张居正与武将们多接触,为他日后的发展奠定群众基础,谁知道张居正竟然不领情,不但自己不愿意去,还找借口说圣驾不可轻出九重。直到朱厚熜发了脾气,说他自矜身份,看不起舍生忘死、保家卫国的大明将士,张居正这才住了口。

朱厚熜迷恋道教,在统治期间,朝政腐败,一心想利用道教来掩饰,用各种"祥瑞"来自欺欺人。各级官员纷纷逢迎皇帝,利用向皇帝进献所谓的"祥瑞"来升官发财,这让朱厚熜十分高兴,于是一时间各地官员争相效仿。

朱厚熜对道教的痴迷不仅影响到国家的正常发展,自己也因服用过多丹药中毒,以至于一命呜呼,去和玉帝王母探讨修道之术去了。这一年是嘉靖四十五年(1566年)十二月,他在弥留之际还对道教痴迷不已,想要回到自己的家乡,因为他认为家乡是他的"受身之地",更利于自己修道。

第九章

隆庆之治

——我要做个好皇帝

嘉靖四十五年(1566年),朱载垕即位,年号隆庆。

隆庆元年(1567年)五月,高拱辞官归家后被召回。

隆庆二年(1568年),内阁首辅徐阶致仕。

隆庆三年(1569年)正月,大同总兵官赵岢在弘赐堡大败俺答。

隆庆三年(1569年),高拱授文渊阁大学士兼掌吏部尚书,高拱正式控制内阁。

隆庆四年(1570年)十二月,张居正被封为太子太傅,吏部尚书、加柱国。

隆庆四年(1570年)四月,俺答攻打大同与宣府。

隆庆四年(1570年)下半年,俺答的孙子把汉那吉投降大明朝。

隆庆五年(1571年)三月,大明朝廷封俺答为"顺义王"。

隆庆六年(1572年),高拱被赶走,张居正与冯保联手把持朝政。

隆庆六年(1572年)四月二十五日,明穆宗朱载垕驾崩。

嘉靖四十五年（1566年）朱载垕即位，年号隆庆。

朱载垕生于嘉靖十六年（1537年），妈妈是杜康妃。朱载垕和他们家老四——卢靖妃所生的载圳，都在他们的哥哥朱载壑被立为太子的时候，一起被封为王。朱载垕被封为裕王，朱载圳被封为景王。

朱载垕是个没有什么野心的人，而他的弟弟朱载圳也就是景王却是个野心勃勃的人，常常在言谈之间流露出自己希望被立为太子的意思。朱厚熜得到情报，在嘉靖四十年（1561年）命令景王离开京城，搬到湖北德安所谓的"封地"去住。

朱载垕是朱厚熜的第三个儿子，按照老朱家的规矩是立长不立幼的，所以按一般情况来说他是没有机会做皇帝的。虽然他的大哥死得早，但是他还有二哥，而且他的二哥很早就被立为太子。可是命运又一次垂青了他，他的二哥也就是太子于嘉靖二十八年（1549年）不幸死了。

朱厚熜有八个儿子，但是现在却只剩下了两个皇子，老三——朱载垕和老四——朱载圳，皇位的继承人将从这两位候选人中选出。朱载垕虽然长于老四朱载圳，但朱载圳的妈妈很受宠，所以说朱载垕的压力还是不小的。但很快上天又一次厚待了朱载垕，他的唯一的弟弟朱载圳也死了，他没有了竞争者，也就是说皇位他是志在必得。

朱厚熜信道教简直到了痴迷的程度，他听信了道士"二龙不相见"的鬼话，坚决不再立太子了，朱载垕听了这句话心里的怒气如山洪一样，但他知道自己得忍得淡定，于是这个淡定哥平静地告别了他的皇帝老爹，走出皇宫继续做他的裕王去了。

朱厚熜死后，朱载垕终于等来了属于自己的春天。继承大统的朱载垕开始了自己的皇帝事业。俗话说新官上任三把火，朱载垕的第一把火是整治道士，他对道士的恨源于"二龙不相见"。一时间朝廷的污秽之气被清除了，政治也清明了很多，百姓的负担也得到了减轻。总之一句话:这把火烧得好,烧得妙,烧得呱呱叫。

朱载垕是个低调勤俭的好皇帝,平时布衣素食,主张一切从简。后宫见皇帝如此节俭自然也不敢奢华。有一次朱载垕受到大臣们的吹捧,不禁心花怒放,下令犒劳后宫,既然是犒劳就少不了要拿钱,可是此时皇帝的内库早已被朱载垕的老爹给挥霍完了,分文不剩,所以说朱厚熜真不厚道,连一毛钱都不给儿子留!

面子是很重要的,尤其是皇帝的面子。朱载垕金口一开,自然没有收回去的道理,所以他要想方设法地保住面子。于是他不得不厚着脸皮去向户部要钱,可户部的头——马森是个死脑筋,非得问皇帝要钱干吗,朱载垕不好意思地说出来意,听罢,马森不仅不给钱还板起脸对皇帝说教了一番,朱载垕只得灰溜溜地回去了,心里那叫一个郁闷啊。

皇帝丢了面子,内心很受伤,正当他坐在角落里暗自舐着伤口自我疗伤的时候,一个没有眼色的大臣,詹仰庇,听说皇帝和皇后小夫妻拌嘴了,皇后正在和皇帝闹分居,巴巴地跑到皇帝面前叽里呱啦地讲了一大通。皇帝正在烦着呢,他偏来凑热闹,这让朱载垕的火气陡然上升。幸亏詹仰庇还有点眼色又跑得快,不然有他好看的。

朱载垕向户部要钱没有要到,窝了一肚子的火,可是大臣们却对这件事不依不饶,就好像皇帝犯了一件天大的错事似的。一时间指责的奏折像雪花一样飘到朱载垕那里。其实皇帝也脆弱,看到这种状况他刚开始上任时的激情逐渐没有了。

朱载垕刚当皇帝那会儿,内阁的大学士是徐阶、李春芳、郭朴、高拱这四位,都不是一般人。李春芳是扬州府兴化县人,嘉靖二十六年的状元,脾气好,而且从不搞贪污腐败的小把戏。他竭力折冲于徐阶、高拱之间,但是没有什么效果,于是在隆庆五年辞职回家,侍奉双亲,享受天伦之乐去了。

郭朴是安阳人,嘉靖十四年(1535年)考中进士,被封为翰林。这个人非常忠厚,徐阶很欣赏他,后来把他引入内阁,但是在感情上他与高拱比较接近。高拱和徐阶合不来，不幸的他也被卷入漩涡，但他比较聪明，总是能见机行事，后来在隆庆元年（1567年）九月辞职回家，尽享天伦之乐。

高拱是新郑人，中进士后，也被选为翰林，虽然他入翰林比郭朴晚六年，但他与郭朴几乎同时入阁，同样也是徐阶所推荐的。高拱这个人虽然是徐阶推荐入阁的，但与徐阶不和。徐阶写朱厚熜遗诏的时候，没有和他商量，所以对徐阶怀恨在心。

胡应嘉，字祈礼，号杞泉，胡琏之孙，世居淮安府城。应嘉出身书香之家，幼年时便受良好教育，学业大进，青年即中举，明嘉靖三十五年（1556年）中进士。开始的时候他担任江西宜春县知县，没过多久又担任吏科给事中，后来做了都给事中。

朱厚熜病危的时候胡应嘉跳出来弹劾高拱"不忠"。这个时候高拱动作敏捷，在朱厚熜还没表态之前就立刻上书为自己申冤。但是那个时候恰逢朱厚熜处于弥留之际，昏迷不醒，这事也就被压下来了。

高拱是朱载垕的老师，自从在裕王府就一直与朱载垕不离不弃，相伴十三年之久，可谓是朱载垕的心腹。而大臣张居正又是高拱的学生，也是朱载垕的讲官。考虑了很久后，朱载垕决定要给内阁注入新的血液。于是，他令吏部尚书陈以勤和吏部侍郎张居正同时进入内阁。

张居正是江陵人，生于嘉靖四年（1525年）。他在十二岁中了秀才，十六岁中举，二十三岁成为进士，选庶吉士，很受徐阶的欣赏，后被其收为学生。张居正当了编修七年，感觉到朝廷贪污腐败之气太过严重，不愿意同流合污，于是非常决绝地称病辞职，回到家乡，一边种竹子，一边读书。

张居正在家种够了竹子，便决定回京做官。这一次他做的官是右春坊右中允、国子监司业。张居正在隆庆元年（1567年）二月进入内阁，两个月后升为"礼部尚书兼武英殿大学士"。第二年正月，他被升官为"少保兼太子太保"。隆庆四年（1570年）十二月，他又被升"太子太傅,吏部尚书、加柱国"。

高拱认为胡应嘉背后应该有后台，要不然他想破脑袋也想不出胡应嘉为什么冒着那么大的危险来告自己。他想胡应嘉背后的人一定是徐阶，因为徐阶和自己的矛盾由来已久,在朝中他们两个的实力旗鼓相当,俗话说"一山不容二虎",两个人自然会明争暗斗互不相让。

高拱一怒之下把胡应嘉贬为平民。众大臣早就看不惯高拱的所作所为,于是集体弹劾高拱,无奈的高拱不得不在隆庆元年(1567年)五月辞官归家。两年七个月以后,他又被召回内阁,兼掌吏部,到了隆庆六年(1572年),朱载垕去世的时候,他又因为和张居正不能协调工作,被神宗的嫡母与生母罢了官,没过多久就死了。

朱载垕还在当王爷的时候,就十分关注国家的边疆问题,所以他刚坐上皇帝的宝座,就立即任用了当时有名的将领守卫边疆。他还启用抗倭名将戚继光为都督同知,总管京城门户防卫与东北边防,据说戚继光的车马阵就是在那个时候发明的。

张居正于隆庆元年(1567年)以吏部左侍郎兼东阁大学士的身份入阁。到了隆庆二年(1568年)十一月,宣府总兵官马芳在长水海子和鞍子山连续打败俺答取得很大的胜利。隆庆三年(1569年)正月,大同总兵官赵岢又在弘赐堡大败俺答。隆庆四年(1570年)四月,俺答攻大同与宣府,但都被马芳与赵岢给挡住了。

隆庆四年(1570年)的下半年,俺答的孙子把汉那吉,带领部下阿力哥等十人,到大同来投降大明朝。大明官员接受了他的投降,然后报告给上级总督王崇古。王崇古向朝廷建议,给把汉那吉封官加爵,让俺答知道,如果俺答答应归顺的话,就叫他把赵全等九个汉奸给捆了送过来;如果俺答不肯归顺,便威胁说要杀掉把汉那吉。

把汉那吉刚娶了一个漂亮的媳妇,还没来得及乐两天呢,就被他的爷爷俺答给抢走了。男子汉士可杀不可辱,夺妻之恨必须要报。可是他一没权二没势报什么仇呢? 后来他想到了一个自认为绝妙的报仇方法，就是自己当叛徒向明朝投降。这厮也是个雷厉风行的主，说干就干，很快他就偷偷地向明朝投降了。

俺答得知孙子把汉那吉降明受封以后，被气得七窍生烟，集合了各部人马，大举进攻明朝军队，想借机把孙子给抢回来，然后好好教训教训他。但是他见到明军早有防备，便派了一个使者去见明军将领王崇古，王崇古也派了一个使者前往俺答部，表明大明朝廷的态度。

俺答也不傻，听了明使的话非常高兴。他向使者说："我其实也不想作乱，都是赵全那厮怂恿我的。如果尊敬的皇帝陛下真的封我为王，让我镇守北方的各个部落，那谁还闲的没事去作乱呢？等我死了以后，我的孙子就会即位继续受封，大明朝就是我们的衣食父母，我们一定不会忘记朝廷给我们的恩惠的。"

王崇古把谈判的经过报告给朝廷，与此同时提出了具体的封赏的办法。朝廷照王崇古的办法实行，于隆庆五年（1571年）三月封俺答为"顺义王"，同时他的部下与儿子等人，都分别被封了官。

赵全等人本来是大明军队的人，后来因为贪慕享乐而投降俺答做起了汉奸的行当。俺答归顺后，赵全等人就被送回到原单位。作为汉奸，他们自然有特别的待遇。隆庆四年（1970年）十二月他们被俺答捆了送到明朝，随后就被斩首了，汉那吉也被明朝送回给俺答。祖孙二人见面后，立刻冰释前嫌，继续相亲相爱地做一家人。

隆庆六年（1572年）四月二十五日这天发生了一件大事，朱载垕病危，召高拱、张居正及高仪三人为顾命大臣。第二天，朱载垕死于乾清宫，死的时候三十六岁，正值壮年。他为什么会突然死亡呢？其实朱载垕的死是有原因的，他沉湎酒色，贪图享乐，过度宠幸塞外美女花花奴儿，以至于早逝。

第十章

悲情父子

——就是不让你当太子

嘉靖四十二年(1563年)八月十七日,朱翊钧在裕王府出生。

隆庆二年(1568年),朱翊钧被立为太子。

隆庆六年(1572年)六月初十,朱翊钧登基。

万历六年(1578年)二月,朱翊钧大婚。

万历十年(1582年),朱翊钧的老师张居正过世,朱翊钧亲政。

万历十年(1582年)八月十一日,朱常洛出生。

万历十一年(1583年),首辅张四维的老爹去世,张四维回家丁忧。

万历十一年(1583年)四月,申时行接任内阁首辅。

万历十二年(1584年),定陵开建。

万历十三年(1585年)十月,张四维病逝。

万历十四年(1586年),郑贵妃生下朱常洵。

万历二十九年(1601年),皇长子朱常洛被册立为皇太子。

万历三十年(1602年),朱常洛大婚。

万历三十一年(1603年),发生妖书案。

万历四十三年(1615年)五月初四,发生梃击案。

万历四十八年(1620年)八月初一,朱常洛登基,即明光宗。

万历四十八年(1620年)八月二十九,朱常洛驾崩。

隆庆六年(1572年),穆宗朱载垕驾鹤西归,同年他的第三个儿子朱翊钧即位,成为明朝的第十三个皇帝。第二年改年号为万历。他在位四十八年,是明朝皇帝中在位时间最长的。

嘉靖四十二年(1563年)八月十七日,朱翊钧出生在裕王府,是朱载垕的第三个儿子。朱翊钧的出生给裕王府带来了欢乐,让王府张灯结彩,热闹非凡。但是这种喜庆的气氛却没有持续多久,因为朱翊钧的祖父嘉靖皇帝,并不高兴这个皇孙的出世,还产生了一种愤恨的心理。

朱翊钧的诞生,没人敢报告皇帝,所以朱翊钧一直没有自己的名字。直到五岁时,这个小孩子才有了朱翊钧这个名字。嘉靖皇帝晚年更加多疑,怕裕王朱载垕威胁他的皇位,所以即使逢年过节都不允许裕王去看他,更不用说平日里的问候了。

朱载垕是嘉靖皇帝唯一的一个继承人,按照中国传统,皇帝老子死后儿子就是要继承皇位的,所以朱载垕一直都在耐心等待着。嘉靖四十五年(1566年),嘉靖皇帝朱厚熜终于挂了,临终遗言的第一条就是让裕王朱载垕即位。同年,朱载垕即皇帝位,是为穆宗,年号隆庆。

隆庆二年(1568年)朱翊钧被立为太子,那时的他才六岁。有一天,朱载垕在宫中骑马,跑得很快,朱翊钧对他老爹说:"陛下是天下之主,小心点,别摔着。"穆宗皇帝听了,心里乐开了花,没想到自己的儿子那么小就如此懂事、孝顺。于是他高兴地跳下马来,把他抱在怀里,并赏赐给他好多好吃的和好玩的。

陈皇后因为有病而被安排居住在别的宫殿中,朱翊钧每天都跟着他的妈妈李贵妃去看望她,陪她聊天。陈皇后非常喜欢聪明伶俐的朱翊钧,每当听到朱翊钧的脚步声都非常高兴,总是勉强爬起来出门迎接他们母子。陈皇后经常拿来经书考他,朱翊钧总是对答如流,看到如此聪明的儿子李氏也很高兴。由于朱翊钧的关系,两宫相处的十分融洽和睦。

朱翊钧的母亲李氏,是一位典型的中国封建社会的贤妻良母。她对儿子的学习和生活要求非常严格,如果朱翊钧不好好读书就要被长时间罚跪。后来朱翊钧做了皇帝,她也从未放松。由于李氏的严格管教以及他本人的努力,朱翊钧的学业进步很快,学习了不少治国治民的本领。

隆庆六年(1572年),朱厚熜去世。十岁的皇太子朱翊钧穿着丧服接见了大臣们。按照传统的"劝进"形式,全部官员要以最恳切的语言请求皇太子即皇帝位。前两次的请求都被皇太子朱翊钧以父皇刚刚驾崩自己的哀恸无法节制而拒绝。到第三次,他才以群臣所说的应当以社稷为重作为理由,勉为其难地接受他们的请求。

登上皇帝的宝座,朱翊钧就必须照章办理各种礼仪。在同样庄严的仪式下,朱翊钧封他的兄弟叔侄辈中的一些人以"王"的称号,又封他们的妻子为"王妃"。而接下来是最隆重的仪式,就是把"仁圣皇太后"的尊号上赠给他的嫡母隆庆的皇后陈氏,把"慈圣皇太后"的尊号上赠给他的生母皇贵妃李氏。

朱翊钧登基之后,由于皇家的习俗,一种无形的距离存在于太后和皇帝之间,使母子之间的天性交流变得极为不便。比如不久前朱翊钧曾下令修慈圣皇太后居住的宫殿,完工之后,她的感谢不是用亲切的口吻加以表达,而是请学士写成一篇文章,赞赏皇帝的孝顺,在朱翊钧下跪时逐句诵读。

万历九年(1581年)慈圣皇太后为女儿寿阳公主选驸马的时候,面对侯拱宸等三位候选人,她选择了衣冠朴素、战战兢兢的侯拱宸,并说:"这小子看着很淳朴,一看就知道他是我们家人啊!"

慈圣皇太后一心想让朱翊钧成为一个有为之君,因此对他管教很严。她和皇帝住在一块以便随时督促小皇帝,每当要上朝的时候,慈圣皇太后五更时分便叫他起床。小孩子贪睡,有时候一遍叫不醒,慈圣皇太后就不厌其烦地叫了一遍又一遍,直到把他叫醒为止。朱翊钧起床后,太后命太监们为他洗脸,并催他赶紧上朝。

朱翊钧在宫中喝多了一点酒,趁着酒兴命令内侍唱歌。内侍为难地说自己不会唱,小皇帝顿时大怒,说内侍胆敢抗旨,拿起剑就刺,最后在其他侍从的劝解下,玩耍般地割了内侍的头发,算是将他们"斩首"了。这件事传到了慈圣皇太后的耳朵里。太后非常生气,命小皇帝在地上跪了很久,历数他的过错。小皇帝吓得鼻涕一把泪一把,请求太后让他改正错误,这事才算完。

小皇帝朱翊钧在太监孙海、客用的怂恿下喝了酒,又受二人的挑唆将冯保的两名养子打伤后骑马直奔冯保的住所。冯保被吓得只能抱起巨石撑住大门。第二天,冯保将此事禀告给太后。慈圣皇太后立即换上青布衣服,不带首饰,命召阁、部大臣,要谒告太庙,将万历小皇帝废了。小皇帝吓坏了,赶紧前去请罪,痛哭流涕一番太后才原谅他。

朱载垕去世的时候年仅三十六岁,而他的儿子中年龄最大的也只有十岁,也就是明神宗朱翊钧。幼主登基,肯定不能亲政,需要一些德高望重的大臣来辅佐,所以这造就了一些大臣手握大权。

内阁大臣张居正和司礼太监冯保二人互相串通把曾经权倾朝野的高拱给赶走了。高拱走之后,皇帝年龄小,无法亲政,张居正就当之无愧地坐上里内阁首辅的宝座,当时他还有一个荣誉称号——顾命大臣,从此,开始了十年手握重权的生涯。

张居正是个胸怀大志的人,一直希望自己能够有所作为,但是苦于没有机遇,现在机会终于来了,他终于可以大展身手了。他要改革,这可是他一直以来的梦想!虽然他知道前面的路并不好走,但是依然要朝着那个方向走下去。

明朝中期,土地兼并的问题越来越严重,最突出的表现是皇族、王公、勋戚、宦官利用政治特权,以投献、请乞、夺买等手段,大量占夺土地。在江南,有的大地主占田7万顷。而大学士徐阶一家就占田24万亩。全国纳税的土地,约有一半为大地主所侵占,他们拒不缴税,严重影响了国家的财政收入。

贵族大地主们对土地疯狂掠夺,封建剥削进一步加剧,租种官田的农民苦不堪言。是时,民间传有"一亩官田七斗收,先将六斗送皇州,止留一斗完婚嫁,愁得人来好白头"和"为田追租未足怪,尽将官田作民卖,富家得田民纳租,年年旧租结新债"的歌谣。农民产去税存和田居富室、粮坐下户的情况多有发生,处境凄惨。

张居正首先整顿吏治,加强中央集权。他创制了"考成法",严格考察各级官吏贯彻朝廷诏旨情况,并要求地方定期向内阁报告地方政事,提高内阁实权,罢免因循守旧、反对变革的顽固派官吏,选用并提拔支持变法的新生力量,为推行新法做了组织准备。他还整顿了邮传和铨政。张居正的为政方针是:"尊主权,课吏职,行赏罚,一号令"和"强公室,杜私门"。

在军事方面,为了防御女真入寇边关,张居正派戚继光守蓟门,李成梁镇守辽东,又在东起山海关,西至居庸关的长城上加修了"敌台"三千余座。他还与鞑靼俺达汗之间进行茶马互市贸易,采取和平政策。从此以后,北方的边防更加巩固。在未来的二三十年中,明朝和鞑靼没有发生过大的战争,这使北方在短时间内免于战争破坏,农业生产有一定的发展。

万历七年(1579年),张居正又以俺达汗为中介,代表明朝与西藏黄教首领达赖三世(索南嘉措)建立了通好和封贡关系。在广东地方,他先后任殷正茂和凌云翼为两广军备提督,先后领兵剿灭了广东惠州府的蓝一清、赖元爵,潮州府的林道乾、林凤、诸良宝,琼州府的李茂等叛乱分子。

万历六年(1578年),张居正推荐、起用先前总理河道都御史潘季驯治理黄、淮两河,并兼治运河。潘季驯在治河中以"筑堤束沙,以水攻沙"为原则,很快取得了理想的效果。万历七年二月,河工告成,河、淮分流,花费的费用还没超过50万两,为朝廷节约了24万两白银。

张居正追求的重点改革是整顿赋役制度、扭转财政危机。他认为赋税的不均和拖欠是土地隐没不实的结果,所以要解决财政困难的问题,首先要勘核各类土地。于是在万历八年(1780年)十一月,张居正下令清查全国土地。在清查土地的基础上,张居正推行了一条鞭法,在很大程度上改善了国家的财政状况。

张居正的改革是艰难的,他冒着生命危险,将个人的生死荣辱置之度外,但所幸的是改革取得了一定的成效:国库银子有六七万两,太仓的粮食也达到了一千三百多万石。粗看这些数字也许觉得没有什么了不起,但这种成果其实已经算不错了,要知道在朱翊钧老爹一朝,国库空虚,可谓是一穷二白。

张居正当政的时候功高震主,与冯保共同把持着朝政。朱翊钧小的时候自然乐得清闲,纵情玩乐,可是随着年龄的增加他日益急切地想拥有权力,是时张居正仍然手握重权不放,于是皇帝与内阁首辅的矛盾越来越大,冲突一触即发。

张居正平日对朱翊钧的要求很高,这让已经长大成人的朱翊钧很反感,渐渐地他与张居正开始变得貌合神离。朱翊均很想除掉张居正,无奈张居正的地位非常稳固,朱翊钧有自知之明也就不去招惹他,转而攻击张居正的搭档——冯保。

冯保,河北省深县人。嘉靖朝他为司礼监秉笔太监,隆庆元年在东厂任提督兼管御马监。当时司礼监缺一名掌印太监,按资历应由冯保担任,但朱载垕不喜欢他。大学士高拱推荐御用监的陈洪掌印司礼监。等到陈洪罢职,高拱又推荐掌管尚膳监的孟冲补缺。按照规定,孟冲是没有资格掌管司礼监的,冯保从此和高拱结下了梁子。

万历元年(1573年),十岁的神宗皇帝朱翊钧登基以后,冯保受到了重用,由以前的秉笔太监晋升为掌印太监,协理李太后负责小皇帝朱翊钧的教育。朱翊钧称冯保为“大伴”,对他很畏惧。

小皇帝朱翊钧登基仪式上,冯保始终站在御座的旁边,满朝文武大臣看到这种情况很震惊,并心生不满。高拱见冯保权力越来越大,不能容忍,授意内阁大臣提出“还政于内阁”的口号,组织一批大臣上书弹劾他。冯保抓住高拱曾在朱载垕西归后说“十岁太子如何治天下"的把柄,向两位太后告状,高拱由此被罢了官回家养老去了。

　　万历元年(1573年)正月十九日,小皇帝朱翊钧正迷迷糊糊揉着眼睛走在上朝的路上,突然被一个人给撞了。小皇帝因为早起没睡好心情正不爽,碰上了这么一个冒失鬼,心中的怒火立刻燃烧起来了。小皇帝命令侍卫把那个冒失鬼给抓起来了,经仔细盘问众人了解到这个人叫王大臣,侍卫们从他身上搜出刀剑各一把,于是他被请到东厂做客去了。

　　冯保借王大臣这一事件诬陷高拱,他偷偷地让王大臣招认自己的行动是高拱所指使的。好事不出门坏事传千里,小皇帝遭谋刺的谣言迅速传开,大臣们人人自危,谁也不敢上疏替高拱求情。后来都察院左都御史葛守礼、吏部尚书杨博则勇敢的站出来,坚决要求把王大臣一案交由刑部、督察院与东厂共同审理。

　　张居正被形势所逼,只好请示小皇帝朱翊钧,小皇帝下旨让冯保和左都御史葛守礼,锦衣卫左都督朱希孝三部会审。这个案件很快就结案了,高拱的冤情被洗刷,王大臣则被处以死刑。王大臣一案使得冯保惹恼了朝中众臣,大家对他诬陷高拱的险恶行径非常唾弃。

　　朱翊钧的生母慈圣皇太后看到自己的皇帝儿子已经长大成人了,于是决定放手还政给朱翊钧,让他真正挑起大梁。从此,慈圣皇太后悄然隐退,再也不过问政事了,事情的发展对张居正越来越不利了起来。

　　冯保虽然有一定的权力,他终究是皇帝身边的一个奴才,即使做牛做马般地在皇帝身边侍奉了二十年,但他在皇帝眼里依然是一个奴才。既然是奴才皇帝就可以随心所欲地处置,虽然冯保一向做事小心翼翼,可是皇上不高兴了,说你有错你就有错。所以,老冯同志在皇帝身边的日子越来越难过。

　　东宫老太监张鲸趁机揭发冯保的过错和罪恶,请求皇帝处置冯保,但朱翊钧害怕,说:"如果大伴走上殿来,我如何办?"张鲸说:"既然有了圣旨,哪敢再进宫殿!"朱翊钧听从了张鲸的话,把冯保遣到南京新房闲住,抄了冯保的家。

张居正因为过度劳累突然生了痔疮,而且久治不愈,最后权赫一时的他因为痔疮而断送了自己的生命,真是伤不起! 这听来让我们感觉很可笑,因为痔疮在我们现代只是一个小病而已,但古代的医疗条件比较差劲,再加上张居正大人忧国忧民,在生病时没有静心休养,最终一命呜呼!

张居正的改革触动了很多的官僚、权贵的利益,所以很自然地遭到了强烈的反抗。张居正死后,很多反对派立刻亢奋起来,群起攻击张居正,加上朱翊钧想要报复张居正在当权期间对自己的束缚,就这样张居正成了改革的牺牲品,他的家产被抄没,家属或被流放或死于非命。

张居正的某些改革的成果虽然被保留下来, 但是大部分已经被废掉了。他的改革就像一道光在明朝走向沉暮的历程中一闪而逝,但这并不能阻止大明朝日渐衰落的步伐,因为大明朝已经到了积重难返的地步。

朱翊钧亲政后做的第一件大事,就是清算已死的张居正,因为张居正在朝堂上为所欲为,不把他这个皇帝放在眼里,并且生活糜烂。他不仅住着豪宅,占据着严嵩留下来的别墅,还享用着戚继光奉送的波斯美女,而他手下的人也有经济问题。张居正对皇帝太严厉,太苛刻,不允许皇帝多花钱,自己却挥霍无度。

张居正死后,朱翊钧并没有能力撑起大明朝的这片天。也许是从小被压迫的太过火了,突然没人管制后,朱翊钧彻底地放松起来,他开始不理朝政,整天只顾着寻欢作乐。最后玩得开心了,竟然长期罢工。皇上的心思很难猜,没权的时候整天叫着嚷着要权,有权的时候却开始消极怠工。

张四维出生在山西盐商世家,所以算是一个富二代。他爸爸叫张允龄,年轻的时候就外出经商了,足迹遍布半个天下。张思维的舅舅王崇古,是兵部尚书、陕西总督,一闲下来就喜欢给小四维讲战场上的故事，所以张四维很小的时候就立志做一个骑上战马威风凛凛的大将军。

张四维生来就聪明，十五岁的时候就考中了秀才，而且名次很靠前。嘉靖二十八年(1549年)乡试，他以第二名的好成绩中举。嘉靖三十二年(1553年)他考中进士，因为文章、书法都非常优秀，所以他以第一名的好成绩进入翰林院。嘉靖三十四年(1555年)他被晋升为翰林院编修。

张四维这个人不仅擅长写文章，而且是个才智过人，风流洒脱的翩翩公子。他与杨博是老乡，又是王崇古的外甥，杨、王二人都是武将，时常在边关驻守，所以很喜欢谈论军事，受他们的影响，张四维对边防事务很了解，因此受到当时首辅高拱的器重。

张居正一死，继任的首辅为张四维。他坐上首辅的位置以后，把冯保赶去南京，同时也把张居正的亲信王篆、曾养吾二人给赶走了。前任张居正的党羽就这样逐渐被张四维给赶出朝廷了。

张四维在位期间，总是尽责尽职，力求辅佐朱翊钧做一个好皇帝。一次云南给朝廷输送贡金由于某些不明原因给耽误了，朱翊钧知道后很生气，想治地方官吏的罪，张四维上书请求皇帝不要怪罪地方官吏。朱翊钧又想让云南拿出矿银二十万两，张四维又上书皇帝请求他改变主意。

万历十一年(1583年)，张四维的老爹离世了，张四维带病回家奔丧，不分白天黑夜地往家赶。他刚回到家，他的后妈胡夫人就去世了，紧接着他的两个弟弟也去世了，张四维受到了严重的打击。好不容易到了万历十三年(1585年)十月，服丧快要满了，张四维又病死在家中。不得不说张四维是历史上最衰的一个首辅，如此的人生真是伤不起！

江山代有才人出，张四维这个首辅死后要有人接替他的位置，这个人就是申时行。申时行是苏州府长洲县人，嘉靖四十一年的状元。他的文章写的很好，而且脾气也好，因为这两点，他得到张居正的赏识,由张居正提携而进了内阁,并于万历十一年四月接了张四维的班。

申时行小的时候被过继给他的一个舅舅,这个舅舅姓徐,所以申时行小的时候姓徐,就是徐时行。后来他中状元后申请认祖归宗,申家当然求之不得,于是他又改姓为申了。嘉靖四十一年(1562年),他以第一名的好成绩考中进士,万历五年(1577年),又由礼部右侍郎改为吏部左侍郎。

万历六年(1578年)三月,申时行荣升为东阁大学士,参与国家机密工作,没过多久升为礼部尚书兼文渊阁大学士,并在张四维死后成为内阁首辅。申时行办事老练稳重,对政治的处理非常得心应手。张居正改革的时候,保守派纷纷被罢官贬官,只有申时行因为能"蕴藉不立岸异",反而步步高升。

万历六年(1578年),年满十六岁的朱翊钧就要做新郎了,对于男人来说人生最激动人心的时刻莫过于金榜题名时、洞房花烛夜。虽然朱翊钧当皇帝那么久,行事都非常淡定了,但是对一个年轻人来说结婚仍然是件令人激动兴奋的事。于是结婚之前朱翊钧认真地做了些准备。

万历六年(1578年)二月十九日,是皇帝正式大婚的好日子,紫禁城内处处张灯结彩。迎亲队伍的阵容可谓是空前绝后,京城内热闹非凡,迎亲的道路上挤满了前来看热闹的人民群众。

朱翊钧的皇后我还没介绍呢,她是谁?她就是王喜姐。这个王喜姐生于京师,长于皇城之下。她的老家是浙江余姚,后来由于爸爸王伟发达了所以就来到了京城。不知王家的祖宗们积了多少德,居然修成了王喜姐这个大明朝的皇后。

一切仪式之后,朱翊钧终于可以看到他的新娘了,虽然新娘还盖着红头巾,但终归是见到人了。朱翊钧一个激动牵住皇后的手一同进入内殿(即洞房),等两人喝下了交杯酒后,朱翊钧终于看到了自己朝思暮念的新娘了。四目相对,朱翊钧不禁仔细打量起自己的新娘来。

　　王皇后是北京长大的女子，同朱翊钧一样，发育没有完全成熟，脸上的稚气还未尽，但是她身上兼有北方女子的体态和江南姑娘的妩媚清秀，一颦一笑，一举一动中透露出来的端庄、贤淑，使新郎朱翊钧非常满意，一对新人沉浸在新婚的甜蜜之中。

　　有人欢喜有人愁，大婚的喜庆之夜，有两位悲催的女人，她们是昭妃刘氏和宜妃杨氏。按照明代的规矩，皇帝大婚，照例是一后一妃，朱翊钧在选定王氏为后的同时，也选她俩为妃子。新婚之夜，朱翊钧与王氏柔情蜜意，同床共枕，而她俩却只能独守空房，以泪洗面。

　　朱翊钧结婚后，他的生活发生了很大的变化，最主要的是他的老妈、慈圣皇太后李氏搬出了乾清宫，从此自己身边少了一个管教严厉的人。此后，朱翊钧开始渐渐放松自己，被压迫太久的人一般都比较叛逆，朱翊钧也是这样，我们可以从他亲政以后长期消极怠工看出一二。

　　隆庆年间，慈圣皇太后的名分是皇贵妃，居住在慈宁宫。孝皇后陈氏，即后来的仁圣皇太后，因体弱多病，又无子嗣，在先皇朱载垕在世时，就已从乾清宫迁到慈庆宫居住，朱载垕每晚侍寝的妃嫔都是临时宣召的。朱翊钧嗣位后，李氏尊为慈圣皇太后，由张居正出面奏请，以皇帝年龄小，需要照料为由，搬进乾清宫。如今乾清宫的女主人皇后王氏来了，李太后就很识趣地搬回了慈宁宫。

　　朱翊钧的皇后王氏长得十分漂亮、做起事来也十分小心，但她不善迎合朱翊钧，加上身体多病，所以在生下皇长女后一直被皇帝冷落，尤其是后来的郑贵妃"霸占"了朱翊钧后，她的皇后地位更是岌岌可危。在如此不利的情形下，王皇后能够稳居中宫四十二年之久，不得不说是一个传奇。

　　王皇后敢于面对现实，不攀比、不争斗。郑贵妃虽然入宫稍晚，却得到了神宗的百般宠爱，就好像她是后宫之主一样，而身为皇后的王氏，待遇远不如郑贵妃，各种供给也很差。郑贵妃争宠，王皇后有自知自明，有意采取不和她争宠的策略，这一方面反映出了她对事对物的超然态度,另一方面显示了她作为皇后的大气量。

王皇后还特别注重尊长爱幼。李太后多年守寡,生活冷清,王皇后总是给予其无微不至的侍奉和照顾,三十多年如一日,从而得到了李太后的极力保护。皇长子朱常洛被立为太子后,因为受到郑贵妃的多次陷害,灾难此起彼伏,王皇后总是设法救援,使朱常洛多次幸免于难。她与郑贵妃天壤之别的做法,让她赢得了宫内外人士的广泛赞扬。

明朝选宫女的标准是凡年十三四岁或者再小一点的女子都可列在被选范围之内,但是她们的父母必须是有家教、善良有德的人。而选后妃的标准是:相貌要端正,眉清目秀,耳朵鼻子不能怪异,牙齿要整齐,头发要又黑又亮,身上不能有疤痕,要善良,言行要有礼。所以选宫女的标准跟选后妃的标准是不同的。

世界上最风流的男人就是皇帝,这话一点都不错。皇帝有资本,有钱又有权,而且后宫三千佳丽随时都为他准备着,他自然乐于享受了。一次朱翊钧看上了一个王姓宫女,宠幸之后就拍拍屁股走人了。按照皇家规矩皇帝在私幸之后就该赐一物件给王氏,作为临幸的凭证,这一举动已被文书房的内宦记入《内起居注》,因为皇帝的子孙是不许有赝品的。

朱翊钧是皇帝自然没有人会因为这件事去指责他,但年轻皇帝却感到此事不大光彩。他不顾王氏那哀怨的眼神,穿衣束带后径自走出慈宁宫。朱翊钧觉得一切都会随着时间的流逝后而永远消失,就像不曾发生过。可他万万没想到,在一夜风流后,王氏怀孕了。

王氏怀孕后,肚子没几个月就显出来了,这样的变化自然瞒不过太后的法眼,慈圣皇太后一番严加审问后,王氏战战兢兢地说出了实情。慈圣皇太后也是宫女出身,因为生下皇子朱翊钧才被封为妃子,所以这位老太后面对此情此景,想起自己作为宫女时的苦难与辛酸,对王氏的境况深表同情,同时也为自己即将要有孙子这件大喜事而十分开心。

朱翊钧陪着他的老妈慈圣皇太后参加酒宴，正吃喝得高兴的时候，太后向朱翊钧问起他与王氏的事，朱翊钧毫不犹豫地否认了。慈圣皇太后见朱翊钧否认，气不打一处来，立即命左右太监取来《内起居注》，叫朱翊钧自己看。铁证如山，坦白从宽，抗拒从严，朱翊钧只得无奈地承认了。

慈圣皇太后也是心疼儿子的，她看着儿子失魂落魄的样子，劝道："我老了，想抱孙子了。如果王氏生的是儿子，那就是我们老朱家的福气啊！如果真是这样的话，你也要好好对待王氏，不要因为她的身份低贱而对他们母子有所成见。"在慈圣皇太后的强烈要求下，朱翊钧终于认下了王氏肚子里的孩子了。

王氏果然不负太后的厚望生下一个男孩，而王氏也母凭子贵被封为王恭妃，而她生的这个男孩就是一生遭万历冷遇和歧视的短命皇帝——光宗朱常洛。朱翊钧终于有了自己的第一个儿子，这在这个封建思想极为浓厚的社会中，是一件天大的好事、喜事。所以，皇帝下诏全国减税免刑，派使节通知和本朝关系友好的域外邦国……

郑氏是明神宗朱翊钧的贵妃，大兴（今北京大兴）人，长得十分漂亮，在偌大的大明后宫里算是很拔尖的。这个女人不仅漂亮而且十分聪明，喜欢读书，是个有城府的女人。由于善于逢迎皇帝朱翊钧，所以她不久就得到了朱翊钧的宠爱。万历十一年（1583年）她被加封为贵妃，地位甚至跃居已生有皇长子的王恭妃之上。

母以子为贵，按说已生有皇长子的王恭妃，地位应该略次于皇后，除皇后之外，没有一个有资格可以位居其上的。可是郑贵妃进宫没多久就受到了朱翊钧的宠幸，而且很快就被册封为贵妃，位于皇后之下、诸嫔妃之上，这是不符合礼数的，于是大臣们不愿意了。

朱翊钧看到雪片般的奏折就头痛，坐也不是，站也不是，正在不知如何是好的时候。旁边的郑贵妃说了句："既然陛下您没有办法处理它们，那么就把这些奏章一概留中（皇帝对大臣的奏章留在宫中，不批办）吧，看看那些老匹夫能怎么样？"神宗一听觉得是个好主意，夸道："爱妃，你简直是太有才了，好，就听你的。"

郑贵妃于万历十四年（1586年）生下一个儿子，这就是朱翊钧的第三个儿子朱常洵。对于这个儿子的出生，朱翊钧十分高兴。随后，母以子贵，郑贵妃晋升为皇贵妃，皇贵妃是仅次于皇后的封号，在名分上高出皇长子母亲恭妃两级。就这样，郑贵妃在宫中地位就更加稳固了。

郑贵妃是个有野心的女人，皇贵妃并不是她的终极目标，她的最高愿望是争得皇帝的宠幸，当上皇后，从而光耀自家门楣。但郑贵妃也知道，如果要达到自己的目的，首先要把自己的儿子推上太子之位，然后母凭子贵，让自己做皇后，而自己目前最大的障碍就是皇长子朱常洛。

朱翊钧不喜欢王恭妃，顺带着连她生的儿子朱常洛也不喜欢。被父亲冷落的日子里，朱常洛的生活并不好过，虽然他是皇长子可朱翊钧却迟迟不愿立他为太子，他的父皇喜欢郑贵妃生的儿子朱常洵。朱翊钧对朱常洵这个儿子简直宠爱到了无以复加的地步，他把朱常洵看作是自己的掌上明珠，捧在手心怕摔了，含在嘴里怕化了。

王恭妃出自宫女，虽然生下了皇长子朱常洛，但是神宗皇帝朱翊钧把她看作是自己的耻辱。没过多久，朱翊钧终于找借口把王恭妃打入了冷宫，从此朱常洛与生母分离，被废的王恭妃因为思念自己的儿子，整天以泪洗面，加上心情不好，不久就双目失明了。

大臣们上书请皇帝立皇长子朱常洛为太子，朱翊钧不喜欢朱常洛，不想立他为太子，所以以皇长子才六岁，年龄太小，不适合这么早就被立为太子为借口拒绝众大臣。朱翊钧天真地以为这样就可以打发那一群老大臣，可他的如意算盘打错了，大臣们以神宗朱翊钧也是六岁的时候被立为皇太子的铁证，来反驳他。

针对立皇长子为太子一事，朱翊钧厚着脸皮拖了两三年，实在拖不了了，只好自己定出期限，让首辅告诉大臣们，说立储一事要到万历二十年（1592年）才可以，让大臣们安心等待，不要再为此再烦他。

他说："如果大家能遵守，他后年即行册立太子；若再有人生事的话，就等皇长子长到十五岁的时候再行大礼。"

朱常洛已经九岁了，由于从小受到老爹的冷遇，老妈又不在身边，所以这个孩子比较早熟、懂事。大臣们建议皇帝要早立皇长子为太子，好让他学习管理国家的大事，而且九岁的孩子也到了上学、读书的时间了。明朝的规矩是如果送皇子出阁读书就等于变相的承认他是太子，所以朱翊钧一直不肯让朱常洛读书。

朱翊钧是一个固执且爱耍小聪明的人，他对来劝自己立皇长子为太子的内阁首辅申时行说："如果一个孩子聪明的话，即使没有老师的教导也能自学成才，做一个真正聪明的人。"申时行一听暗呼："哪有这样的老爹啊，竟然说自己的孩子傻。"申时行一时很无语，这样的皇帝伤不起！

王锡爵为了让神宗朱翊钧同意让皇长子朱常洛出阁读书，拉上皇三子朱常洵，说可以让朱常洛、朱常洵两兄弟一块去读书，这样可以让两兄弟互相学习，互相进步。朱翊钧又不是傻子，所以迟迟不给大臣们答复，大臣们猜不透皇帝的心思，不知道他是同意还是反对，只能干等着。

申时行、许国、王锡爵和王家屏实在等不了，于是四人先后以不同的原因要求告老还乡。朱翊钧这下慌了，四位重臣闹罢工可不是一件小事，如果再拖下去其他大臣肯定也会跟风的。如果大家集体罢工的话，那么全国政务岂不是要瘫痪了？这个实在伤不起！于是他赶紧召集大臣们，表示同意让朱常洛入阁读书并很快立他为太子。

万历二十一年（1593年），朱翊钧在给朝臣的诏书中说他"想待嫡子"。因为抬出了嫡子，其他所有的皇子便都成了平头兄弟，同样都不是嫡子，也就都没有什么当立为储的特权。但因礼法上"有嫡立嫡，无嫡立长"的规矩，皇长子之所以不同于诸子，是由于他是符合于"无嫡立长"这一条的，所以"想待嫡子"的说法还没等公议，就被廷臣们推翻了。

　　神宗提出"三王并封"。所谓"三王并封"，就是在建储之前，先把皇长子朱常洛、皇三子朱常洵和另一个皇子朱常浩三人都封王，只要三人同时封王，彼此就都别无二致。大臣们仔细一研究，认为这又是郑贵妃为阻止立皇长子为太子而布下的一个陷阱，是郑贵妃为自己的下一步所做的铺垫，所以这道谕旨最后不了了之了。

　　朱常洛终于可以读书了，这个时候他已经十五岁了。在过去的十五年里，朱常洛母子一直活在神宗朱翊钧的冷暴力中，朱翊钧有事没事就会去折磨折磨他们母子，而对待朱常洵母子可谓是百般宠爱，吃的尽他们吃，好玩的尽他们玩，让他们幸福得就像在天堂中一样。

　　朱翊钧对于立皇长子为太子一事，主要采取的措施是死拖，而且一拖就是十五年，所以我们不得不佩服这个皇帝的拖功，在这十五年中有很多大臣因为立太子的事情被朱翊钧给逼退了，所以这件事让朱翊钧处于众叛亲离的境地，他的老妈也因为这件事不理他了。

　　朱翊钧的老妈也是宫女出身也是因为穆宗的一个偶然宠幸而生下如今的皇帝，所以有同样经历的慈圣皇太后对朱常洛母子十分宠爱，希望朱常洛能被立为太子。朱翊钧遗传了他父亲的骄傲，看不起宫女出身的王恭妃，同样他也嫌弃是宫女出身的老妈。

　　慈圣皇太后问朱翊钧："你为什么不肯立朱常洛为太子？"朱翊钧一时神情恍惚，脱口说道："因为他是宫女的儿子。"慈圣皇太后愣住了，半天后她生气地说："你也是宫女的儿子啊！"从此，慈圣皇太后知道自己的儿子嫌弃自己的出身，养大儿子不易，没想到儿子大了竟然嫌弃老娘了。从此以后她很少和儿子见面了。

　　朱翊钧为了博得郑贵妃的欢心，曾经许下愿望封朱常洵为太子。郑贵妃是个聪明人，她知道口说无凭，于是让朱翊钧写下手谕，然后小心翼翼地装在锦匣里，放在自己宫中的梁上，作为日后凭据。然而，若干年后当郑贵妃满怀希望地打开锦匣时，不禁大吃一惊：一纸手谕让虫咬得面目全非。迷信的皇帝长叹一声："这是天意啊！"

　　为了向母亲证明自己不是嫌弃她，加上朝中大臣的步步紧逼，朱翊钧终于在万历二十九年(1601年)册立皇长子朱常洛为皇太子,并于第二年给他完了婚。至此,前后闹腾了十几年之久的立太子风波,才算告一段落。郑贵妃在这一重大回合中惨败下来。

朱常洛终于当上了太子,但他的日子并不就此变得好过。他的老爹神宗不大喜欢他,郑贵妃也对太子位虎视眈眈,每天都想着要"易储"。万历三十一年(1603年)十一月十一日清早,内阁大学士朱赓在家门口发现了一份题为《续忧危竑议》的海报,海报指责郑贵妃想要废太子,册立自己的儿子朱常洵为太子。

朱赓收到的海报只是其中的一份,这种海报,一夜之间已经散布到京师各个角落,上至宫门,下至大小街巷,无处不有。海报中假托"郑福成"为问答。所谓"郑福成",意即郑贵妃之子福王朱常洵当成。海报中说:皇上立皇长子为皇太子是因为被逼无奈,总有一天会把他给废掉。

京城中的人都称《续忧危竑议》为"妖书"。朱翊钧看到"妖书"后,十分生气,下令东厂、锦衣卫以及五城巡捕衙门立刻全城搜捕,"一定要找到写妖书的人"。万历三十一年(1603年)十一月二十一日,距"妖书"发现已经整整有十日了,东厂捕获了一个形迹可疑的男人皦生彩,而皦生彩揭发他的哥哥皦生光与"妖书案"有关。

皦生光是顺天府生员(明朝的生员不仅是官学生,还是一种"科名"),是一个十分狡诈的人,常常靠欺诈别人来赚钱。有一乡绅为了巴结朝廷中的权贵,到处访求玉杯,想把它送给权贵作为寿礼,而他曾经请过皦生光帮忙。

皦生光拿着一对玉杯在大街上卖,乡绅想要这对玉杯。皦生光说这对玉杯是从官府里弄出来的,价值一百两黄金,而乡绅如果想要的话只需付五十两黄金就行了。那个商人以为自己捡到宝了,乐呵呵地买下来了,临走的时候还不忘向皦生光道了一声谢。

皦生光在几天后说,他以前卖给那个商人的玉杯原来是皇宫中宝物,被宦官偷出给卖了,恰巧自己在不知情的情况下给买了,如今事情败露了，只有物归原处，双方才能平安无事。那个乡绅知道后十分为难，因为他已经把玉杯送权贵了，送出的东西哪有要回的道理。乡绅没有办法，只好请瞰生光想办法。

瞰生光建议那个乡绅出钱贿赂宦官、衙门官员，来获得补救的机会，要不然罪过就大了，弄不好会性命不保。乡绅没有办法，只能答应，于是他拿出将近一千两的银子才摆平这件事。后来他知道这是瞰生光借机敲诈他，但破财免灾，也就认栽了，只是以后都小心防备着这个瞰生光。

当时有个叫包继志的乡绅为了装斯文，曾经委托瞰生光代写诗集。瞰生光故意在诗集中放了一首五律，其中有"郑主乘黄屋"一句，暗示郑贵妃为自己的儿子夺取皇位。包继志根本不懂，于是刻了诗集。瞰生光立即托人敲诈包继志，说他诗集中有忤逆的话。包继志虽然知道自己上当了，却也无可奈何，只好破财免灾了。

瞰生彩揭发声名不佳的兄长后，瞰生光之前的光荣事迹全部曝光，锦衣卫立刻觉得挖到大宝贝了，抓了瞰生光，将其屈打成招。本来可以结案了，但主审的刑部尚书萧大亨为了讨好朱翊钧，还想把"妖书案"往大臣郭正域身上引。此时瞰生光拿出他最后的骨气，死都不招认。

所有人都明白"妖书案"其实与瞰生光没有关系，就连想快点结案的沈一贯、朱赓都这么认为，《续忧危竑议》一文论述深刻，如果不是熟悉朝廷的大臣是写不出来的，瞰生光这样的落魄秀才是绝对没有如此能耐的。但急于平息事端的朱翊钧还是匆匆结了案，瞰生光被凌迟处死，瞰生光的家人被发配边疆充军。

瞰生光死后，离奇的"妖书案"从此平息，而"妖书"的真正作者从此成为一个谜。又过了一段时间后，朝野开始传言"妖书"其实是出于武英殿中书舍人赵士桢之手。赵士桢是大明朝历史上杰出的火器专家，一生研制并改进了很多种火器。

赵士桢早年是个太学生，曾经在京师游学。他的字写得十分漂亮，书法号称"骨腾肉飞，声施当世"，当时的人争破头也想购得他题过诗的扇子。有个宦官也非常喜欢赵士桢的书法，买了一把诗扇带入宫中，结果被朱翊钧看到了。朱翊钧十分欣赏赵士桢的诗，从此赵士桢平步青云，飞黄腾达了起来。

赵士桢这个人慷慨而且有胆识。万历五年（1577年），张居正丧父，因贪恋权位不肯回家奔丧，发生了震惊朝野的"夺情"事件，五名大臣因此被廷杖了。赵士桢不害怕受牵连，从中帮助他们。但赵士桢有一点不好，就是这个人喜欢与人争辩，别人说一他非得说二，因此很多人不喜欢他，而且他因为制造火器得罪了不少人。

赵士桢虽然做了官，但是一生并不得志，他当了十八年鸿胪寺主簿才被升为武英殿中书舍人，经常被别人怀疑、诋毁。曤生光被杀后，京中很多人都在传"妖书"是赵士桢写的。流言蜚语使赵士桢心神俱疲，大家都说他已经精神错乱，甚至多次梦见曤生光找他索命，最后他一病不起了。

万历四十二年（1614年），慈圣皇太后终于走到了她生命的尽头，告别她为之费尽心血但仍牵肠挂肚的朱家江山和她那不争气的儿子。在临死之前，她又办了一件足以令群臣热血沸腾、让万历十分尴尬、让郑贵妃恨之入骨的大事。

按照明朝祖制，所封藩王必须住在自己的封国里，非奉旨不得入京。但郑贵妃的儿子朱常洵却仗着父母对他的宠爱，在皇宫中十多年不回封国洛阳。正当皇帝和群臣为常洵就藩一事争得热火朝天、难解难分的时候，一个重量级的人物干预了这件事，他就是朱翊钧的生母，慈圣皇太后。

慈圣皇太后召见郑贵妃，问道："福王为什么不回封国？"郑贵妃是个极端聪明伶俐的人，不像朱翊钧在母亲跟前那样慌乱和愚笨，她沉着地回答道："太后您老人家明年七十大寿，您的大孙子福王特意留下为您祝寿啊！您看您的孙子多有孝心啊！"

慈圣皇太后不是个头脑简单的人，也算得上一个老江湖了，所以冷冷地反问:"我的第二个儿子潞王在卫辉,那我问一下你他可以回来祝寿不?"郑贵妃立刻窘了,无言以对,只得答应催福王快速去封国。

万历皇帝抵挡不住太后和大臣们的轮番轰炸,在慈圣皇太后去世一个月后,终于让福王赶到洛阳就藩去了。出发的那天早晨,天空阴沉,时有零星雪粒落下,北国的冷风从塞外吹来,使人瑟瑟发抖。宫门前,郑贵妃和她的宝贝儿子面面相对,泪如泉涌。福王进轿启程的刹那间,已是两鬓斑白、长须飘胸的万历皇帝再也控制不住自己的感情,眼泪哗哗地流下来了。

朱翊钧送完儿子回到宫中后,浑身无力地躺在他的龙床上,想到宝贝儿子孤零零的一个人离开京城他就悲痛欲绝。他感到深深的内疚,因为自己到底还是辜负了他的心尖尖——郑贵妃的一片痴情,没能把宝贝儿子朱常洵立为太子。自己虽然贵为天子,却要受其他的人牵制,让爱子离京而去。

万历四十三年(1615年)五月初四,有一男子叫张差,手持木棍,偷偷地闯进太子朱常洛居住的慈庆宫,用木棍打伤了两个守门的太监。幸运的是太子内侍韩本用闻讯用最快的速度赶到,一见到行凶人,就立刻一把按住,这一场行凶案件才被制止住。所幸太子朱常洛没有受伤,只是虚惊一场。

张差是蓟州井儿峪人,说话颠三倒四。刑部提牢主王之寀觉得张差是个正常人,不像是疯癫的人,所以认为这件事一定有蹊跷,于是他连续饿张差三天,三天后用饭菜引诱张差:"你老实招供吧,你如果招供的话我们立刻给你饭吃,你如果不招的话,我们将继续饿你。"张差被饿得实在顶不住了,于是招供了。

张差靠砍柴与打猎为生,生性好赌。一个月前,张差在济州卖完货以后老毛病又犯了,十赌九输,果然他又赌输了。这个时候他遇见了一位太监,太监说可以带他赚钱,张差便随这位太监入京,见到另外一位老太监,老太监阔绰地请他喝酒吃肉。几天过后,老太监带他进了紫禁城。

天下没有免费的午餐，吃饱喝足后，老太监把一根木棍交给张差，带他到了慈庆宫外，告诉他进入宫殿后看见人就打，看见一个穿着黄袍的人(太子朱常洛)更要拼命地打，因为他是坏人，你要把他给打死。老太监还说，如果张差把那个穿黄袍的人给打死了，他们就会给张差很多赏赐，让他从此衣食无忧。

那两个太监分别叫庞保和刘成，是郑贵妃宫中的人。这样一来此案就牵涉到郑贵妃了，朝臣开始怀疑是郑贵妃想要谋害太子，郑贵妃捅了那么大一个篓子，到底是怕了，她向皇上哭诉，求皇帝救她，朱翊钧看事情发展到这个地步自己却没有办法，不禁黯然神伤。

朱翊钧想到了一个解救郑贵妃的一个办法，就是去请求太子。俗话说"解铃还须系铃人"，只要太子朱常洛不追究，一切困难就迎刃而解了。朱翊钧带着郑贵妃去求太子朱常洛，朱常洛本来就是一个性格软弱的人，也不想得罪老爹和郑贵妃，于是就答应不追究了。最后张差被处死，庞保和刘成也被秘密处死了。

万历四十八年(1620年)七月二十一日夜间，神宗朱翊钧在乾清宫病逝了。一时间整个皇城都被死亡的气息所笼罩着，哭声连成一片，很快京城都被白色所覆盖。除了悲痛之外，人们更多的是对新皇帝抱有期待。

神宗朱翊钧在生命最后一刻，留下遗命封郑氏为皇后，死后葬于定陵玄宫。可是他的子孙并没有遵照他的遗嘱，在三百余年后，他的陵墓定陵被打开，人们发现所有的棺床上都没有郑贵妃的影子。后殿并列的三口朱红色棺椁，中间是万历皇帝，左边是孝端皇后王氏，右边是孝靖皇后王氏，也就是太子朱常洛的母亲。

万历四十八年(1620年)八月，三十九岁的太子朱常洛终于坐上了皇位。即位后，他宣布第二年改年号为泰昌。泰昌皇帝朱常洛一上台就积极推行新政，万历四十八年(1620年)七月二十二日和二十四日，朱常洛各发银100万两犒劳辽东等边防将士，同时撤回万历末年引起民怨民愤的矿监和税监……

朱常洛刚登上皇位就为百姓做了很多实事，正当百姓翘首期待他进一步的好政策时，他却突然病倒了。为什么呢？泰昌帝在没有当上皇帝的时候就好女色，即位之后郑贵妃不知出于什么目的，向皇帝进献美女。泰昌帝的身体本来就不好，年龄又不饶人(此时他已经三十九岁了)，新皇刚上任需处理的政务非常繁重，加上回到后宫的纵欲，他终于倒下了。

泰昌帝因为劳累过度才病倒的，这本来不是什么大病，只需吃几副补药，静心调养一段时间就可以好，但是掌管御药房的太监崔文升(这个人原来是郑贵妃身边的心腹)让皇帝喝了一济泻药，泰昌帝当天晚上腹泻几十次，从此身体就垮了下来，再也起不了床了，病情一天天地严重了起来。

鸿胪寺丞李可灼向泰昌帝朱常洛进献两粒红丸，朱常洛用了第一粒后，病情有很大的好转，于是他又服用了第二粒，服药后朱常洛昏昏沉沉地睡过去了，第二天早上太监叫他起床上朝的时候发现皇帝没有了气息，经太医诊治确定新皇泰昌帝驾崩了。

泰昌帝是服用红丸毙命的，红丸到底是什么药，是否有毒，崔文升为什么要向皇帝进泻药，这些我们都已经没有办法弄清了。

泰昌帝朱常洛的一生可真够悲惨的，没当上皇帝的时候小心翼翼，如履薄冰，当上皇帝才二十九天就这样不明不白地走了。泰昌帝死时年三十九岁，做皇帝仅一个月，史称"一月天子"。这个时候他老爹万历皇帝尸棺尚未埋葬，而泰昌帝地宫也不可能在短期内速成。无奈之下，只能在景泰陵的废址上重建新陵，同年九月将泰昌帝入葬。

第十一章

文盲皇帝

——我的副业是木匠

泰昌元年(1620年)九月六日,朱由校即皇帝位。

天启元年(1621年)四月,朱由校大婚。

天启元年(1621年),毛文龙奉命造办火药。

天启二年(1622年)六月,毛文龙被任命为平辽将军总兵官。

天启三年(1623年)夏季,努尔哈赤下令屠杀占领区内的大明子民。

天启三年(1623年)九月,毛文龙偷袭后金。

·天启三年(1623年)十月,毛文龙命张盘收复复州、永宁。

天启三年(1623年),张皇后怀孕,后来又流产了。

天启四年(1624年),努尔哈赤派人向毛文龙议和。

天启四年(1624年)正月初三,毛文龙大败后金。

天启五年(1625年),熊廷弼被冤杀。

天启五年(1625年),魏忠贤把东林党赶出朝廷。

天启五年(1625年),朱由检重修保和殿、中和殿和太和殿。

天启六年(1626年),努尔哈赤被气死。

天启七年(1627年),努尔哈赤的儿子皇太极即位。

天启七年(1627年)八月十一日,熹宗朱由校驾崩。

李氏自幼被选进皇宫,等皇子朱常洛被立为皇太子后,她被封为太子选侍。那个时候,朱常洛的后宫有两位李选侍,一位东李、一位西李。东李的地位在西李之上,但获得的宠爱却比不上西李。所以西李得宠而骄,平时目中无人、专横霸道,经常和其他选侍发生口角。

王氏因生皇子朱由校在众多的选侍中名分最高,她看不惯西李的泼辣与蛮横,两个人经常发生口角,互不相让。西李仗着太子喜欢她,竟敢当众出手打王氏,王氏一时气愤难当,但又无可奈何。万历四十七年(1619年)王氏因病去逝,另一种说法是王氏因为被李选侍打了,气愤而死。

朱由校十四岁的时候,他的妈妈王氏就去世了。太子朱常洛请示他的老爹朱翊钧后将朱由校交给西李照顾。但西李非常自私,不喜欢孩子,对朱由校并未尽职尽责、精心管教,而是由着自己的性子,对孩子非打即骂。孩子受了委屈,经常偷偷躲起来哭。不久太子朱常洛也知道让西李抚养朱由校是个错误。

西李生了女儿(皇八妹遂平公主),于是朱常洛下令改由东李抚养朱由校。但是西李是个很有心计的女人,她懂得运用多种关系来提高自己的地位、获得权力。她虽然不喜欢孩子,却知道在不出意外的情况下,这个朱由校就是未来的皇帝,因此她要求朱由校与自己同居一宫,以达到控制未来皇帝的目的。

朱常洛当皇帝以后,封西李为皇贵妃,西李却很不满意,不顾礼节地把正在接见大臣的朱常洛拉进去内室,对朱常洛说:"要封我皇后"。但是可惜的是,明光宗朱常洛登基仅一个多月就一命呜呼了,李氏的梦想也就随之破灭。但是这个女人与客魏集团有瓜葛,又因为曾经照顾过年少的新皇帝,所以就想控制少帝,把持朝政。

泰昌帝朱常洛死后,西李控制了乾清宫,与太监李进忠(魏忠贤)密谋要挟持皇子朱由校,从而使自己当上皇太后进而把持朝政,他们的做法引起朝臣的极力反对。泰昌帝驾崩的当天,杨涟、刘一燝等朝臣飞奔到乾清宫,要求哭临泰昌帝,请见皇长子朱由校,商谈即位之事,但受到西李的阻拦。

大臣们也不是好糊弄的,他们积极力争终于才让西李批准他们与朱由校见面。杨涟、刘一燝等一见到朱由校就立刻跪下磕头山呼万岁,朱由校在一帮大臣的保护下离开了乾清宫。大臣们把朱由校带到文华殿,正式对小皇帝礼拜,并且决定在泰昌元年(1620年)九月六日举行登极大典。

大臣们为了保证朱由校的安全,安排朱由校在太子宫居住,并由太监王安负责安全保卫工作。因此西李挟持朱由校的美梦落空了,他又提出大臣上的章奏,都要先交给她过目,然后再让朱由校看,自然遭到了大臣们的强烈反对。

西李在乾清宫居住,大臣们觉得这很不合规矩,于是集体要求她移出乾清宫搬到哕鸾宫去住,但是西李不同意。她痴心妄想地要求先封自己为皇太后,然后再朱由校即位,大臣们很决绝地拒绝了她。西李就是一个无赖的泼妇,眼看着朱由校就要在乾清宫登基了,她还不愿意搬出乾清宫并表示以后还要继续住在乾清宫里。

西李很无赖,大臣们也不是吃素的,为了逼迫西李从乾清宫中搬出来,内阁诸大臣站在乾清宫门外,迫促西李移出。朱由校的东宫伴读太监王安在乾清宫内努力驱赶,西李被逼无奈,最终怀抱她自己生的八公主,狼狈地离开了乾清宫,搬到哕鸾宫居住。泰昌元年(1620年)九月六日,朱由校御奉天门,即皇帝位,改年号为天启,从第二年开始。

西李被迫"移宫"了,但她并没有就此罢休。"移宫"一段时间后,哕鸾宫突然失火,后来经过全力抢救,才将西李母女救出。反对移宫的官员借此散播谣言诋毁朱由校违背孝道。朱由校在杨涟等大臣的支持下反驳了这些谣传,不久,"移宫案"风波才慢慢平息了下来。

朱由校登上了皇帝之位,是为熹宗。朱由校的老爹朱常洛不得宠，虽然当上了太子但整日里担惊害怕自己会被废掉，因此没有时间管自己的儿子朱由校是不是生活得很好，读书读得怎么样……所有的一切都没有人过问，所以朱由校基本上没有受到什么教育，称得上是一个文盲皇帝。

明熹宗朱由校即位后令东林党人主掌内阁、都察院以及六部，所以一时间东林党的势力很大。大臣杨涟、左光斗、赵南星等许多正直之士在朝中担任重要职务，而方从哲等奸臣逐渐被排挤出朝廷，所以熹宗一朝前期的政治还是比较清明的。杨涟等大臣在帮助朱由校即位时出了很多力，所以朱由校对这些东林党人十分信任，几乎是言听计从。

朱由校刚当皇帝时，迅速的提拔袁崇焕，使他的官位一路提升。天启二年(1622年)，朱由校为张居正平反，让方孝孺的后人做官。他还在澳门问题上态度强硬，与荷兰殖民者两次在澎湖交战，并且获得了胜利。总之，朱由校即位初期算得上是一个好皇帝。

客氏是明熹宗朱由校的奶妈。在下人里面，奶妈地位一般会比较高一些，但是再高也不过是个下人。可没有人敢把客氏这个女人当下人看，她很牛，比主子还牛，乃至以奶妈之身，享受着无人能比的恩宠。我们不得不说她是奶妈行业中最牛的一个人。

客氏名叫客印月，原本是定兴的农民侯二的老婆，后来参加了朱由校奶妈的海选，很幸运的当选了，从此她成为朱由校的专属奶妈，而且还是唯一的一个。女人都有天生的母性，客氏进宫看到可爱的朱由校十分喜爱。一段时间后，客氏发现朱由校虽然是皇孙但是也是一个可怜的孩子，父亲不管他，母亲又早早离开了他。

客氏可怜朱由校，在他很小的时候给了他母亲般的关爱。她不仅用自己的乳汁喂养着朱由校，还陪着他到处玩耍。所以，对朱由校来说客氏是个很重要的人，她即是母亲又是朋友，所以他曾经发誓自己长大后一定好好报答自己的奶妈，绝不会让她受委屈。

客氏在宫中做了两年奶妈后，她的丈夫侯二不知什么原因死掉了,从此客氏变成了寡妇。不久不甘寂寞的客氏就为自己找了一个对食叫做魏朝。宫中的对食就是宫女和太监两个人在一起互相陪伴、互相关心、互相安慰,不至于让宫中的日子那么难熬。

客氏的对食对象是一个叫魏朝的太监,这并不是个普通的太监,他很有权势,虽然在太监行业里不是一个说一不二的人,但可以称得上是个呼风唤雨的人。魏朝看上了客氏,不仅因为客氏是一个漂亮的女人,还因为她是皇帝的奶妈。魏朝认为如果他和客氏结成对食,岂不是名利双收?

魏朝、客氏,两个寂寞的人走到了一块儿,可是他们并没有走多远,因为有一个人插了进来,这个人就是后来大名鼎鼎的大太监魏忠贤。魏忠贤本来是魏朝的朋友,并由魏朝的一手提拔才在宫中站稳了脚,但他这个人是个忘恩负义的小人,竟然敢抢兄弟的女人,所以说魏忠贤算得上是一个无耻的小人。

魏忠贤,原名叫做李进忠,后来才改姓魏。魏忠贤曾经结过婚,老婆姓冯,后来嫁给杨家了。魏忠贤的家里十分贫穷,但是魏忠贤是个不成器的家伙,他喜欢赌博,而且屡赌屡输、屡输屡赌,最后弄得个家破人亡的下场。于是迫于生计的魏忠贤自宫入宫,历史证明敢于自宫的人都是了不得的人,王振就是一个例子。

熹宗朱由校当皇帝后,封客氏为奉圣夫人。魏朝与魏忠贤争客氏,在一定意义上并不只是为了争一个女人,而是在争熹宗朱由校的宠爱。有一天夜里他们又在宫中争吵。朱由校随后就过问了这件事,他问客氏看中了谁,由他做主安排,而客氏选择了魏忠贤。魏忠贤与客氏合谋,将魏朝打发回了凤阳,这还不算完,他们又派人在途中将魏朝给杀死了。

朱由校的文化水平很低,堪称“文盲皇帝”。由于朱由校没有文化,他发布命令的时候,只能靠听读别人的拟稿来做决断。但是他又不愿意全听别人的摆布,常常不懂装懂。一张草诏、半张上谕,他常常要经过多次的修改,但还是文理不通,等终于拟好颁发出去后,大臣们看了都哭笑不得。

天启元年（1621年）四月，朱由校要结婚了。对一个皇帝来说，结婚的意义不只是娶老婆，它意味着皇宫的秩序要进行调整与新建。除此之外，它还意味着皇宫从此有了"内当家"，因为皇后负有关怀皇帝从身体健康到饮食起居的全部责任。所以说皇帝娶老婆预示着他要开始自己的全新生活了。

朱由校结婚后，奶妈客氏就不能继续留在宫中居住了，不然的话就要闹大笑话了。群臣一直在翘首等待皇帝朱由校下诏客氏离宫的消息，大臣们等啊等啊，直到把黄花菜都给等凉了，还是没等到朱由校下诏的消息。

大臣们实在看不下去了，六月二十四日，山西道御史毕佐周给皇帝上书，要求客氏离宫。这只是一个开始，第二天，大学士刘一就也给皇帝递上一份同样的文件，但朱由校仍然不让客氏离开宫中。朱由校"顶住压力"并且找了一个借口，推说他老爹的丧事尚还没有料理完，而宫中的嫔妃还需要客氏的帮助，并表示只要丧事一完，就让客氏离宫。

朱由校老爹的丧事终于结束了，于是刘一就又重提旧事，并请求皇帝遵守他的诺言，送客氏出宫。朱由校被逼的没有办法了，于是痛下决心让客氏于天启元年（1621年）九月二十六日出宫。这一天，朱由校像丢了魂一样，吃也吃不下，睡也睡不着，还不停地哭泣。

朱由校终于受不了对客氏的思念之情，在送客氏离宫的第二天，就不顾自己身为皇帝的尊严，传旨让客氏进宫，并表示大臣们不许为了这件事来烦他。堂堂天子竟然如此戏言，一时间大臣们纷纷上书反对，可是朱由校蛤蟆吃秤砣铁了心，凡是上书的人有一个罚一个，有两个罚一双，从此也就没人再管这事了。

朱由校不惜一切代价，捍卫客氏自由出入皇宫的权利。他自己打出的旗号是思念乳母，但实际要给予客氏的特权远超出这种需要。如果出于思念，隔一段时间宣召她进宫见上一面，不是问题，没有人反对;而大臣们想制止的,是客氏在宫中不受任何限制想来就来、想去就去。

朱由校不顾脸面、不顾尊严,严厉地打压舆论,其实说穿了,不是出于慰藉自己对乳母的思念之意,而是想达到让客氏不受约束地出入宫禁的目的。他知道,这一点自己是绝不可能退让的,因为如果他一旦退让,那么他和客氏之间就只能剩下思念了。

魏忠贤是个很有野心的人,他谋杀了好朋友魏朝后,又盯上了王安,王安和魏朝是不同的,他是顾命太监,在移宫案中与外廷大臣强强联手合作,在朝廷内外的威望相当的高。随着魏忠贤的地位越来越高,王安渐渐感觉到了威胁,所以曾经打算除掉魏忠贤,但又因一时心软放了魏忠贤。

魏忠贤就是一个小人,只记仇不记恩。他得知王安要害他,虽然最后未遇危险,但是这笔仇他是记住了。当客氏又回到宫中的时候,魏忠贤和客氏联手,找到一些狐朋狗党,指使他们弹劾王安。客氏和魏忠贤两人又轮番在朱由校的耳边说王安的坏话,朱由校听信谗言把王安贬为南海子净军,魏忠贤在半路找人把他给杀害了。

王安死后,魏忠贤升官为司礼秉笔太监。这显然打破了常规,魏忠贤他老人家大字识不了几个,按道理没有资格入司礼监的。可是这个魏忠贤不是一般的太监,他是熹宗朱由校奶妈客氏的对食,朱由校爱屋及乌渐渐对他心生好感,而且客氏经常在朱由校面前说魏忠贤的好话,朱由校自然对魏忠贤礼遇有加。

魏忠贤与客氏狼狈为奸,在宫中横行无忌不把任何人放在眼里,如果谁让他们俩看不顺眼,这俩人就立刻联合起来,保管那个人吃不完兜着走。一时间朝野内外谈到魏忠贤和客氏都恨不得吃他们的肉,喝他们的血,再把他们的骨头给剁碎了。

明熹宗朱由校是一个文盲皇帝,文墨不通,因此对朝政没有兴趣,但是他在中国历史上是一个很有特色的皇帝,这个皇帝心灵手巧,对制造木器有极浓厚的兴趣,凡是刀锯斧凿、丹青髹漆之类的木匠活,他都会亲手操作。他手造的漆器、床、梳匣等,均装饰五彩,美轮美奂,实在出人意料。

大明代天启年间,木匠师傅制造的床,又大又笨重,十几个人才能搬动它,而且用料很多,十分浪费,样式也极普通,不好看。对木工很有兴趣的明熹宗朱由校开动自己的脑筋,不辞辛苦地设计图样,并且亲自锯木钉板,不出一年就制造出一张床来。

明熹宗朱由校制造出的床有一个特点,就是可以折叠,如果皇帝出去旅游、度假可以将其打包带去,所以说这种床很方便。皇帝设计的床不仅便于携带而且还很美观,有一定的观赏价值,因为这种床架上雕镂有各种花纹,十分美观大方。当时的工匠师傅看着皇帝设计的床十分惊奇,暗想皇帝这不是在抢他们的饭碗吗?

朱由校善于用木材做小玩具,他做的小木人,男女老少,神态各异,胳膊腿都有。这些小木人摆弄起来,就像真人一样灵活。朱由校派太监们把他做好的小木人拿到市场中去卖,大家都十分喜欢并出高价争着买,朱由校知道后十分高兴,于是加班赶制小木人,常常到半夜也不休息,还常让身边的太监做他的助手。

朱由校的漆工活做的也很好,从配料到上漆,从来都是他自己动手。他喜欢创造各种新花样,并让自己身旁的太监们欣赏并评论自己做的好坏。朱由校还喜欢在木制器物上发挥自己的雕镂技艺,他在自己制作的十座护灯小屏上,雕刻着《寒雀争梅图》,形象十分逼真。

朱由校喜欢看傀儡戏,当时的梨园弟子常用轻木雕镂成海外四夷、蛮山仙圣及将军士卒等形象。朱由校高兴的时候,也会露两手展示展示自己的手艺,他做的木像有男有女,大概有二尺高,一般有双臂但是没有腿和脚。这些木偶上都涂有五色油漆,看起来就像活的一样。

朱由校醉心于建筑,曾仿照乾清宫形式在庭院中做小宫殿,这个小宫殿大概有三、四尺高,制作的手工十分精细,可谓巧夺天工!朱由校曾经还做过一座沉香假山,池台林馆,雕琢的十分细致,这在当时可以称为一绝。如果朱由校的职业不是皇帝而是木匠，那么大明王朝将少一个文盲皇帝，而多了一位优秀的设计家。

朱由校喜欢踢球，闲来无事的时候，常常和太监在长乐宫打球。但朱由校常觉着玩起来不过瘾，于是决定亲手设计一个好的踢球场所，最终他就建造了五所蹴园堂。

朱由校还非常喜欢木工器作和建筑。天启五年（1625年）到天启七年（1627年）间，大明王朝对保和殿、中和殿和太和殿进行了大规模的重建工程，从起柱、上梁到插剑悬牌，在整个施工工程中朱由校都亲临施工现场。

朱由校是个心灵手巧的皇帝，很多他亲手制作的娱乐工具都十分精巧。他曾经用大缸盛满水，水面用圆桶盖上，在缸下钻孔，这样会通到桶底形成了水喷，然后他再放许多小木球在喷水处，启闭灌输，水打木球，木球盘旋旋转，很久都停不下来，朱由校与妃嫔们在一起一边观赏一边喝彩赞美。

朱由校非常喜欢建造房屋，他常常在房屋造成后，高兴得像孩子一样手舞足蹈，反复欣赏，但是等高兴劲过后，他会立即毁掉，重新建造，好像从来不会感到厌倦似的。每当他兴致高的时候，会脱掉外衣亲自操作。就是因为他迷恋这些东西，所以他常常把治国平天下的事给抛到脑后，没有时间过问。

魏忠贤常常在朱由校做木工做得正起劲的时候，拿上公文请他批示，贪玩的朱由校就感觉魏忠贤影响了他的兴致，便随口说道："我已经知道了，你看着办就好了。"就这样朱由校把公务一股脑儿交给了魏忠贤，于是魏忠贤借机排斥异己，专权误国，而朱由校只顾他的木工，其他一概不管。

万历四十八年（1620年），在杨涟、左光斗以及一系列东林党人艰苦卓绝的努力下，朱常洛终于顺利即位，成为了明光宗。虽然这位苦命的皇帝命短，只当了29天的皇帝，但东林党人再接再厉，经历千辛万苦，又把他的儿子朱由校给推了皇位，并初步赢得了胜利，很快他们控制了朝廷政权。

魏忠贤和客氏成为对食后，很快就得到了朱由校的器重，成为宫中一霸。当他扫清宫中一切障碍后，便把矛头指向了东林党。魏忠贤是个没有文化的人，所以最讨厌读书人，因为他们软硬不吃，以正义和气节为自己毕生的追求，看不起没有文化的人，尤其看不起魏忠贤。

魏忠贤刚开始的时候见东林党人势力比较大，就想巴结他们。但令魏忠贤没想到的是，无论自己怎么巴结，这些顽固的读书人就是不理他。他们不仅不理他，还非常蔑视地说："你一个太监还想和我们做朋友，真是癞蛤蟆想吃天鹅肉，简直就是做梦！"魏忠贤听后，气不打一处来，从此和他们的梁子就结下了。

魏忠贤每天都想找东林党人的麻烦，以报他被羞辱、被拒绝之仇，很快他就找到了机会。有个官员叫熊廷弼，犯大事了，被判死刑，但这厮又不想死，于是他托人找关系，想保住自己的一条小命，最后找到了汪文言，而这个汪文言跟东林党人有联系。

汪文言本名汪守泰，是南直隶徽州府歙县(今安徽歙县)人。他本来是个狱吏，但是人品不怎么样，后来因为监守自盗，逃到京师，投奔王安的门下。因为王安与杨涟、左光斗等有很好的交情，所以，汪文言与他们逐渐有了交往。

熊廷弼是明末的将领，字飞百，号芝冈，汉族，湖广江夏(今湖北武昌人)，在万历年间中进士。万历三十六年(1608年)，熊廷弼在辽东做巡按。朱由校即位后，天启元年(1621年)，建州叛军攻破辽阳，熊廷弼与广宁(今辽宁北镇)巡抚王化贞闹不和，导致打了败仗，广宁失守。

王化贞是东林党人叶向高(当时首辅)的学生，所以得到了叶向高的庇护，而熊廷弼背了黑锅。熊廷弼不想死，于是四处找人托关系，希望能够保自己一命。最后他找到了汪文言，汪文言也是个热心肠的人，二话没说就答应了。汪文言帮熊廷弼的唯一方法就是把熊廷弼不想死的愿望传到宫内。

汪文言想找魏忠贤,因为他当时的势力遍布朝廷内外,但是鉴于他是东林党人,所以又不好去直接找魏忠贤。经托关系,魏忠贤知道了这件事,答应了帮忙,但是是有条件的,那就是钱。有钱能使鬼推磨,这话真不假。

熊廷弼拿来四万两银子去打点,但是最后事情没有办成。据说是汪文言从中拿了好处费,四万两银子没有全给魏忠贤。魏忠贤知道后,十分生气,因为到嘴的肥肉竟然让他汪文言给叼走了,实在让人生气。魏忠贤大人很生气,后果就严重,所以熊廷弼就不得不死。

天启五年(1625年)熊廷弼被冤杀。然而这件事并没有就这样结束了,因为魏忠贤想要借这件事打击汪文言,打击东林党。所以,汪文言很快就下狱了。魏忠贤想从汪文言嘴里得到他想要的证词,可是如意算盘打错了。

黄尊素是东林党人,得知汪文言蹲大狱后,立刻明白了魏忠贤的计划,于是他通过关系来到天牢千叮万嘱让汪文言要顶住了,不要中了魏忠贤的诡计。汪文言经历了两个月的地狱般的生活,到死也不屈服于魏忠贤,最后光荣地死在天牢中,这也许是他一生中做的最光荣的一件事了。

天启五年(1625年),魏忠贤诬陷杨涟、左光斗收取熊廷弼的贿赂,将他们给抓起来关进东厂的大狱中,这是大明王朝最肮脏黑暗的地方,无论是谁到这里都会不死也脱三成皮,所以,当时的人一听到这个地方就不由得发抖。

魏忠贤掌权后,也就理所应当地掌管了东厂,只要是他老人家看不惯的人,不管三七二十一都会被关进东厂,经一番折磨,再被冠以一些莫须有的罪名。把汪文言给折磨死后,魏忠贤伪造了一份汪文言的供词。在供词上,他诬陷杨涟等收取熊廷弼的贿赂四万两,并以此罪名把杨涟等抓进东厂。

许显纯是魏忠贤手下的走狗,最擅长的就是折磨人,在东厂有无数无辜生命被他折磨致死。许显纯拿到证词后,很是得意,因为这下无论杨涟是否招认都不可能走出东厂了。

许显纯对杨涟首先进行了审问,结果可想而知,杨涟对着魏忠贤的走狗破口大骂。许显纯无计可施,于是拿出他的老一套,严刑拷打,因为除了这个他什么都不会。许显纯简直就是地狱的魔鬼,他平均每五天就对杨涟动用一次大刑,每一次大刑都会让杨涟生不如死,就像去阎王殿走一遭似的。

杨涟深受刑罚的折磨,全身都是伤,竟没有一块皮肤是好的。所以,许显纯再审问他的时候,他是站也不能战,跪也不能跪。许显纯是个丧尽天良的家伙,为了羞辱东林党人,他命人把杨涟的全部衣服给脱去了。对于读书人来说没有比这更大的羞耻了,这简直让他生不如死。

杨涟真是个纯爷们,即使遭受再大的折磨他也不认罪,这就是中国人的骨气! 最后,许显纯终于失去了耐心,也不管证词不证词了,因为他最终的目的是让杨涟死,他不想再看到这个杨涟了,因为他在杨涟面前很有挫败感,原本威风凛凛的自己面对杨涟时毫无办法,真是伤不起啊!

许显纯要杀杨涟了,但是又想做的神不知鬼不觉。于是他选择了一个很隐蔽的杀人手法,这种方法很特殊,就是用麻袋装满土然后压在犯人的身上,这样被处死的人不会有任何皮外伤。许显纯认为这种方法正是处死杨涟的最好方法。可是,令许显纯大为恼火的是这种方法他屡试不爽,独独在杨涟身上出现了意外,杨涟没有死。

许显纯看着依然活着的杨涟,愤怒得眼睛都要喷火了,几乎到了癫狂的地步。伴随着愤怒而来的是更加凶狠的报复,他命人找来一根大铁钉,亲手从杨涟的耳朵钉进他的头颅中,这下痛苦的折磨终于结束了,杨涟很快离开了人世。看着死去的杨涟,许显纯像疯狗一样猖狂地笑了起来。杨涟死了,魏忠贤便开始对东林党进行疯狂的打击。

魏忠贤收拾完东林党人后, 兴奋地发现朝中再也没有人和他作对了。他现在什么都不缺了，但是一直都有一个遗憾，那就是他读书少，为这他没少遭人白眼。所以，他决定做一件别的太监想不敢想的事，那就是编书，虽然他大字认不了几箩筐，但是他手下有很多有文化的人。只要他们帮他写好，他再把自己的名字署上就好了。

魏忠贤手下文人的效率就是高，没过多长时间书就写好了，而且还像模像样地取了一个名字叫《三朝要典》，主要写了"红丸案"、"梃击案"、"移宫案"。但这本书完全不根据事实，简直是胡编乱侃。书中内容大大污蔑了东林党人，诋毁了东林党人在人民心中的形象，但事实终究是事实，并不是那些小人能够歪曲的。

天启年间时，一些读书人为了拍魏忠贤的马屁，建议为宦官魏忠贤修建生祠。明朝是汉族人建立的最后一个封建王朝，从万历后期开始特别是天启年间，社会的黑暗无朝能比，人民大众生活在水深火热之中。

天启七年(1627年)五月，魏忠贤风光无限，巴结之人多得数不清，上至王侯，下至黎民都恨不得把魏忠贤拴在自己的裤腰带上，好让他给自己招财笼权。国子监学生陆万龄、曹代向朱由校上书说："孔子作《春秋》，忠贤作《要典》。孔子诛少正卯，而忠贤诛东林。宜建祠国学西，与先圣并尊。"这把国子监的副长官林焊气得辞职了。

第一个为魏忠贤修生祠的人是潘汝祯。当时潘汝祯是浙江巡抚，在管辖属地西湖首造了魏忠贤生祠。此后，为魏忠贤建生祠的伟大事业如火如荼地在全国各地开展起来，而建生祠的钱自然是从老百姓身上刮下来的。有个叫黄运泰的称魏忠贤是"尧天地德，至圣至神"。一时间，百姓只知有魏忠贤，而不知有皇帝，真是让明王朝颜面扫地、民心尽失。

天启六年(1626年)五月初六上午九点，北京城西南部的工部王恭厂火药库发生了一次令人匪夷所思的大爆炸。根据当时资料记录这次爆炸范围半径大约有750米，面积大概达到2.25平方公里。据不完全统计，这次爆炸共造成大约2万余人死伤。经专家估计，这次爆炸的威力约为1万到2万吨的黄色炸药。

爆炸发生前，晴空万里，突然从东北方向传来一声闷雷似的轰响，隆隆的声音渐渐向西南移动。又是一声巨响，王恭厂方圆十几里顿时灰土漫天，紧接着天色便急速昏暗下来，整个天与地被笼罩在一片黑暗之中。当时大家只觉得大地猛烈震撼起来，很多房屋轰然倒塌，许多大树被连根拔起。

王恭厂附近的象房也没有幸免于难，都被震塌了，大象们好像明白发生了危险，于是一起逃跑。受惊的人们还没有平静下来，王恭厂又传来一声轰鸣，地面突然裂开，出现了两个十几丈深的大坑。只见从坑中升起一股股烟云，飘飘然向东北方向滚滚而去。

西安门一带，米粒大小的铁渣在空中飞舞溅落，长安街一带，时不时会从空中落下人头，有的头颅仅剩眉毛和鼻子，而德胜门外的现象更加恐怖，有些胆小的人都被吓得昏了过去。而在密云境内，居然从空中降下20多棵大树。更加令人不可思议的是，死伤的人无论男女老少，大部分都是赤身裸体。

爆炸中心的情况更是惨不忍睹，走在街上的官员薛凤翔、房壮丽、吴中伟的大轿被打坏，受伤的人非常多，工部尚书董可威在爆炸中双臂被折断了。御史何廷枢、潘云翼在家中被震死了，两家的老人和孩子都被埋进土里了。承恩寺街上行走的女轿，爆炸后轿子都被打坏在街的中心，轿中人和轿夫都不见了。

王恭厂爆炸的规模是相当大的，听说就连苏州城东角也被震到，有很多房屋被毁坏。发生这次爆炸事件的明朝正处于内外交困、风雨飘摇的时候，国家政治十分腐败，皇帝朱由校不理朝政，魏忠贤专权，陷害忠良，任用小人。这次灾难的消息迅速传遍全国，朝廷内外都很震惊。

大臣们一致认为这场大爆炸是上天对皇帝的警告，于是大家纷纷上书，要求明熹宗朱由校主持政事。皇帝朱由校不得已下了一道"罪己诏"，表示自己要深刻反省，并告诫大臣们要认真工作，改正自身不足。朱由校希望这样能使大明江山长治久安，一切祸事都消除。他还下旨从国库拿出万两黄金用来赈灾。

对于王恭厂大爆炸，几百年来一直众说纷纭，一些学者认为这是地震引起的，有的学者认为这是火药自爆，有学者认为这是陨星坠落，还有学者认为这是隐火山热核强爆引起的，而认为是由地震、火药及可燃气体静电爆炸同时作用的人也是有的，甚至还有学者认为这是外星人入侵、UFO降临等。

张嫣是朱由校的皇后，天启元年（1621年），初登帝位的朱由校举办选美大赛，张嫣因容貌秀丽，气质出众被朱由校一眼看中，封为皇后。张嫣个性严正，很有皇后风范，是位能母仪天下的女性。她因不齿魏忠贤与客氏两人联手为非作歹的行径，经常劝朱由校疏远二人，因此得罪二人。

朱由校虽是个迷糊的皇帝，平时什么都不管，但很在乎他的皇后张氏，所以他们夫妻俩十分恩爱。当魏忠贤和客氏在他面前说张皇后的坏话的时候，朱由校会出言维护自己的老婆。魏忠贤和客氏见皇上如此维护自己的皇后，再也不敢加害张皇后了，张氏家族才得以保全。

有一次，有人写了封匿名信，信中写满了魏忠贤的罪状，魏忠贤怀疑是皇后张嫣的爸爸张国纪受邵辅忠、孙杰等人的幕后指使而写的，因此下令大杀东林党臣，希望借此动摇张嫣的皇后地位，好让自己的侄孙女任容妃成为皇后。可惜人家两人伉俪情深，魏忠贤拆散计划失败。

明熹宗天启三年（1623年），张皇后怀孕了。张皇后在怀孕的时候，客氏和魏忠贤偷偷地把自己的亲信安插到张皇后的寝宫内，在给张皇后按摩的时候暗伤张皇后的胎位，致使其流产。可见这个按摩师也是一个高手，孩子被流下来已经可以分辨出是个男胎，这是朱由校的第一个儿子，而这次流产直接导致张皇后终生不育。

张嫣经常不动声色地劝谏朱由校，希望他能"亲贤臣，远小人"。

朱由校有次见张嫣正在看书,就问她在看什么书,没想到张嫣回答:"赵高传。"朱由校摸摸鼻子不再吭声了。朱由校临死前还嘱咐弟弟朱由检,在他死后要好好照顾张嫣,而张嫣为朱由检的登基事业帮了大忙,因此,朱由检即位后,为张嫣上尊号曰懿安皇后。

嘉靖三十八年(1559年)二月二十一的清晨,一声嘹亮的哭啼声打破了建州的宁静。这一天女真贵族塔克世喜得贵子,孩子取名为爱新觉罗·努尔哈赤。想必这个名字大家都不陌生!他是大清朝的奠基人,大明朝的掘墓人。这个人的一生注定是不平凡的,注定充满征服与挑战。

努尔哈赤的先人都不是等闲之辈,从他的六世祖猛哥帖木儿开始就受到了明朝的册封。他的祖父觉昌安(明代译作叫场)、父塔克世(明代译作他失)为建州左卫指挥,他的母亲为显祖宣皇后。所谓将门无虎子,努尔哈赤也是一个不平凡的人。

在当时的东北地区,最主要的军事力量是辽东总兵李成梁的部队。努尔哈赤利用女真各部落之间以及和其他民族部落之间的矛盾,控制局势。

明朝建州右卫指挥使王杲是努尔哈赤的外祖父。努尔哈赤的妈妈在他10岁的时候就死了,很快努尔哈赤的爸爸就又给努尔哈赤兄弟娶了一个继母,这个继母可不是一个善类,老是虐待努尔哈赤和他弟弟。努尔哈赤在15岁的时候,因为忍受不了继母对自己的虐待,带着弟弟舒尔哈齐投奔他的外祖父王杲去了。

万历二年(1574年)努尔哈赤的外祖父王杲被李成梁给杀了,王杲的儿子阿台章京逃走了,但是努尔哈赤和他的弟弟舒尔哈齐却被李成梁给抓住了。努尔哈赤是个机灵鬼,他用外祖父教他的汉语好好拍了一下李成梁的马屁。李成梁一看这个小孩那么机灵,就放了他们兄弟一马,并把他们留在自己身边。

努尔哈赤是马背上长大的孩子,骑马、射箭,什么都在行。他不仅勇敢,而且还很聪明。努尔哈赤对待李成梁也是忠诚的,因为李成梁毕竟是一个有能力的老大,年轻人自然会很敬佩他。但李成梁又是杀努尔哈赤外祖父的仇人,所以,努尔哈赤很纠结,是要报仇呢,还是要效忠呢?

爸爸毕竟还是爸爸,虽然儿子离开他但他还是时时记挂着他们。万历五年(1577年)努尔哈赤的爸爸写信给努尔哈赤让他回家成亲,于是努尔哈赤趁机离开了李成梁。这一年,努尔哈赤十九岁,结婚后他和新婚妻子过了几年的幸福生活。

万历十一年(1583年)李成梁攻打古勒寨。努尔哈赤的爷爷觉昌安、爸爸塔克世进城去探望,但是因为战事紧急而被围在寨内不能出来。由于女真族内部的矛盾,城门被贸然打开,明军趁势进入。明军一进城就开始杀人,见一个杀一个,见两个杀一双。一时间,城内血流成河,而努尔哈赤的爷爷和爸爸也被杀死了。

努尔哈赤在一天内痛失两位亲人,简直痛不欲生。他不顾危险,独自一人骑马到李成梁的军营中,质问他:"我的爷爷和爸爸与你有什么深仇大恨,你为什么要杀死他?"面对努尔哈赤的质问,理亏的李成梁无言以对。过了很久他才充满愧疚地说:"我不是有意的,这只是一个失误。"

李成梁的一个失误就把努尔哈赤给打发了,这样的杀亲血仇怎么说是失误就能了结的?努尔哈赤在心里骂道:"我把你的爷爷和爸爸都给杀了,然后给你说这是一个失误,若是我,你可能就这么算了吗?可能么?"但是努尔哈赤只能把所有的怒火和仇恨都放到肚子里,因为他要报仇,他要杀李成梁,他要大明王朝血债血偿。

朝廷赏赐给努尔哈赤"敕书三十道,马三十匹",并且封他为龙虎将军,想用这些赏赐来安慰他。努尔哈赤表面上没说啥,高高兴兴地接受了,实际上是在按压自己内心的火,他要等待,等自己强大了好为亲人报仇。

努尔哈赤决定一统女真各个部落,因为这是他要报仇必须要做的。这显然不是那么不容易,但是努尔哈赤相信自己一定能行,因为他心中有强大的信念,那就是报仇。最终,功夫不负有心人,努尔哈赤用时三十六年终于打造了一个强大的女真族,这使他离最终的目标近了,更近了……

万历四十四年(1616年),努尔哈赤建立大金,史称后金,成为后金大汗。万历四十六年(1618年),明朝朝廷偏袒女真叶赫部使努尔哈赤十分生气,于是他愤然颁布"七大恨",开始起兵叛明。

万历四十七年(1619年)三月,大明朝廷征集十四万军队讨伐努尔哈赤。努尔哈赤利用有利战机,集中兵力和明军巧妙应战。在萨尔浒之战,努尔哈赤大败明军,歼灭了明军大约有六万人,并且取得了决定性的胜利。后来,努尔哈赤又用智谋取得开原和铁岭,使大明朝在辽东地区失去了保障。

天启元年(1621年),努尔哈赤把自己的都城迁到辽阳,并且建立了东京城。天启二年(1622年),努尔哈赤把辽东经略熊廷弼和辽东巡抚王化贞打得落花流水,夺取了大明王朝辽西的黄金位置广宁(今天的辽宁北宁市),熊廷弼因为兵败被杀了。天启五年(1625年),努尔哈赤又把都城迁到沈阳。

万历四年(1576年)正月十一日,毛文龙出生在杭州府钱塘县忠孝巷。九岁的时候,毛文龙的父亲毛伟去世了,从此家道中落,毛文龙一家陷入贫困的境地。毛文龙从小就学习读书写字,后来看到国家日益衰微,于是弃文从武,立志保家卫国。

万历三十三年(1605年),毛文龙受到舅舅沈光祚的推荐去边关历练,不久当了宁远伯李成梁的亲兵。同年九月,毛文龙在武举乡试中取得了第六名,被授予安山百户的职位,后来又升为千总。

万历四十七年(1619年),熊廷弼治理辽东地区,毛文龙兄弟因为勇猛又有智谋,屡立战功,很受熊廷弼的赏识,于是他又被升为都司。天启元年(1621年),毛文龙化身为游击队员,率领一百九十七名精锐手下,潜伏在敌人后方,出其不意地攻打敌人,很快收复二千里海岸线。

毛文龙十分重视火器在军事上的应用。天启元年(1621年),他奉当时的辽东经略袁应泰之命造办火药并很快成功地完成了任务,升职为游击。在长期和后金的作战中,东江军常常将威力巨大的地雷埋在村寨当中,引诱敌人进村而重创敌军,其被称为"地炮空营"之法,是东江军克敌制胜的法宝。

天启二年(1622年)六月,大明王朝正式任命毛文龙为平辽将军总兵官并封他为征虏前将军,开镇东江。东江镇建立后,毛文龙招抚因战火而流离失所的辽东百姓,总共救济并安置有一百多万人。他不仅一直派遣大将出征,而且还不断派人深入后金腹地,消灭敌人的有生力量,因而后金恨他恨得咬牙切齿。

后金人说:"我们要赶快灭掉毛文龙这个祸患,一天不灭毛文龙,我们就一天得不到安宁。"天启皇帝朱由校曾下诏书给毛文龙,在诏书中大大嘉奖了他。天启三年(1623年)夏季,努尔哈赤下令屠杀后金占领区内的大明子民。为了解救流散百姓,毛文龙派遣军队四处攻打后金。

毛文龙派遣将领收复金州和旅顺等地区,并由此开辟了辽东战场的新局面。他将登莱、旅顺、皮岛、宽奠等战场连为一线,解除了后金所占领的旅顺对山东半岛的军事威胁,使大明王朝在辽东的二千里的海疆得到了巩固,并完成了对后金的海上封锁,从此使后金内部出现缺水断粮的现象。

天启三年(1623年)九月,毛文龙得到安插在后金统治区间谍的密报,努尔哈赤准备向西攻打山海关。为了牵制后金,毛文龙亲自率领三万大军,偷袭后金故都赫图阿拉。后金在赫图阿拉以南的崇山峻岭之中,设置有董骨寨、牛毛寨、阎王寨等三座军事要塞,这三座军事要塞建造得十分精密,易守难攻,是后金起家时的根本,所以,他们一定会回来救援的。

天启三年(1623年)九月十三日,毛文龙率领部队攻克董骨寨,激战了三天,最后终于占领了牛毛寨、阎王寨,将后金守敌全部消灭。十七日,后金大军想进行反攻,从而夺回三寨。毛文龙等的就是这一天,他提前设好埋伏,将后金大军给包了"饺子",获得了全胜。努尔哈赤知道自己的后方发生了变故,于是不得不放弃西征打算,赶回去救援。

毛文龙是个有才的人,在短时间内取得很多场胜利,因此受到了上级孙承宗的高度赞赏并升了官。天启三年(1623年)十月,毛文龙命手下张盘收复复州、永宁。天启四年(1624年),努尔哈赤派人向毛文龙议和,毛文龙将来使绑送京师。朝廷很高兴,于是升毛文龙为太子太保、左都督。

天启三年(1623年)十月初五,毛文龙命令张盘收复复州和永宁。当时,后金在复州驻守的军队横行无忌,烧、杀、抢、掠无恶不作。张盘利用百姓们对后金军的痛恨,趁着天黑偷袭后金,并且取得了胜利。后金军队不甘心就这样失败,又组织更多军队进行反扑,而张盘又在城中设伏,再一次大败后金大军。

天启四年(1624年)正月初三,后金利用海水结冻,派一万多名骑兵偷袭旅顺,以雪上次失败之耻。而张盘死守在城中,即使后来火药用尽了,仍然坚持守城决不投降。后金军实在没有办法了,便派遣使者去议和。张盘是个有魄力的人,他把使者给杀了,又在旅顺城外设下埋伏,再次把后金军给打败了。

天启六年(626年),努尔哈赤亲率十三万大军,号称二十万向宁远进攻,并放言:"区区一个宁远城,我一个靴子尖就能踢毁。"但他错了,他麾下十几万的精锐部队愣是攻不破几万人的宁远城,而守城的居然是个小进士。努尔哈赤遭到了他征战44年来的第一次侮辱,他亲上前线督战,结果却被袁崇焕的红夷大炮轰成重伤,不久郁闷而死。

后金的国都一直在不断迁徙,而每迁一处,就深入明朝一分,最后努尔哈赤将都城定于沈阳,这对他本人而言并未收益多少,但却给他的子孙们提供了一个进攻明朝的地理优势。从1625年到1644年,沈阳一直是后金的国都,即使在清军入关,定都北京后,沈阳仍被当做是清王朝的第二国都。

天启七年（1627年），后金皇太极即位，为解除心腹之患，其派遣贝勒阿敏、济尔哈朗等率大军攻打毛文龙和朝鲜，这就是历史上很有名的"丁卯之役"。在这场战役上，毛文龙沉着冷静地指挥战斗，取得了五战五胜。后金遭受了最大的打击，担任进攻主力的镶蓝旗战后失去了战斗力，两年后才恢复了战斗力。

努尔哈赤姓什么？一般人大概都会毫不犹豫地说他姓爱新觉罗。其实关于努尔哈赤的姓氏，有很多说法，就是由于有太多的说法，所以它成为一个难以解开的历史之谜，有关文献记载的就有六种说法：它们分别提出努尔哈赤姓佟、童、崔、雀、觉罗、爱新觉罗。

努尔哈赤的姓氏之所以成为一个谜团，原因在于满洲开始的时候没有文字，所以没能留下原始的满洲文献记载；除此之外，清朝编修的《明史》，凡是对清朝皇室祖先不利的史实不是被删除、就是被篡改了。《清太祖实录》就没有提清朝皇室祖先的旧事，而是编了一些奇异的神话，用此来隐瞒历史的真相。

《清太祖实录》记载了一个美丽的传说，相传有三个仙女在池中洗澡，突然一只神鹊衔来一枚果子，落在三仙女的衣服上，有一个仙女爱不释手，就把果子放入自己的口中，然后吃掉了，从此她就有了身孕，不久生下了一个男孩，这个男孩的长相很奇怪，刚出生就能说话，仙女说，他姓爱新觉罗，名叫布库里雍顺。布库里雍顺也就是清朝皇帝的祖先。

朱由校面对三十几岁年轻美貌的奶妈客氏的诱惑，一时无法把持，所以大明王朝又多了一段皇帝与奶妈的畸形之恋。朱由校即位后不到十天，就封客氏为奉圣夫人。客氏此后与皇帝出双入对，形影不离。天启元年（1621年）二月，朱由校大婚，娶了张皇后，客氏自然必须回避了。

客氏在朱由校当皇帝的时候，作为一个乳母所受到的隆遇，的确是前无古人后无来者的。每到她的生日，朱由校一定会亲自去祝贺。

她每一次出门游玩或探亲,排场都不低于朱由校。每当她出宫或者入宫,大家必须清尘除道,焚烧香烟,并且齐声大呼"老祖太太千岁"。

客氏和魏忠贤害怕皇帝朱由校的妃子产下皇子,母以子贵,从而得到朱由校的喜爱,而使他们失宠,因此,虽然天启一朝中朱由校生下了不少的皇子,却没有一个长大成人的。朱由校的第一个儿子就是张皇后怀的,还没出生就被客氏和魏忠贤害的胎死腹中了。第二个儿子叫朱慈,是慧妃范氏所生,未满一岁也被害死了。

裕妃张氏因为在不经意间得罪了客氏和魏忠贤,客氏、魏忠贤就假传圣旨,将裕妃幽禁在其他宫殿,并把她的宫女都给赶走,然后给她断粮断水。那个时候的裕妃已经怀孕了,但就这样被客氏和魏忠贤给活活地饿死宫中,而她腹中的胎儿也胎死腹中了,所以我们不得不说客氏和魏忠贤是不折不扣的蛇蝎之人。

魏忠贤、客氏两人,一方面处心积虑地除去宫中一切可能对他们造成不利的因素,一方面又向朱由校进献自己的养女,希望她们能生得一男半女,以求继续称霸朝野。然而,朱由校的三男二女,都很早就夭折了,魏忠贤与客氏的如意算盘始终没有打响。所以,后来朱由校的死,对于客氏的打击是极其大的。

天启七年(1627年)八月,朱由校在客氏、魏忠贤的陪同卜米到宫中西苑乘船游玩时,在桥北浅水处饮酒。客氏、魏忠贤为了取悦皇帝朱由校,建议其乘小船去玩,朱由校爱玩,就高兴地答应了。朱由校在魏忠贤及两名亲信小太监的陪同下去深水处泛小舟游玩去了。

朱由校一行人在小船上玩的正高兴,突然天气大变,刚才还晴空万里的天气这会儿突然乌云密布,还刮起了一阵狂风。正在玩乐的朱由校所乘坐的小船被刮翻了,朱由校不小心跌入水中,差点被淹死。最后虽然被人救起,但是经过这次惊吓,他还是落下了病根,太医们虽然尽力救治,但是情况却一直不乐观。

对于朱由校的死因还有一种说法:有一个尚书叫霍维华进献了一种"仙药",名叫灵露饮,据说服药后能立竿见影,不仅健身而且还能长寿。朱由校一听很高兴，就立刻服了下去，这药就是不一样，刚服下去的时候清甜可口，让人精神了不少。于是朱由校每天都服用。可是饮用几个月后，朱由校竟然得了臌胀病，没多久他就浑身水肿，从此卧床不起了。

天启七年（1627年）八月十一日，朱由校预感到自己的日子不长了，便召弟弟朱由检进入他的卧房，拉着他的手对他说："弟弟啊，我快不行了，这大明江山就交给你了。我不是好皇帝，你将来一定当个好皇帝，还有就是你一定要照顾好你的皇嫂，绝对不能让她受委屈。"说完这些后，朱由校安心地闭上了眼睛。

朱由校死后葬于平德陵。他的庙号为熹宗，又称为天启皇帝，死后的谥号为"达天禅道敦孝笃友张文襄武靖穆庄勤悊皇帝"。天启帝朱由校在当皇帝的几年时间里，一直专心致志地盖着他的"宫殿"，而奸佞们却在悄悄地挖着他的墙脚，朱由校死后仅十多年，大明王朝就灭亡了。

第十二章

大明挽歌

——亡国不是我的错

万历三十八年(1610年),朱由检出生。

天启二年(1622年),朱由检被封为信王。

天启七年(1627年),朱由校病逝,年23岁。朱由检即位,是为明思宗,次年改元崇祯,称崇祯帝。十一月,灭魏忠贤一党。

崇祯元年(1628年),全国性大灾荒。李自成起义。

崇祯二年(1629年)三月,定立魏党"逆案"。六月,袁崇焕杀毛文龙于双岛。皇太极入遵化,进攻北京德胜门。逮捕袁崇焕。

崇祯三年(1630年),立皇长子慈烺为皇太子。永平四城失守,袁崇焕驰援京师,并收复永平四城。六月,张献忠聚众起义。八月,袁崇焕被凌迟处死。

崇祯八年(1635年)正月,农民军攻克凤阳,掘皇陵。八月,卢象升、洪承畴剿匪。十月,下罪己诏。

崇祯十一年(1638年),招降张献忠,大败李自成。清军犯境。

崇祯十四年(1641年),李自成攻克洛阳,杀福王朱常洵。

崇祯十五年(1642年),清兵攻克松山,洪承畴降。祖大寿以锦州降清。十一月,下诏罪己,求直言,起用废将。

崇祯十七年(1644年)正月初一,李自成在西安称王,国号"大顺"。三月,李自成攻陷北京城,朱由检自缢于万寿山,清兵入关,明亡。

天启七年（1627年），年仅二十三岁的朱由校在蹬腿之前寻思着皇位的继承人，由于自己的儿子全都被他最亲爱的两个人奶妈客氏和太监魏忠贤给害死了，无奈之下，他密诏来自己十七岁的弟弟信王朱由检，拉着他的手说："来，吾弟当为尧舜。"尧舜是什么人，大家都知道。八月，朱由校驾崩，朱由检即位，是为明思宗，次年改元崇祯。

朱由校是一个优秀甚至拔尖的木匠及建筑师，但并不是一个合格的皇帝。他在位期间，只顾专心致志地盖着他的"宫殿"，奸佞们却在悄悄地挖着朱明王朝的墙脚，挖墙脚领头人就是他的奶妈客氏和阉党首领魏忠贤。朱由校临死前才明白：最爱的人往往伤我最深。可惜，晚了。

朱由校死后，魏忠贤本想秘不发丧，先灭掉张嫣与朱由检，然后自己找个傀儡皇帝加以控制，幸亏张嫣及早通知了英国公张惟贤入宫。在朝廷里，唯一不怕魏忠贤的，也只有张惟贤了，这位老兄是世袭公爵，无数人来了又走了，他还在那里。魏忠贤知道自己的计划已经泡汤，就也"接受"了朱由检。

朱由检为兄长守灵，一天滴水未进，魏忠贤借机送来酒菜。朱由检知道这货没那么好心，酒菜肯定有问题，但又不能让魏忠贤发现自己怀疑他，正纠结时，张嫣跑过来一掌把饭扫到地上，佯装生气道："吃货！你哥尸骨未寒，你当着他的面还能吃下去？"朱由检装作愧疚地低下头，顺便松了口气，好险！

朱由检的人生，就像是一张摆满了杯具和餐具的餐桌。这个倒霉孩子从哥哥朱由校手中接过了这个已经被搞得满目疮痍的王朝，于是，注定要有一个更为悲催的称号"明朝亡国之君"。朱由检不是学医的，所以不会妙手回春，但他还是决定死马当成活马医，当一天和尚，敲一天钟！

魏忠贤的阉党一派可以说是贪赃枉法，残害忠良、无恶不作。当朱由检还是信王的时候，就对魏忠贤很是痛恨，但他懂得隐忍，加上为人十分低调，所以每次见到魏忠贤，他都很有礼貌地上前问好，以致魏忠贤对他的印象还是不错的："嗯，这小子不错，应该比那个'木匠'更好控制。"

朱由检知道现在的朝政大权其实是在魏忠贤的手中，而自己只不过是个傀儡皇帝。朱由检很精明，他知道眼前的这个敌人有多强大，所以，决定来个从长计议，釜底抽薪，慢慢除去魏忠贤的党羽，然后再对魏忠贤下手。这就如温水煮青蛙，青蛙一碰到热水就会跳起，但却喜欢温水的舒适。

魏忠贤想试探一下朱由检到底是敌是友，就装模作样地跑到皇帝面前，递上了一份辞呈。朱由检又不傻，当然知道魏忠贤的把戏。他看了魏忠贤好久，然后吐出两个字："不准。"魏忠贤不可置信地抬起头："为什么？"朱由检装作一本正经地说："先皇临死前说了，您可是如今大明的顶梁柱，怎么能说走就走！"于是，魏忠贤心满意足地又拿着辞呈回家了。

客氏是朱由校的奶妈，从朱由校出生到结婚，再到去世，客氏熬完了他的一生。既然朱由校已死，而朱由检早过了吃奶的年龄，所以客氏被逐出宫去，美其名曰：养老。客氏当即心灰意冷奉旨出宫，不过走之前，她又跑到朱由校灵前，将以前保存的朱由校剃下的头发、换落的牙齿、指甲等全部烧掉，然后哭着离开了。

朱由检从不近女色，倒不是因为他是同性恋，而是因为他要力挽狂澜，争取不让朱家的江山败在自己手上。早年为王时，他曾亲眼目睹了自己的老爸和哥哥因贪图女色而导致误朝、失权，甚至丧命的惨剧。因此他上台之后，一直自勉自励，勤于朝政，争取站好最后一班岗（尽管他不知道这是最后一岗）。

有天晚上，朱由检正准备脱衣服睡觉，魏忠贤领着四个美女过来了，美其名曰：侍寝。朱由检知道肯定有黑幕，但还是不动声色地收下了。等魏忠贤贼笑着走远后，朱由检命人搜这几位美女的身，果然，在她们每人身上都搜出一粒香丸,名曰"迷魂香"(有催情作用)。朱由检了然一笑:"无事献殷勤,非奸即盗。古人诚不欺我也。"

一天,朱由检正在批奏折,忽然传来一阵香气让他欲心顿生。感觉到不对劲后,他就问身边的太监这香气是从哪里传来的。太监回道:"按照先朝惯例,皇上所去的屋子都要燃烧这种香。"朱由检听后不由一惊,心知这肯定是魏忠贤的阴谋,便命人把香撤了,以后不准再用。

有些聪明有眼色的大臣们揣摩出了皇帝对魏忠贤的意图,便开始举报魏忠贤手下的种种违法犯罪行为。魏忠贤现在是泥菩萨过江,自身难保,肯定不会出手相救。于是,这些被老大抛弃的人为了自保都主动向皇帝申请辞职。朱由检倒也没客气,来几个批几个,一眨眼,魏忠贤身边已凉风阵阵,手下都快全被撵回家了。

魏忠贤接连起用的赵南星、孙承宗及袁可立等人,虽是贤臣,可骨子里是和他作对的,但魏忠贤在边关大事上还是容忍了这些清流官员,这至少说明他也有爱国之心,并不是十恶不赦的恶棍。现在想想为什么魏忠贤当政时关宁防线得到组建,基本上没什么人造反,孙承宗修关宁防线时不缺钱,而东林当政后关宁军防线那么紧张,国内屡次有人造反?

《明史》上说:"内府诸库监收者,横索无厌。"也就是说,内库保管员的好处,不光是能够直接从库里拿钱,还可以额外索取。商人运送供物来入库,管库宦官可以在质量上卡你,说不合格,那你就得另外再去置备,折腾死你。但如果你能给保管员发个红包,那一切都好说,你的供物也能顺利入库。

嘉靖年间,内库在接收商人所交的物料时,要求带有相应的包装、垫衬等物。这只不过是个名义,实质是伸手向商人额外要钱。这数目,可不是个小数。如果对方不给钱的话,这些人就把他们锁住拷打或者捆起来在烈日下暴晒,直到商人答应行贿为止。这种坑爹的要钱之道在当时不知逼死了多少商人!

魏忠贤曾免除为皇家输送物品的专营户向内库交纳的"孝敬"费用。当时规定：征用物品入库，须交纳小费，以便验收合格，这是明朝管库太监创制的恶例。只要管物，就有贪污、勒索的机会，毕竟那个时代又没有摄像头，皇帝不可能24小时蹲点监视。魏忠贤能够废除这个恶例，也算是功德一件。

辽东战事吃紧，急需马匹，但这个问题一直难以解决。魏忠贤为国分忧，想了个好办法：依明朝旧例，有特殊贡献的大臣具有在宫中骑马的特权，但作为条件，骑马者逢年过节要向皇帝进献好马一匹。魏忠贤一下子赐给几百名太监在宫中骑马的特权，而后就不断地降谕旨让他们进献马匹，逼得这些太监直骂娘！

朱由检上台后，新任国子监副长官朱三俊上书弹劾陆万龄和曹代，朱由检下令将二人逮捕入狱。魏忠贤为避嫌疑，赶紧找朱由检表明自己的清白，主动向皇帝提出停止为自己建生祠。朱由检客气了一下说："没事，建就建吧！"他客气，老魏可不敢客气，死求活求非让皇帝下令停止，于是朱由检就批准了，还大夸魏忠贤识大体顾大局。

朱由检对魏忠贤还是一如既往的好，每天对他嘘寒问暖，体贴备至。于是有一些不长眼的人，误认为魏忠贤仍得圣宠。国子监有个姓张的同学，向皇帝写建议书，说应在国子监为魏忠贤竖像，让他和孔子一起受人们的供奉。魏忠贤一听："这不是催老子早点死么！"就赶在朱由检表态之前，让张同学在地球上"消失"了。

一天，魏忠贤一大早起床就眼皮直跳，有一种很不祥的预感。果然！崔呈秀被举报，被查出十几条重罪，条条都足以让他被凌迟处死。朱由检知道他是阉党"五虎"之首，但还不到除去他的时机，就把他贬去官职，撵回家守孝了，魏忠贤就这样被生生砍断了一条得力臂膀！

天启元年（1627年）十月，弹劾魏忠贤的奏折在一夜之间像座小山一样堆在了朱由检的办公桌上。弹劾信中写得最精彩的要数一个叫钱嘉征的贡生，他义正言辞地细数了魏忠贤的十大罪状，估计连魏忠贤自己看了都会忍不住夸一句：写得好！一抹冷笑出现在朱由检的嘴角,遂后从他嘴中蹦出了一个嘎嘣脆的字眼:"杀!"

朱由检召来魏忠贤,让人把钱嘉征的弹劾信念了一遍,魏忠贤听得冷汗直流。念完后,朱由检不解气地又把魏忠贤大骂了一通。魏忠贤赶紧接话:"您骂得真是荡气回肠、英明神武啊!那陛下您就一定大人不计小人过,放咱一马吧?"说完,竟抱着朱由检的小腿哭了起来,朱由检在心中鄙视:你就会装孙子!然后先让他回家闭门思过了。

徐应元和魏忠贤一样,也是一名太监,不同的是,他是一位伺候了朱由检十几年的太监。魏忠贤搬了一大箱金银珠宝去贿赂徐应元。好吧,拿人手短,我徐应元就尽尽力吧!结果,他跑到朱由检面前刚一开口,就成功地沦为炮灰。朱由检不仅给他扣了个魏党的罪名,还把他打了一顿板子后贬到南京守陵去了。

十一月,魏忠贤被免去一切职务,贬到凤阳守祖陵。魏忠贤笑了,什么权力,什么阉党,都是浮云,拿着钱保住命才最要紧。于是他收拾了几十车金银珠宝,领着自己的千把名精兵浩浩荡荡地出发了。但他错了,金钱对于现在的他而言,也是浮云,只有老命才重于泰山啊!如此高调的炫富行为让深知国库已空的朱由检炸毛了:"我说国库咋越来越空,敢情都在你那呢!锦衣卫,去把魏忠贤再给朕捉回来!"

魏忠贤终于明白,自己小瞧了这个皇帝,然而为时已晚。说到底,还是他读书太少,所以就没办法从历史书中学到先人的经验:政治斗争从来只有单项选择,不是你死,就是我活。当半夜听到外边有人在唱"随行的是寒月影,吆喝的是马声嘶。似这般荒凉地,真个不如死"时,魏忠贤突然大悟:他费尽心力在成功的路上一路狂奔,结果却是在折返跑。于是,他一解裤腰带,上吊死了。

魏忠贤的手下们见老大已死,有的偷些魏忠贤的珠宝逃走了,没来得及跑得,被追上来的锦衣卫逮捕处决了。朱由检得知魏忠贤畏罪自尽的消息后,下令将他的尸体肢解,将头颅扔进河里,并将他的家产充公,魏忠贤的余党全部被诛。老百姓听到这一喜讯后,赶紧放鞭炮以示庆祝。而剿灭魏党成为朱由检一生最骄傲的功绩。

崔呈秀在老家守孝也不得安心,在听说老大魏忠贤的下场后,他干脆一抹脖子,跟着去了。朱由检在处理魏党的案子时发现很多都有客氏的份,于是命锦衣卫把在宫外养老的客氏抓回来,押到浣衣局。客氏从前可没少欺负浣衣局的人,于是,刚一到地方,就被那里的人给乱棍打死了。

崇祯二年(1629年)正月,朱由检开始清查阉党的残渣余孽和漏网分子。三月,朱由检制定的《钦定逆案》颁布天下,以魏忠贤为首,以下分为六等共200多人,根据不同的罪行,或杀、或贬、或终身监禁等等。此举赢得了朝野上下、黎民百姓的拥护,同时也显示了朱由检果断沉稳、嫉恶如仇的气概。

朱由检一反老爸的怠政,老哥的昏聩,每天临朝听政,令全国人民都刮目相看,大呼他为"明主"。但朱由检以一人之力除魏忠贤一事,显然让他对于自己的政治才能产生了过高的估计。他在此后的十余年中,实施独断,亲力亲为,过度相信自己的能力。这样的自信,慢慢变成了自负,然后变成了刚愎自用。

朱由检求治心切,很想有所作为,但因矛盾丛集、积弊深重,无法在短期内使政局根本好转。而且他刚愎自用,性格多疑,又急于求成,因此在朝政中屡铸大错。因对外廷大臣不满,朱由检在清除以魏忠贤为首的阉党后,又重用另一批宦官,给予宦官行使监军和提督京营的大权,统治集团矛盾日益加剧。

此时的明朝外有后金连连攻逼,内有农民起义愈燃愈炽的烽火。面对危机四伏的政局,朱由检更加勤于政务,探求治国良策。同时,他平反冤狱,起复天启年间被罢黜官员;全面考核官员,禁朋党,力戒廷臣交结宦官;整饬边政,以袁崇焕为兵部尚书,赐尚方剑,托付其收复全辽重任。与前两朝相较,此时的朝政有了明显改观。

朱由检是一个苦命的人。他的生母姓刘,被选入太子东宫,成为朱常洛的妾,不久就生下了他。朱常洛性情怪异,脾气狂躁。在朱由检五岁这年,朱常洛突然对刘氏大打出手,史书曰:"失光宗意,被谴,薨。"这话说得很堂皇,而实际情况应该是朱常洛暴怒之下,将刘氏逼上了绝路自尽,甚至亲自将刘氏活活打死了。

朱常洛本身就不怎么得老爸的宠爱,因此对刘氏的死充满懊恼,他倒不是有什么情义或心疼儿子,而是害怕老爸朱翊钧知道了,趁机废了他这个太子位。于是,朱常洛向身边的太监宫女威逼利诱,告诫他们不能走漏风声,只说刘氏是病死的,将她以宫人的身份葬在西山。朱由检长大后被封为信王,屈死的刘氏被追封为贤妃。

朱由检碍于老爸朱常洛的淫威,从不敢公开去祭祀自己的母亲,只是悄悄向太监打听母亲下葬的方位,偷着拿些钱让侍从去为母亲祭扫。直到即位后,朱由检才真正能够光明正大地追悼自己的母亲,他封早死的母亲为孝纯太后,将她从简陋的坟墓中迁出,与父亲朱常洛合葬庆陵。

朱由检很重视家庭,嫔妃很少,与子女妻妾的关系很好。然而如史书上所说,他虽非亡国之君,却面临亡国之运,即使他倾尽全部力量,也只能让大明朝多喘几口气罢了。

周皇后,全名周玉凤。朱由检宠爱田贵妃的美色,田氏恃宠骄横,常与周皇后争风吃醋,周皇后有意冷落田贵妃。有一年正月初一,田贵妃依例要向周皇后拜年,由于天气寒冷,她乘车直到皇宫才下车来,周皇后很不高兴,让她等了好久才受拜。二人见面也没有说什么话,田贵妃自讨没趣,匆匆回去。

有一次,朱由检与周皇后闲聊,但不知因争论什么问题,竟突然大动肝火,用力把周皇后推倒于地。打女人的男人要不得啊!周皇后气得好几天没吃饭,说白了就是绝食。朱由检也意识到这件事情自己办得太不是男人了,就赐给周皇后一件贵重的貂裘,好言相劝,这才和好如初。

周皇后并不是善于妒忌的彪悍女人,她性格严谨,经常劝朱由检要经常与大臣们商量国事,而自己把后宫治理得井然有序。田贵妃因恃宠失礼被朱由检贬到了启祥宫,三个月都没去理她。有一天,周皇后陪朱由检到永和门观花,发现田贵妃没有参加,就主动派车去把她接了过来,从此,周皇后与田贵妃的关系大为改善。

1644年正月初四,已是心力交瘁的朱由检向天问卜,却得到了这样一句卦辞:"星走月中,国破君亡。"很快他就得到李自成自称大顺皇帝的消息,同时,他还听说远在南京的太祖朱元璋孝陵发生了不祥之兆:深夜时分,总有凄厉的哭声从孝陵深处传出,守陵军士吓得逃之夭夭。正月,凤阳地震;同月,南京地震;北京则出现了"星入月"的天象。

朱氏的祖籍和大明王朝的起源地、京城接连出现的异常天象,令朱由检心力交瘁。这时的国库已经见底,为了抵抗势如破竹的大顺军团,朱由检向大臣"化缘",请求他们捐出家财银两作军费开支。结果,那些凭着大明朝才富得流油的官员们,个个喊穷叫苦,勉强拿出了一万两银子,结果显而易见。

崇祯八年(1635年)正月,陕西农民军突然挥师南下,出其不意地攻克了大明开国皇帝朱元璋的龙兴之地——凤阳,并挖了朱家的祖坟,能拿的拿,拿不走就烧,大火整整烧了三天三夜。是可忍孰不可忍,朱由检派了一帮精兵过去,名义上是剿匪,说白了是报仇。祖坟可不是能随便挖的,何况那还是皇帝的祖坟!

八月,剿灭农民起义军的战事在全国范围内拉开帷幕,朝廷向百姓征收打仗所需的钱粮。有人怒了:"你自己没当好皇帝惹人不快,打仗了却要我们放血,太坑人了吧!"于是,朱由检走出了令他十分难堪的一步,即第一次向全国颁布"罪己诏",向全国人民首次承认朝廷的政策失误及天下局势的险恶。

"罪己诏"是古代的帝王在朝廷出现问题、国家遭受天灾、政权处于安危时,自省或检讨自己过失的一种口谕或文书。它通常会在三种情况下出现:一是君臣错位,二是天灾造成灾难,三是政权危难之时。简单地说"罪己诏"就是皇帝的检讨书,颁布的目的是收拢民心。

如果包括袁世凯在内的话,在中国历史上,总共有89位皇帝下过罪己诏。最早的一份是汉文帝在公元前169年下的,最后一份是袁世凯在1916年下的撤消帝制的总统令,整个时间跨度为2085年。如果以"二十五史"为限的话,那么最后一份罪己诏颁布的时间应为1895年5月2日,时间跨度是2074年,平均每8年就会有一份罪己诏。

两汉有二十四位皇帝,其中有十五位下过"罪己诏";接下来是魏文帝;再有吴国两位、两晋七位、南朝十四位、北朝一位、隋朝一位、唐朝八位、五代六位、宋代七位、辽代一位、金代一位、元朝四位、明朝三位、清朝八位。如果按所占比例来算,清朝比例最高:十个皇帝有八个下过"罪己诏"。太坑爹了,以为咱老百姓好骗啊!

朱由检执政时期,对于后金,群臣分为主战主和两派。崇祯在用人方面,起用了主战派袁崇焕。文官集团使得军中之将只重出身门第,几次大规模对后金的军事活动均遭惨败,削弱了明朝的军事力量,最终明军无力镇压农民军起义,间接加速了明朝灭亡。

为镇压起义军,朱由检先用杨鹤主抚,后用洪承畴,再用曹文诏,后来又用洪承畴,再用熊文灿,又用杨嗣昌,十三年中频繁更换镇压农民军的负责人。这其中除熊文灿外,其他都表现出了出色的才干。但是朱由检不断地加税,民间称呼他为"重征"以代替"崇祯",使得明末农民起义是"野火烧不尽,春风吹又生"。

毛文龙镇守东江八年间,派遣了大量人员到后金统治地区刺探情报,扰乱人心,鼓舞辽民反抗。那段岁月可以称得上是"间谍"与"被间谍"的双重较量,扰得后金政府人心惶惶,官员们见了老婆孩子都得试探一番才敢谈心。后金政府还专门制定了法律,声称对于毛文龙派来的间谍,举报有奖,包庇严惩。

毛文龙经常给后金的政府官员、将领写信劝降,然后又故意大肆宣扬,说这些人有意降明。至于你信不信,反正努尔哈赤信了。于是,后金很多的忠臣良将都当了冤大头,不明不白就被砍了脑袋,像阿骨、柯汝栋、戴一位等后金大将,都是死于毛文龙的反间计。

崇祯元年(1628年)九月,皇太极派两万大军进攻东江,结果被毛文龙击败,将领刘兴祚亲自领着四百骑兵投降,成为后金建国以来,归降明朝的最高级别将领。后来刘兴祚向毛文龙献计,让还在萨尔浒城中的弟弟做内应,一举攻破此城。萨尔浒是后金的粮仓,这一举把皇太极气得恨不得挖了刘兴祚家的祖坟。

皇太极因"丁卯之役"大败派使者去找毛文龙议和,毛文龙将计就计,要皇太极派重要官员来谈判。皇太极果然上当,派遣爱将固山额真可可等人来到东江,哪知人一到,就被绑送到北京去了。皇太极听后气急败坏,大骂毛文龙:"你也太不厚道了!用瞎话骗去几个人能得到啥好处?"

毛文龙是个办大事的人,当然不拘小节。他多次以归顺后金为饵,甚至放言"尔取山海关,我取山东"(这话虽是用来骗皇太极的,后来却成为袁崇焕杀他的借口之一),诱骗皇太极再派使者来。皇太极不是单纯可爱的灰太狼,所以死活不再上当了!后金使者还对朝鲜人说:"我们一定要讲诚信哦!千万不能学毛文龙那厮,净诓人!"

袁可立任登莱巡抚后,重用毛文龙、沈有容等名将,使得登莱局面大为改观,是登莱历任巡抚中最有作为的一个,曾多次为毛文龙向朝廷请功。接任袁可立的武之望,是一位名医。这人脾气很怪,与毛文龙的关系不好,还经常扣毛文龙的军饷,前后达四十四万两,使东江军民饥寒交迫,二人更加水火不容。

武之望还曾派兵接管东江要塞旅顺,与毛文龙争功,可到了冬天,他害怕后金军乘海水结冰进攻,又将部队撤到皇城岛过冬。毛文龙对此哭笑不得,只好又派兵驻防旅顺。王在晋对武之望说:"旅顺为三方扼要,你既然说不可不守,现在又溜到皇城岛,我代表全国人民鄙视你!"武之望羞得头都抬不起来了。

崇祯二年(1629年)六月,袁崇焕以议饷之名至双岛,罗列毛文龙"十二大罪",假传圣旨要将其处死。毛文龙对朝廷忠心耿耿,误以为是皇帝要处死自己,于是从容赴死,没有任何反抗,只是一个劲地流泪。袁崇焕悍然发动的"双岛事变",其炮制的十二条当斩的理由更是被当时的中国人比作南宋召回岳飞的十二道金牌。

明恭顺侯吴惟英对此评价道："袁崇焕说毛文龙跪着请死，可见他从容就义，忠于国家的法律。如果毛文龙有二心，肯定会目无法纪，怎么会跪着受死。毛文龙也有尚方宝剑，如果他也说我有圣旨要杀袁崇焕，袁崇焕如何自保？幸而毛文龙对国家一片忠心，并不以白刃临颈而动摇。"毛帅死后，辽东战局急转直下。

袁崇焕，字元素，号自如。天启二年（1622年），刚任职邵武知县不久的袁崇焕，到北京接受朝廷的政绩考核。当时皇太极已经基本把辽宁拿下，在这个关外局势空前严重的态势下，袁崇焕竟然单骑出关，巡视形势。猛人呐！袁崇焕回来后拍胸脯说："给我军马钱粮，我一人足能守住此地！"于是，朱由校就真让他去了。

崇祯元年（1628年）四月，朱由检任命袁崇焕为兵部尚书兼右副都御史，七月，召袁崇焕入京。袁崇焕当着朱由检的面慷慨陈词，计划以五年时间恢复辽东，还讲出了具体计划，听得朱由检是一愣一愣的，心中大为高兴，赐了他一把尚方宝剑，并赠蟒玉银币。好歹袁崇焕有点眼力劲儿，只接了尚方宝剑，没有接蟒玉。

崇祯二年（1629年）十月，皇太极亲率大军从沈阳出发，避开山海关-宁锦一线，绕道内蒙，从喜峰口突入明境，相继攻陷遵化、迁安、滦州、永平，一路北上，直逼北京。此事所谓"己巳虏变"。皇太极一路上，大开抢戒，把沿途的老百姓抢得是一干二净，揭不开锅。有人偷骂道："奶奶的，这是从哪逃荒过来的，穷成这样！"

皇太极贼笑着冲向了北京城的大门，却在门口看到了他这辈子最不想见的人。袁崇焕正亲率精兵守在城门下，从他那大喘气的剧烈程度皇太极猜测他们是刚到。结果皇太极虽有十万大军，但在碰到袁崇焕这名不见经传的小进士后愣是吃瘪，看着北京城却进不去，恨得牙痒痒！

袁崇焕向朱由检申请让军队进入城中休整，朱由检犹豫了，因为他多疑的老毛病又犯了，这次的怀疑对象是袁崇焕。他在北京城的最高处可是看见了:他袁崇焕这次入关后,一直跟在皇太极后面,既不全力进攻,也不部署防守,这是为什么呢?袁崇焕解释了:"我只想尽快赶到北京城下以保卫京城。"朱由检不信,于是,老袁只能待在城外。

朱由检疑心重那是出了名的,皇太极自然也晓得。他很随意的用了一个反间计就给袁崇焕扣了个"叛徒"的帽子。别的罪责犹可,这个私通敌国的罪名可是惊天动地之大!历朝历代,只要皇帝一听到叛徒二字,顿时都红了眼,哪还管是不是清白,先杀了以绝后患再说!

皇太极在刚到北京近郊时曾俘虏两个太监,杨春和王德成。于是他故意让二人偷听到自己与下属们说自己已与袁崇焕里应外合,后将二人放走。二人回到宫中,立马向皇帝报告了自己听到的"情报"。朱由检熊掌代替惊堂木往桌上一拍,袁崇焕光荣入狱!

崇祯三年(1630年)八月,袁崇焕在北京西市被处以极刑,老百姓误认为袁崇焕是真的通敌卖国,对他恨之入骨。明末史家张岱津津乐道地记下了这个血腥的场面:刽子手割一块肉,老百姓就掏钱买下来一块,放在嘴里嚼,顷间肉已沽清。再开膛出五脏,截寸而沽。百姓买得,和烧酒生吞,血流齿颊。

袁崇焕在行刑前,念出了自己的遗言:"一生事业总成空,半世功名在梦中。死后不愁无勇将,忠魂依旧守辽东。"到了夜里,袁崇焕的头颅在刑场,他的佘姓部下趁夜盗取了头颅,埋在现在东花市斜街52号院内,还交代子孙,不必再回岭南原籍了,世世代代就在这里陪伴。据称从1630年至今,佘家已经守了372年的墓,历经了17代。

袁崇焕一死,明朝等于自毁长城。起初明军与后金打败仗时,顶多逃跑,但很少投降。可是袁崇焕死后,开始有整支军队投降后金,因为在这些明军将士看来,像袁崇焕那么忠心的人都遭到怀疑,含恨而终,何况他们这些无名之辈?为这不长眼的朱由检打下去还有什么意思!

袁崇焕死后的第二年,朱由检简直要戳瞎自己的眼睛了,因为他不能相信自己看到的:那些投降后金的将士人走就好了,为什么要把他的红夷大炮也要带走送给皇太极!还有一些士兵偷跑回家,当起了山大王,成为到处流窜的土匪强盗,这更加快了明朝的灭亡!

高迎祥,农民一个,因为家里穷得实在揭不开锅了,就挽袖一呼:"与其饿死,倒不如造反而死!"这个世界最好找的就是穷人,此后,他自称"闯王",造反队伍瞬间壮大。荣阳大会后,高迎祥成为十三家七十二营民变队伍之首,并与李自成、张献忠等联合抗明,后被明将孙传庭生擒处死,起义军又推李自成为"闯王"。

崇祯三年(1630年),明朝国内的起义军以李自成的声势最大,此时的朱由检也明白自己是中了皇太极的反间计,错杀了袁崇焕。但他并没有吸取教训,第二个被误杀的是贺人龙。贺人龙是李自成的同乡,也是起义军的天敌。其武功高强,再加上打起仗来简直不要命,所以起义军给他起了个外号——贺疯子。

崇祯七年(1634年)十月,贺人龙率兵将李自成围在陇州城中。情急之下,李自成派手下高杰假装投降贺人龙,借机把他杀死。哪知,高杰这厮真投降了,还被朱由检封为兴平伯,李自成知道后翻了个白眼,直接气晕过去了。最后李自成被打得只剩十几个弟兄,仓皇而逃,贺人龙被封为"平贼将军"。

起义军对贺人龙那是恨得做梦都想把他杀了,想当年高迎祥手下的十八队,足有一半吃过贺人龙的亏,还被他杀了四名头领。眼看全国各地的起义军被贺人龙打得抱头鼠窜,偏偏这时,朱由检的老毛病(多疑)又犯了,他误信谣言,密令孙传庭杀了贺人龙。起义军简直乐坏了,大摆宴席庆贺朱由检杀了这贺疯子。

崇祯十一年(1638年),已经风生水起的皇太极闲着没事就喜欢率一帮精兵进入关内溜两圈,顺便再抢点值钱的东西。朱由检被折腾的头大,就把大将洪承畴调到松锦前线,护卫京城。洪承畴这人文武双全,有勇有谋,皇太极就琢磨着把这个人才弄到手。于是,他亲自率兵围剿锦州,松锦大战由此开始。

宁要虎一样的对手，也不能要猪一样的队友。松锦大战明军惨败，城中的将帅全部仓皇逃走，唯独洪承畴这倒霉孩子没逃成，没办法，人衰了真是喝凉水都塞牙缝！在弹尽粮绝的情况下，洪承畴光荣地被皇太极"请"入帐中，之后还被以礼相待。洪承畴知道明朝气数已尽，新主人又待他这么好，一咬牙，降了吧！

吴三桂是辽宁那旮旯儿的人，在万历四十年（1612年）出生。吴三桂出身比较高贵，他们家是辽东的将门望族，爸爸叫吴襄，自幼习武，善于骑射。吴三桂在爸爸吴襄和舅舅祖大寿等人的影响下，既学文，又习武，所以不到二十岁就考中了武举。从此吴三桂跟随吴襄和祖大寿，开始了军旅生涯。

崇祯四年（1631年）在一场叫做大凌河的战役中，吴三桂的爸爸吴襄，身为团练总兵奉命率兵四万多人到大凌河增援祖大寿。可是令人不可思议的是吴襄竟然临阵逃脱，朱由检知道了很生气，于是把他的总兵职务给撤了。

崇祯五年（1632年），朱由检命吴襄随他的副将祖大弼出征山东，因为这个时候山东登州参将孔有德发生了兵变。所以，吴襄这次出差的任务就是平息兵变。孔有德是一个没有种的男人，看见有人来打他了，就立刻逃跑，投奔后金去了。经过这次出差，朝廷原谅了吴襄，所以他很快就恢复了总兵的职务。

吴三桂在二十岁的时候光荣地加入了游击队员的行列，崇祯八年（1635年），升了官，成为前锋右营参将。崇祯十一年（1638年）九月，吴三桂由于作战勇猛又被升为前锋右营副将，相当于副总兵。吴三桂二十七岁的时候已经被封为宁远团练总兵，升迁如此的快，简直气煞旁人！

崇祯十六年（1643年）正月，吴三桂给他的舅舅祖大寿写了一封信，这个时候祖大寿已经投靠了皇太极。祖大寿把自己外甥的信拿给皇太极看，皇太极本来就想拉拢吴三桂这员大将，于是回信劝吴三桂降清。信中他向吴三桂许诺如果吴三桂投清荣华富贵美人会应有尽有,但吴三桂一直在纠结中。

崇祯十七年(1644年),明军在与农民起义军和清军的两线战斗中,屡战屡败,已完全丧失战斗力。三月,农民起义军围攻京城。十八日晚,朱由检与贴身太监王承恩登上万寿山(今北京市景山公园),远望着城外和彰义门一带的连天烽火,只是哀声长叹,徘徊无语。回宫后他写下诏书,命成国公朱纯臣统领诸军和辅助太子朱慈烺。

朱由检哭着对周皇后说:"你是国母,理应殉国。"周皇后也哭着说:"我嫁来十八年,陛下没有听过我一句话,以致有今日。现在陛下命妾死,妾怎么敢不死?"说完解带自缢而亡。朱由检转身对袁贵妃说:"你也随皇后去吧!"袁贵妃哭着拜别,也自缢了。

朱由检拿着剑跑到大女儿,即十五岁的长平公主的房间,哭着说:"你为什么要生到帝王家来啊!"说完拔剑一挥,就要刺死这个女儿,无奈心有不忍,手一抖砍偏了,只砍断了长平公主的左臂,长平直接昏死过去。朱由检不忍心再下手,就扭头走了,杀了幼女昭仁公主和几个嫔妃。

长平公主被一个太监救走,寄养在一位大臣家中。顺治二年,她向顺治帝写了封信,说自己是崇祯的后裔,想要出家。顺治为了笼络明朝老臣,就把长平接了过来,又是给钱又是送房送车的,并说:"别出家了,你爸爸已经给你找好了夫家,叫周世显。"于是,顺治给长平办了场风光的婚礼,可惜,心灵已经重创的长平在婚后一年就去世了。

张嫣得知李自成攻入北京城的消息后,不愿被俘,正准备自杀,恰巧这时朱由检传来命令,让她自缢。她隔着帘子远远朝朱由检一拜后,果断从容地结束了自己的性命。《明史》有记载,说张嫣在自己的寝宫中上吊自杀,殉国明节。然而,当李自成攻入皇宫后,却没有找到张嫣的尸体。

十九日凌晨,李自成率领起义军从彰义门杀入了北京城。朱由检立刻鸣钟召集文武百官,可是这钟都快敲碎了,也没看见一个大臣来到朝中,朱由检不由得留下了两行男儿泪,感叹自己竟然成了真正的孤家寡人。最后他召来太子等人,亲自替他们换上旧衣服,交给太监带出宫去。

朱由检在心腹太监王承恩的陪同下登上了万寿山,朱由检站在万寿山上,俯瞰着这个破碎不堪的江山,心中憋屈万分:"为什么你们逍遥快活够了,最终却把屎盆子扣在我的头上?简直没天理呀!"喊完之后,朱由检解下自己的裤腰带,往老槐树上一搭,上吊自杀了。等朱由检断气后,王承恩也在对面的树上吊了。可怜一代帝王,死时身边只有这么一位太监陪葬。

三月十九日上午,李自成攻入皇宫,下令搜查朱由检的下落,活要见人,死要见尸。结果在皇宫里搜了三天也没找到,最后在万寿山的老槐树上找到他的尸体。李自成将他的尸体抬到东华门,发现他身上的血书,念他好歹也是一国之君,就把他葬在了昌平。清军入关后,为收买人心,笼络汉族地主阶级为清廷效力,又将他移葬思陵。

据史学家分析,朱由检是我国最勤政的皇帝之一,"鸡鸣而起,夜分不寐,往往焦劳成疾,宫中从无宴乐之事"。他二十多岁头发已白,眼长鱼尾纹。然而,曾经强盛的大明帝国已经风雨飘摇,而他与臣子的关系可以说是历史上最为尴尬诡异的——相互仇视,相互依存、相互利用。他空有治国之志,却没有治国机会!

清朝编纂的《明史》也依旧承认朱由检的优点:拥有极强的政治手腕,心思缜密,果断干练,并且精力充沛,几乎拥有历史上所有明君的特征。但大明气数已是油尽灯枯,王朝更迭的不可违之命,朱由检的悲剧命运在于他不仅无法以一身之躯来阻止社稷颠覆之势,而且历史所能给予他的时间和空间注定他成为不了一位中兴之主。

1644年3月19日这一天,成了统治华夏长达276年的大明王朝的亡国祭日。每逢此日,黄宗羲、顾炎武等明末遗民必沐浴更衣、面向北方、焚香叩首、失声恸哭,纪念这位命运悲惨的上吊皇帝。

李自成带领大顺军攻打北京,朱由检命吴三桂以最快的速度领兵保护北京。吴三桂慌慌张张地从宁远进入山海关，这个时候李自成派他的部下唐通带四万两白银前去招抚吴三桂，吴三桂没有搭理他。没过多久李自成就攻破了北京。朱由检上吊自杀时，吴三桂刚到丰润一带，得到消息后他停下了前往去北京的脚步。

李自成攻进北京后，他的手下在北京城内大肆抢掠。吴三桂的爸爸被李自成给关了起来，而他最宠爱的女人陈圆圆被李自成的手下刘宗敏给抢去了。吴三桂知道后，恨意夹着狂风暴雨袭向李自成！于是，吴三桂投降了清政府，从此他和清政府联起手来共同对付李自成，所以李自成的命数也尽了。

南京是明朝的第二国都，朱由检死后，他的堂兄福王朱由崧在南京继承皇位，是为弘光帝，改年号为弘光。朱由崧也是破罐子破摔，不理朝政，只知享乐。清兵入关后，一路南下，迅速到达史可法镇守的扬州城。史可法拼死抵抗，终于在七天七夜后因寡不敌众而失败。史可法英勇就义。之后清兵在城内进行了长达十天的血腥大屠杀，史称"扬州十日"。

李定国在十岁的时候加入张献忠的起义军，并深得张献忠的喜爱，被认作义子。李定国年仅十七岁便骁勇善战，刚毅威猛，被军中将士称作"小柴王"、"小尉迟"。清军入关后，他率兵挺进云南，转战西南等地。看着清兵每到一处便烧杀劫掠，疯狂扫荡，李定国毅然放弃前嫌，"联明抗清"，并连获大捷。

顺治十五年（1658年），在降清明将吴三桂、洪承畴的带领下，清军兵分三路攻打云南。李定国曾"两蹶名王，天下震动"，令清政府一度准备放弃西南七省。他几乎把吴三桂打得全军覆没，但最后因军中出现叛徒而失败，退守昆明。永历帝朱由榔吓得逃到了缅甸，李定国重新聚集人马后，曾连续十三次派人去接永历帝返回，但这龟孙愣是不敢回来！

李定国艰难抗击清朝十多年，但仍未完成复明的愿望，后来因病去世。临死前，他向儿子及部下交代："就算是死在荒郊野外，也不能投降清军啊！"说完,两腿一蹬,驾鹤西去也！因李定国很受少数民族同胞的爱戴,死后勐腊人尊其为神,称为"召法王"。只要是从李定国坟前经过的勐腊人,都会很虔诚地行礼叩拜。

顺治十八年(1661年)冬,吴三桂率领十万清军杀进缅甸,气势汹汹地对缅甸王吼道:"赶紧把朱由榔那龟孙交出来,不然我可要挖你家祖坟了！"缅甸王虽不经常出国,但吴三桂的大名还是听过的,知道这人得罪不得,于是就乖乖地把朱由榔交了出去。吴三桂带着朱由榔刚回到昆明,就把他勒死了,明朝政权至此彻底覆灭。

明朝是中国继周朝、汉朝和唐朝之后的盛世(黄金时代),史称"治隆唐宋"、"远迈汉唐",同时也是中国历史上最后一个由汉人统治的封建王朝。正如有些人的评价:"大明,无汉唐之和亲,无两宋之岁币,天子御国门,君主死社稷,当为后世子孙所敬仰。"